ECONOMIA FINANCEIRA E CRÍTICA TEOLÓGICA
ENSAIO DE TEOLOGIA POLÍTICA LATINO-AMERICANA
DA ECONOMIA DE FRANCISCO E CLARA

Editora Appris Ltda.
1.ª Edição - Copyright© 2023 dos autores
Direitos de Edição Reservados à Editora Appris Ltda.

Nenhuma parte desta obra poderá ser utilizada indevidamente, sem estar de acordo com a Lei nº 9.610/98. Se incorreções forem encontradas, serão de exclusiva responsabilidade de seus organizadores. Foi realizado o Depósito Legal na Fundação Biblioteca Nacional, de acordo com as Leis nos 10.994, de 14/12/2004, e 12.192, de 14/01/2010.

Catalogação na Fonte
Elaborado por: Josefina A. S. Guedes
Bibliotecária CRB 9/870

O482e
2023
	Oliveira, Renato Carvalho de
	   Economia financeira e crítica teológica : ensaio de teologia política latino-americana da economia de Francisco e Clara / Renato Carvalho de Oliveira. – 1. ed. – Curitiba : Appris, 2023.
	   235 p. ; 21 cm. – (Ciências sociais).
	
	   Inclui referências.
	   ISBN 978-65-250-5217-5
	
	   1. Economia. 2. Teologia. 3. Política. I. Título. II. Série.
	
	                                                    CDD – 261.85

Livro de acordo com a normalização técnica da ABNT

Appris
editora

Editora e Livraria Appris Ltda.
Av. Manoel Ribas, 2265 – Mercês
Curitiba/PR – CEP: 80810-002
Tel. (41) 3156 - 4731
www.editoraappris.com.br

Printed in Brazil
Impresso no Brasil

Renato Carvalho de Oliveira

ECONOMIA FINANCEIRA E CRÍTICA TEOLÓGICA
ENSAIO DE TEOLOGIA POLÍTICA LATINO-AMERICANA DA ECONOMIA DE FRANCISCO E CLARA

FICHA TÉCNICA

EDITORIAL
Augusto V. de A. Coelho
Sara C. de Andrade Coelho

COMITÊ EDITORIAL
Marli Caetano
Andréa Barbosa Gouveia - UFPR
Edmeire C. Pereira - UFPR
Iraneide da Silva - UFC
Jacques de Lima Ferreira - UP

SUPERVISOR DA PRODUÇÃO
Renata Cristina Lopes Miccelli

ASSESSORIA EDITORIAL
Tarik de Almeida

REVISÃO
Júlia de Oliveira Rocha
Ana Lúcia Wehr

PRODUÇÃO EDITORIAL
Jibril Keddeh

DIAGRAMAÇÃO
Andrezza Libel

CAPA
Marina de Oliveira Lúcio

COMITÊ CIENTÍFICO DA COLEÇÃO CIÊNCIAS SOCIAIS

DIREÇÃO CIENTÍFICA
Fabiano Santos (UERJ-IESP)

CONSULTORES

Alícia Ferreira Gonçalves (UFPB)
Artur Perrusi (UFPB)
Carlos Xavier de Azevedo Netto (UFPB)
Charles Pessanha (UFRJ)
Flávio Munhoz Sofiati (UFG)
Elisandro Pires Frigo (UFPR-Palotina)
Gabriel Augusto Miranda Setti (UnB)
Helcimara de Souza Telles (UFMG)
Iraneide Soares da Silva (UFC-UFPI)
João Feres Junior (Uerj)

Jordão Horta Nunes (UFG)
José Henrique Artigas de Godoy (UFPB)
Josilene Pinheiro Mariz (UFCG)
Leticia Andrade (UEMS)
Luiz Gonzaga Teixeira (USP)
Marcelo Almeida Peloggio (UFC)
Maurício Novaes Souza (IF Sudeste-MG)
Michelle Sato Frigo (UFPR-Palotina)
Revalino Freitas (UFG)
Simone Wolff (UEL)

Dedico esta obra

às vítimas da cultura capitalista do descarte, os corpos oprimidos de hoje: as classes sociais exploradas, empobrecidas, excluídas, humilhadas e marginais, e a nossa irmã e mãe Terra, que geme em dores de parto, interpelando-nos como filhos da Casa comum;

às juventudes engajadas no movimento pela Economia de Francisco e Clara; e

ao Papa Francisco, que nos inspira a nos engajarmos na práxis histórica da fé como práxis libertadora da história e na teoria teológica como momento da práxis cristã.

AGRADECIMENTOS

Agradeço, com ternura, aos teólogos revisores por relevantes contribuições a este livro:

Prof. Dr. Élio Estanislau Gasda (Faje);

Prof. Dr. Francisco Aquino Júnior (Unicap e FCF);

Prof. Dr. Luis Carlos Suzin (PUC-RS);

Prof. Dr. Sinivaldo Tavares (Faje e Ista).

PREFÁCIO

O livro de Renato Carvalho de Oliveira, *Economia financeira e crítica teológica: ensaio de Teologia política latino-americana da Economia de Francisco e Clara*, é fruto de suas pesquisas durante e após os anos de bacharelado em Teologia na Faculdade de Filosofia e Teologia (Faje). Como orientador, acompanhei o processo de desenvolvimento desta publicação desde a elaboração do projeto de Trabalho de Conclusão de Curso (TCC) até o convite para este prefácio.

Renato comunga do projeto de Francisco para realmar a economia. O livro coloca o leitor em sintonia com o contexto socioeclesial do mundo contemporâneo. A questão social é prioridade do Papa Francisco. Seu humanismo e sua compaixão pelos descartados e trabalhadores vêm mobilizando setores eclesiais e a sociedade civil.

São temas de fronteira deste pontificado: economia, meio ambiente, política, Direitos Humanos, mundo do trabalho, mulher, migrantes e refugiados, tráfico de pessoas, Amazônia etc. Uma Doutrina Social da Igreja corajosa que nos desafia a superar o capitalismo global: essa economia mata (EG, 53). Esse sistema é insuportável! (Discurso ao II Encontro Mundial dos Movimentos Populares).

É fundamental que o cristianismo se mantenha como instância crítica de uma sociedade estruturada na injustiça e na violência – é o que mostra este livro.

O objetivo central desta publicação é analisar a dimensão hegemônica da economia do século XXI – capitalismo financeirizado – à luz da ética cristã. Um exercício fundamental é buscar chaves de leitura que favoreçam uma aproximação crítica ao fenômeno.

O "capitalismo financeiro" transformou um setor da economia — sistema financeiro — em atividade como fim em si mesma. Os mercados financeiros tornaram-se o coração do sistema. Os rentistas se impuseram como os capitalistas centrais do século XXI. Os países estão sufocados por um capitalismo excludente e violento.

A análise possibilita situar a crítica teológica sobre a economia, a partir da Doutrina Social da Igreja desenvolvida pelo Magistério de Francisco: o capitalismo financeiro é um sistema de morte. Sustentado na idolatria do dinheiro, gera e alimenta uma cultura do descarte e intensifica a destruição da casa comum.

"O dinheiro deve servir, e não governar!" (EG, 58), diz Papa Francisco. Mas como superar a financeirização da economia? Está preparado o terreno para uma abordagem de Teologia política latino-americana da Economia de Francisco e Clara.

A Teologia política traduz uma experiência política fecundada por uma experiência teológica que, por sua vez, gera uma ética da vida; uma espiritualidade que gesta uma ética política, comprometida com o processo de humanização da economia.

Como pensar uma Teologia política latino-americana da Economia de Francisco e Clara? Quais seriam suas duas características principais? O texto sistematiza em uma decisão marcadamente ética: Teologia política como saber samaritano da práxis de se colocar a trabalho. Enfim, a mesma fé que fecunda a existência também é geradora de outra economia.

Os jovens são os principais destinatários do convite do Papa Francisco para estudar e praticar uma "economia que faz viver e não mata, inclui e não exclui, humaniza e não desumaniza, cuida da criação e não depreda" (FRANCISCO, 2019, s/p). A iniciativa de Francisco repercutiu no mundo inteiro. No Brasil, foi criada uma Articulação Brasileira pela Economia de Francisco e Clara.

São tempos difíceis para os que esperam e lutam por outra sociedade possível. Livros como este são atos de resistência contra a ditadura do capital. Que sirva de incentivo para que mais jovens despertem o interesse pela Doutrina Social da Igreja e por mudar o mundo.

Que acolhamos com coragem o desafio deixado por Papa Francisco em sua mensagem final do Encontro Internacional "The Economy of Francesco" [Assis, 19-21 de novembro de 2020]:

Queridos Jovens, a história ensina-nos que não existem sistemas nem crises que possam anular completamente a capacidade, o engenho e a criatividade que Deus não cessa de suscitar nos corações. Com dedicação e fidelidade aos vossos povos, ao vosso presente e futuro, podeis unir-vos aos outros para tecer um novo modo de fazer a história.

Quero registrar meu reconhecimento a Renato Carvalho, por tão significativa pesquisa, e congratular a Editora Appris no empenho em disponibilizar seus resultados ao público. Leitoras e leitores se sentirão convocados a refletir criticamente sobre a realidade social e as causas geradoras da injustiça e da violência em nossa sociedade, bem como a participar da gestação de uma economia para a vida. Boa leitura a todas e a todos!

Élio Estanislau Gasda

Possui Pós-doutorado em Filosofia Política (Universidade Católica Portuguesa). É doutor em Teologia pela Universidade Pontifícia Comillas (Madrid) e professor da Faculdade de Filosofia e Teologia (Faje).

LISTA DE ABREVIATURAS E SIGLAS

EG
Evangelii Gaudium. Exortação Apostólica sobre o anúncio do Evangelho no mundo atual, Papa Francisco.

LS
Laudato Si'. Carta Encíclica sobre o cuidado da casa comum.

FT
Fratelli Tutti. Carta Encíclica sobre a fraternidade e a amizade social.

EFC
Economia de Francisco e Clara.

Tdl
Teologia da libertação.

Tpl
Teologia política latino-americana.

TpldEFC
Teologia política latino-americana da Economia de Francisco e Clara.

SUMÁRIO

INTRODUÇÃO 17

1
CRÍTICA INTERDISCIPLINAR À CULTURA DO CAPITALISMO FINANCEIRO NO SÉCULO XXI: INVESTIGAR FORMAS DE PODER DA ECONOMIA COMO CAUSAS DA OPRESSÃO DO CATIVEIRO SISTÊMICO IMPOSTA AOS SERES TERRESTRES 25

Introdução 1 25

1.1 Cultura da desigualdade: o poder de marginalizar e o poder de empobrecer 29

1.2 Cultura da sociedade vigiada: o poder de vigiar e programar condutas 44

1.3 Cultura da interioridade governada: o poder de gestão da subjetividade 47

Conclusão 1 61

2
CRÍTICA DO PAPA FRANCISCO E DA TEOLOGIA DA LIBERTAÇÃO À ECONOMIA DO CAPITALISMO: INTERPRETAR O CATIVEIRO SISTÊMICO À LUZ DA OPÇÃO DE FÉ CRISTOCÊNTRICA PELO DEUS LIBERTADOR E DA OPÇÃO POLÍTICA PELOS CORPOS OPRIMIDOS 63

Introdução 2 63

2.1 Economia que mata 67

2.2 Mercado que idolatra o dinheiro 75

2.3 A cultura do descarte 85

2.4 A crise ecológica 86

Conclusão 2 89

3

POR UMA TEOLOGIA POLÍTICA LATINO-AMERICANA DA ECONOMIA DE FRANCISCO E CLARA: VOLTAR À AÇÃO EFICAZ QUE INSPIRA UMA TEORIA TEOLÓGICA PARA SUPERAR A OPRESSÃO DO CATIVEIRO SISTÊMICO SEGUNDO O REINADO DE DEUS 91

Introdução 3 91

3.1 Teologia política da Economia de Francisco e Clara: considerações prévias 97

3.1.1 Bases dos métodos teológicos da Tdl como critérios teóricos da TpldEFC 97

3.1.1.1 O método de interpretação da práxis, a partir dos pobres, como crítica teológica às formas de opressão 98

3.1.1.2 O círculo hermenêutico como método de libertação da teologia dos mecanismos de opressão, desde a intepretação crítica e contínua da Bíblia à luz da realidade que muda 107

3.1.1.3 O método teológico como teologia da práxis ou da realização histórica do Reinado de Deus, à luz dos pobres e oprimidos 121

3.1.2 Uso crítico-criativo do conceito teologia política no método teológico da Tdl 132

3.1.3 Política e economia são dimensões da fé como práxis libertadora da história 151

3.2 Economia de Francisco e Clara como práxis que inspira uma teoria teológica 160

3.3 Teologia política como saber samaritano 173

3.4 Teologia política como saber do colocar-se a trabalho 190

Conclusão 3 211

CONSIDERAÇÕES FINAIS 215

REFERÊNCIAS 223

INTRODUÇÃO

Leitores(as) habituados(as) ou não com obras teológicas de autores(as) consagrados(as) talvez estejam se indagando, com a honestidade intelectual, a seriedade crítica, a cultura literária e a sensatez que lhes são próprias: *por que, o que, como* e *para que* foi escrito um livro sobre *Economia financeira e crítica teológica: ensaio de Teologia política latino-americana da Economia de Francisco e Clara (TpldEFC)*?

Em primeiro lugar, tratemos da *gestação* do livro (*por que do texto*). É fruto da intuição de que é possível uma Teologia política da Economia de Francisco e Clara em nosso Continente. O intuído se tornou pesquisa iniciada como monografia do bacharelado em Teologia na Faculdade Jesuíta de Filosofia e Teologia (Faje), e que continuou para além dela. O ensaio é uma releitura do trabalho de conclusão do curso de Teologia. Trata de assuntos sensíveis à vida em sociedade, à Doutrina Social da Igreja, ao Magistério do Papa Francisco, à Teologia da libertação e à nossa ação de leigos(as) no mundo.

O orientador, Élio Gasda, sugeriu publicar o texto ainda no formato monográfico, em 2021. Uma sugestão cativante que nos motivou a continuar a pesquisa por conta própria, já que nos parecia que a intuição ainda não estava bem ordenada, para nascer a obra de um leigo. Em 2022, o texto foi submetido à publicação pela Editora Appris e, posteriormente, a outros revisores da área de Teologia: Aquino Júnior, Luis Carlos Suzin e Sinivaldo Tavares. As generosas contribuições nos renderam outro tempo oportuno de investigação e releitura necessária, para amadurecer a reflexão teológica e lapidar o texto.

Em segundo lugar, cabe-nos esclarecer nossas *preferências conceituais* e *o gênero literário do livro* (*o quê do texto*). Neste ensaio, o conceito *teologia política* será utilizado em três domínios da vida laical – o epistemológico, o público e o prático –, em vista da utilização crítico-criativa de três momentos comuns ao método da Teologia da libertação (Tdl), a saber: *mediação socioanalítica, mediação hermenêutica e mediação prática.*

Em âmbito *epistemológico, teologia política* será um conceito relido como ferramenta de pensamento para o uso crítico-criativo da *mediação socioanalítica*, caracterizado por três funções teóricas na TpldEFC: a) *função de crítica teológica do presente*, que visa a responder a um problema concreto que se impõe à fé, a saber, as atuais formas de poder da economia como causas de opressão aos pobres, à sociedade, ao indivíduo e à Terra; b) *função descolonial* de desnaturalizar o pensamento único do discurso capitalista sobre economia e política; e c) *função de comentário e releitura* laicais da fé e, principalmente, de métodos da tradição de Teologia da libertação.

O desafio teórico é que o manejo da *mediação socioanalítica* pela Teologia política latino-americana da EFC seja interdisciplinar, que articule saberes, a fim de que a visão sobre economia não seja pensamento único, mas possível e em contínua revisão.

Em âmbito *público, teologia política* é uma categoria que permitirá o uso crítico-criativo da *mediação hermenêutica*, constituído de dois papéis: a) *papel de teologia pública*, no sentido de que, a partir da própria tradição de pensamento, cada religião pode contribuir criticamente com temas do espaço público; e b) *papel de diálogo intercultural*, tendo em vista que a diversidade cultural requer que a TpldEFC tenha discurso laical e aberto ao diálogo com a cultura, que fale para fora, e não só para dentro do meio católico.

O desafio social é que a aplicação da *mediação hermenêutica* pela Teologia política latino-americana da EFC seja no espírito do respeito por outras tradições, e não de neocolonialidade religiosa da esfera pública via teologia clerical como discurso único.

Em âmbito *prático, teologia política* diz respeito ao universo da ação humana em sociedade, o que confere um emprego crítico--criativo da *mediação prática*, pautado em dois compromissos: a) *o de teologia prática*, que reflete sobre a realidade vivida à luz da fé e sobre a fé vivida à luz da realidade, também acerca da relevância da práxis cristã na sociedade; e b) *o de teologia crítica de leigos(as)*, que pensa tanto as causas da opressão capitalista interseccionadas quanto o significado de crer em Jesus Cristo na atualidade.

O duplo desafio prático é que o uso da *mediação prática* pela Teologia política latino-americana da EFC seja ético-teológico, entendido como opção de fé por Jesus Cristo, e político-econômico, no sentido de opção política pelos oprimidos de hoje.

Outra preferência conceitual é a *Economia de Francisco e Clara* (EFC)[1], que ocupa um espaço privilegiado no ensaio. Convém esclarecer que o emprego da preposição "de" contraída para "da", no subtítulo do livro, tem o sentido de *origem,* e não de *posse.* Por isso, Teologia política latino-americana *da* EFC significa a teoria teológica que brota inspirada numa *práxis sócio-histórica.* Isso para não se fazer proselitismo religioso de uma prática eclesial via messianismo, nem cair numa representatividade não autorizada.

Por fim, o lugar de fala da nossa proposta teológica é o *sensus fidei fidelium* da *vida eclesial, o senso de fé dos fiéis,* a capacidade dos fiéis de discernir a fé (SESBOÜE, 2001) transmitida (*fides quae*) como momento privilegiado do ato de crer (*fides qua*). O Vaticano II democratizou o *sensus fidei* a todos os membros da Igreja, soterrado pelo clericalismo de membros do clero. A *Lumen Gentium* incorporou uma premissa eclesial: não é só o clero que pode fazer teologia, os fiéis leigos também podem. E o fazem pensando problemas que lhes afetam, à luz da fé vivida, e a fé à luz da experiência.

O *gênero literário* deste livro é o *ensaio científico*, primeiro, por ser *introdutório.* Petrus Tiele (2018, p. 217), cientista da religião, se refere ao significado flexível do prefixo *intro* (da palavra *introdução*) como "'até a'[...] e 'dentro e através da entrada'".

Nosso ensaio é um início modesto, um *ir até* algo/alguém, um movimento de aproximação a um duplo processo intrínseco à experiência dos seres terrestres, os filhos da Terra, e que tem dinamizado a EFC: a *gestação* – estado de permanente criação de uma obra que suscita vida – e a *geração* –, estado de contínuo cuidado da obra gestada. E tentará ver a EFC através da porta de entrada da fé, pensada teologicamente, e de dentro deste duplo movimento ao ritmo da vida terrestre: a *geração cuidando da gestação.*

---

[1] Francisco e Clara eram leigos e representam, hoje, a mudança de paradigmas: Francisco inspira a fraternidade universal entre todos os filhos da Terra; Clara inspira a opção de fé pelos oprimidos.

Nosso texto não é pensamento único, mas possível, por isso mesmo, passível de revisão crítica. É próprio da honesta vida intelectual o pensamento voltar sobre si para se reler e avançar. O estatuto de ser um discurso particular, sem pretensão de verdade única, confere a este ensaio um caráter dialógico, por meio do recurso à *intertextualidade*, da conversa entre textos de teologias marginais do Sul e do Norte Globais.

Garcia-Roza (1991) nos elucida que pesquisa significa descobrir algo novo, é mais da ordem da *releitura* do que do *comentário*. O comentarista é explicador de texto, busca dizer algo novo que está oculto nos textos, sem trair o que o autor diria; quer revelar ideias não explicitadas, mas que não são novidades para o próprio texto, já que estão implícitas.

O pesquisador é um criador de novos discursos, a partir do que ele descobre de novidade na realidade vivida; procura transformar o discurso original em outro que diga algo novo em relação ao anterior (GARCIA-ROZA, 1991). Ele quer fazer um discurso criador de multiplicidades de sentido por meio do "apelo do texto a criar novas escritas" (GARCIA-ROZA, 1991, p. 16). E esse apelo pode dar-se pelas perguntas que o texto original não é capaz de responder.

A teologia intuída como Teologia política latino-americana inspirada na EFC, como práxis de libertação da economia, é criativa no sentido de utilizar duas operações em pesquisa: o *comentário* e a *releitura*. Comentar textos é saber explicá-los, descobrir o que dizem, revelar o sentido implícito, entendê-los mais a fundo. Reler textos é criar um texto novo, a partir dos textos entendidos, é transformar o lido em outro possível.

Esse procedimento dá ao nosso ensaio a possibilidade de baseá-lo no rigor científico e nas intuições teológicas do autor. Mesmo porque, em Tdl, intuição teológica sem precisão científica é desordenada, e rigor científico sem intuição teológica é vazio. Trata-se, então, de fazer uma teologia guiada pelo método teológico de tradição latino-americana, por este valorizar a interface da teologia com outras áreas do saber, sem deixar de ser intuitivo, referido à práxis libertadora da fé: descobridor e aberto às inspirações que brotam do seio da experiência humana e da fé vivida e pensada em nosso Continente.

O processo de gestação e geração da EFC é ensejo de (re)fazer o histórico, contínuo e interpelador convite das teologias latino-americanas da libertação: (re)pensarmos a economia e a política, com as mediações do saber teológico *problematizador* (problematização teológica da realidade vivida) e *propositivo* (proposta teológica de ação libertadora), em diálogo com outros saberes.

O termo *problematização* se refere ao papel crítico das teologias da libertação de investigar as opressões do capitalismo, contando com as contribuições de outros saberes científicos, a partir dos empobrecidos e da Terra. O que, em segundo lugar, faz deste livro um ensaio científico de teologia é a visão crítica que desnaturaliza o capitalismo.

O papel ético-teológico deste ensaio de *teologia política* é recuperar a vida dos descartados da história, o que já é em si voz de resistência teológica à cultura capitalista de nosso tempo e em nosso Continente. É preciso fazer teologia crítica ao poder da economia no presente. O teor crítico nos remeterá às críticas de outros saberes e à lucidez da fé como práxis libertadora da história, uma forma de resistir à dominação econômica.

A palavra *proposta* corresponde à função ética e social das teologias Pós-Vaticano II, de não imporem, e sim proporem, inspiradas no espírito teológico do Evangelho, práticas de vida *não alternativas*, mas opostas à cultura hegemônica do capitalismo.

Por último, o que faz desta obra um ensaio científico de teoria teológica da EFC é o esboço de uma proposta crítico-criativa de teologia política, radicada na fecundidade evangélica que se derrama na experiência de fé de quem segue a Jesus Cristo. A fertilidade do Evangelho da Criação (LS) remeter-nos-á a contribuições metodológicas e conceituais de teólogos e teólogas pós-conciliares e do magistério do Papa Francisco.

Em terceiro lugar, é mister saber a *metodologia do livro (como foi estruturado o texto).* O caminho teológico deste ensaio estrutura-se em três capítulos. Cada qual realizará um momento comum aos métodos da Tdl, como nos faz saber Inácio Ellacuría.

Com essa metodologia, cria-se a moldura discursiva na qual a Teologia política latino-americana da EFC será gestada e gerada como *um* discurso teológico crítico que nasce afiliado à Tdl. Não se limitará a fazer uma mera apropriação acadêmica de textos, e sim traçar uma perspectiva crítico-criativa, aplicada ao nosso contexto, ousando mesclar *comentário* com *releitura.* Essa opção requer não fazer teologia amadora, mas crítica e posicionada na esteira da tradição teológica latino-americana da libertação.

O capítulo 1 executará o primeiro momento, a *mediação socioa-nalítica,* isto é, a busca pelas causas da opressão ou questionar por que há oprimidos (BOFF; BOFF, 2001). Partiremos da crítica que desnaturaliza o capitalismo como único sistema, pois o veremos como *cultura* atrelada a formas de poder da economia como causas de opressão.

O capitalismo atual é cultura: a) *da desigualdade* correspondente ao duplo poder de marginalizar e excluir por distinção social, para manter privilégios de classe e, a um só tempo, de empobrecer e enriquecer injustamente classes sociais e países pelo patrimonialismo e rentismo; b) *da sociedade vigiada* equivalente ao poder de predizer o comportamento futuro de indivíduos e grupos pela vigilância social; e c) *da interioridade governada* representante do poder de constituir a identidade e a conduta social, por meio do governo da subjetividade ou da maneira como os indivíduos se relacionam consigo.

Com esta peça da moldura, *a nossa teoria teológica da EFC surgirá como teologia política que, guiada pela busca das causas da opressão, investigará, não todas as causas, apenas as formas de poder da economia na cultura do cativeiro sistêmico e seus efeitos.*

O capítulo 2 fará a *mediação hermenêutica* como *hermenêutica da libertação,* que é interpretar a opressão à luz da fé e dos oprimidos, verificar o que diz a Palavra de Deus sobre o opressor (BOFF; BOFF,

2001) ou os sistemas opressores. Passaremos pelo entendimento crítico do Papa Francisco sobre o capitalismo de morte e idolatria do dinheiro (economia *idólatra, que mata, exclui e devasta*), produtor da cultura do descarte e de crise ecológica e antropológica; e por contribuições críticas da Tdl sobre a economia.

Nesta parte da moldura discursiva, *a TpldEFC emergirá como discurso que, orientado pela interpretação da opressão, a partir da Palavra e dos oprimidos, buscará (re)apresentar a relevância da fé perante o cativeiro sistêmico e os oprimidos, desde o centro da ética cristã: Jesus Cristo, amante da Criação e dos oprimidos.*

O capítulo 3 realizará a *mediação prática* como momento de chegar à ação norteada pela sabedoria da fé comprometida, ou seja, fazer o retorno da teologia à ação concreta que supera a opressão, conforme o projeto de Deus (BOFF; BOFF, 2001). Chegaremos à proposta de uma ação eficaz, fecundada pela fé, para enfrentar a opressão da economia capitalista e contribuir *com* e *para* a libertação dos oprimidos de hoje.

Essa ação que liberta da opressão econômica ganha novo impulso sob a fé cristã, porque se ergue como mobilização iniciada e liderada pelo Papa Francisco em torno do anúncio de uma boa notícia na Igreja e para o mundo: uma ECONOMIA COM ALMA. Promessa esperançosa da Igreja de colaborar com o processo histórico, em que oprimidos trabalham para resolver o problema da riqueza injusta, propondo uma economia oposta à opressora.

A fecundidade evangélica da EFC tem sido a de se colocar ao lado dos sofredores de hoje, com a sabedoria da geração anciã e a força da visão crítico-criativa, técnica e revolucionária das novas gerações. Tal iniciativa vai gestando e gerando a EFC que, por sua vez, inspira uma teoria teológica que denominamos provisoriamente como TpldEFC.

Nesta última peça da moldura discursiva da Tdl, *a TpldEFC emerge como discurso que, norteado pela volta à ação eficaz que supera a opressão segundo o plano divino, avançará na elucidação sobre si própria como teoria teológica inspirada.*

Para isso, partirá do *comentário* e da *releitura* de métodos teológicos da Tdl, com o propósito de extrair critérios teóricos das bases conceituais dessa tradição teológica. E, assim, essa teologia laical da EFC pode vincular-se à tradição latino-americana da libertação, fazendo um discurso sobre si, norteada por pressupostos críticos.

Os critérios teóricos darão condições ao livro para um uso crítico-criativo do conceito *teologia política*. Isso permitirá, posteriormente, seguir a pista da Tdl de que não há cisão entre crer em Deus e política e economia, pois estas últimas são dimensões da fé. Por fim, o trajeto do ensaio culminará na EFC como *práxis* que inspira uma teoria teológica a fazer, em seguida, um discurso teológico próprio, isto é, *teologia política* a partir de leigos/as como saber prático: *saber samaritano* e *saber do colocar-se a trabalho*.

Em quarto lugar, é preciso mencionar a *finalidade* da obra gestada (*o para quê do texto*). Desde um olhar teológico situado no Brasil e, assim, na América Latina, este inacabado livro nasce com o propósito de, à luz da fé, *contribuir com e para a assimilação*[2] da proposta do Papa Francisco de *realmar a economia*. Ademais, destina-se a estimular pesquisadores(as) que se interessam por teologia, economia, fé e política; a quaisquer pessoas de fé que desejam se comprometer com mudanças de paradigmas; e, de modo especial, às pessoas que se engajam na Economia de Francisco e Clara.

Por fim, convidamos, sobretudo, às juventudes a saborearem este ensaio, sob a inspiração de santo Inácio de Loyola: "Pois não é o muito saber que sacia e satisfaz a pessoa, mas o sentir e saborear as coisas internamente" [EE 2, (4)]. Um sentido possível dessa frase é que cada qual faça o próprio percurso de encontro com o texto e se comprometa com as próprias conclusões. Excelente leitura para todos(as/es)!

---

[2] O uso do verbo *contribuir* regendo as preposições *com* e *para* é proposital, pois, enquanto *contribuir com* indica que a TpldEFC é um *meio* para *assimilar* (entender e aderir) a proposta de realmar a economia, *contribuir para* denota a participação da TpldEFC na proposta, seja do processo, seja dos frutos.

1

CRÍTICA INTERDISCIPLINAR À CULTURA DO CAPITALISMO FINANCEIRO NO SÉCULO XXI: INVESTIGAR FORMAS DE PODER DA ECONOMIA COMO CAUSAS DA OPRESSÃO DO CATIVEIRO SISTÊMICO IMPOSTA AOS SERES TERRESTRES

> *Compadre Francisco, como vais de glória? E a comadre Clara*
> *e a irmandade toda? Nós, aqui na terra, vamos mal vivendo,*
> *que a cobiça é grande e o amor pequeno. [...] Metade do mundo*
> *definha de fome e a outra metade com medo da morte. [...]*
> *Muitos tecnocratas e poucos poetas, muitos doutrinários*
> *e poucos profetas. Armas e aparelhos, trustes e escritórios*
> *planejam a história, manejam os povos. A mãe natureza*
> *chora, poluída no ar e nas águas, nos céus e nas minas. [...]*
> *Compadre Francisco, tu faz uma força, e a comadre Clara e a*
> *irmandade toda.*
> *(Pedro Casaldáliga)*

Introdução 1

Este capítulo busca identificar formas de poder da economia que são causa de opressão do capitalismo como cativeiro sistêmico imposto aos seres terrestres. A pergunta posta pela TpldEFC, na *mediação socioanalítica, é: como opera o poder da economia?*

A epígrafe deste início de capítulo é parte da oração de desabafo diante das opressões sistêmicas, de um homem cristão que, com a sensibilidade de poeta, a *parresía* (coragem) de profeta, a fé de um teólogo e o cuidado de um pastor, se comprometeu com os oprimidos. Ele nunca deixou de nos alertar sobre o compromisso ético, que brota da opção de fé por Jesus Cristo, de *não deixar morrer a profecia*. A tradição profética, ligada à teologia da Aliança, a de Jesus de Nazaré, compromete a fé bíblica com a história. Hoje, a relevância de crer depende de uma visão de fé como práxis libertadora da economia. A fé cristã sem a profecia morre lentamente. Morre lentamente a teologia cristã que não profetiza.

Se morrer a profecia, prevalecerá a opressão, pois morreria o agir compassivo pelas vítimas e a denúncia crítica das injustiças. O duplo sentimento da profecia é a *compaixão* pelos oprimidos, que, para Leonardo Boff (2014b, p. 16), em *Teologia do cativeiro e da libertação*, "[...] implica transportar-se à realidade do outro e sentir a sua paixão"; e a "[...] *iracúndia sagrada*, que se expressa: 'Isso não pode ser, é inaceitável e condenável; esta antirrealidade deve ser superada'" (BOFF, 2014b, p. 16).

Os irmãos Boff (2001), em *Como fazer teologia da libertação*, ensinam que, antes da reflexão teológica, está o compromisso da fé com a prática de libertação dos oprimidos. Fazer teologia não é só dominar métodos, mas se encher do espírito teológico: a compaixão pelo oprimido. Não existe libertação sem um coração compassivo; a teologia sem a prática libertadora seria apenas erudição da fé ou mera literatura religiosa. Fazer teologia requer compromisso pré--teológico de fé com os oprimidos, que leva à descoberta das causas e dos efeitos da opressão deflagrada pelo opressor.

Os termos *oprimidos*[3], *opressor* e *opressão* serão utilizados, neste ensaio, à luz da obra *Pedagogia do oprimido*, escrita, em 1968, durante o exílio de Paulo Freire no Chile. A pedagogia do oprimido é a descoberta dos oprimidos de que opressor e oprimido exprimem desumanização e que, por isso, oprimidos precisam lutar com a pedagogia da própria libertação para se humanizarem (FREIRE, 2005).

Freire (2005) viu que a relação entre opressores e oprimidos é de desumanização de ambos por dois motivos. Primeiro, o opressor, como violento e explorador do oprimido, em razão do próprio poder, entende que, para se sentir importante ou poderoso, precisa

---

[3] Oprimidos está no gênero neutro, e a diferença de gênero aplicada a outros termos é pontual e enfática.

ser superior aos demais; de sorte que a opressão, como desamor dos opressores aos oprimidos, resulta do poder exercido na relação desigual entre opressor e oprimido. Segundo, o oprimido é um *esfarrapado do mundo* e *condenado da Terra*, mas, também, como um *hospedeiro do opressor*, entende que, para se sentir um ser humano, precisa parecer-se com quem o oprime; logo, *internaliza o opressor; torna-se opressor de outros*.

Essa visão freiriana oferece o pressuposto de que pensar a realidade da opressão significa descobrir o poder que o opressor exerce sobre os oprimidos e seus efeitos. O que evita de a *teologia política* cair no olhar ingênuo da opressão, ao buscar as causas dela no espaço e no tempo, e romantizar os oprimidos, ao tratá-los como despossuídos de poder. Isso implica que a TpldEFC reconhece a *força histórica dos oprimidos*, enquanto luta por justiça e paz, sem transformá-la em um poder religioso de caráter político-messiânico que promete a salvação da história, segundo os próprios critérios.

A *teoria teológica* da EFC como *teologia política*, à luz desse legado freiriano, analisará o poder do opressor sobre os oprimidos como causa de opressão, a qual continua nos efeitos desse poder, em âmbito econômico. De sorte que a economia capitalista oprime em razão das formas de poder que lhes são próprias, cujas implicações (efeitos) se tornam ponto de partida de outras causas da opressão continuada.

O poder do sistema é uma cadeia de automanutenção: fabrica estratégias e mecanismos de poder úteis em um contexto, que resultam em outros dispositivos e outras táticas, ambos aplicados em outras circunstâncias sociais.

Aquino Júnior (2019), em *Teologia em saída para as periferias*, instrui quanto ao uso da *mediação socioanalítica* do método teológico da Teologia da libertação. A busca pelas causas da pobreza e da marginalização, à luz da Conferência de Medellín (1960), parte da intelecção (do entendimento) atualizada das estruturas e formas de organização da sociedade. A pobreza e a marginalização são efeitos de causas estruturais do sistema.

Isso significa, para Aquino Júnior (2019), que não é suficiente dizer que o sistema capitalista produz pobreza e marginalização: "É preciso compreender a cada momento como esse sistema ou essa sociedade vai se materializando: suas novas configurações, seus novos mecanismos" (AQUINO JÚNIOR, 2019, p. 99). Apegar-se a explicações do passado, que têm sua relevância para entender o sistema no presente, é fazer o discurso teológico de Tdl não explicar as causas atualizadas da opressão (AQUINO JÚNIOR, 2019) e cair na abstração hispostasiada ou elevada ao grau de realidade.

Por isso, o presente capítulo corresponde ao primeiro momento comum aos métodos da Teologia da libertação: *a mediação[4] socioanalítica*. É a ocasião de a teologia "[...] entender por que o oprimido é oprimido" (BOFF; BOFF, 2001, p. 44). Tratar-se-á de examinar as opressões reais na atualidade, revelando, sobretudo, formas do poder econômico como causas de opressão histórica, em nosso Continente.

A *mediação socioanalítica* é o recurso metodológico que confere função científica à Teologia política latino-americana da EFC: *analisar as formas de poder da economia capitalista na sociedade que naturalizou a cultura da opressão do cativeiro sistêmico.*

Sabendo que é próprio do opressor naturalizar a opressão para continuar oprimindo, a TpldEFC tem o objetivo imediato de investigar o cativeiro dos pobres, da sociedade e do indivíduo. Uma estratégia de análise consistirá em utilizar o recurso crítico à *desnaturalização da economia capitalista, analisando-a como cultura do opressor.*

Corroboram essa análise Banet-Weiser e Manuel Castells (2019), em *Economia é cultura.* A economia é construto cultural, já que produz valores que dependem da hierarquia de poder solidificada por estruturas, instituições e indivíduos que as presidem. A experiência histórica nos fornece alguns exemplos de valores criados: para um Estado militarizado, o valor principal é a segurança e a vitória sobre o inimigo; em sociedades comunistas e estatistas, o acúmulo de poder do Estado é o valor supremo; nas teocracias

---

[4] Termo utilizado pelos irmãos Boff e Boff (2001, p. 44) para significar "os instrumentos ou meios da elaboração teológica", os quais são três, na Tdl: mediação socioanalítica, mediação hermenêutica e mediação prática.

islâmica e ocidentais, o valor primordial é impor a própria religião; no capitalismo financeiro, o valor fundamental é o lucro (BANET--WEISER; CASTELLS, 2019).

Se economia é cultura, o capitalismo e as formas econômicas análogas são também construções culturais. Não podem, por isso, ser vistos como único modelo de desenvolvimento e estilo de vida, como os capitalistas (as elites) querem nos convencer. Em chave econômica, *cultural* nos remete ao termo *cultura*[5], que é uma realidade dinâmica, mutável, pois equivale a criar e transformar valores.

Resta-nos saber quem cria e transforma os valores, como, onde e quando. O agente pressuposto opera em um lugar, tempo e com método. E é desse agente, criador e transformador de valores, que podemos inferir a categoria de *construção*, presente em nossa definição prévia de capitalismo financeiro. Em âmbito ético e político, *construção* revela: a) *ação* de criar e transformar valores (dimensão ética do conceito); e b) o *poder* de os atores sociais presidirem a criação e a transformação dos valores (dimensão política do conceito). Essa percepção legitima, inclusive, o uso da palavra cultura neste livro.

1.1 Cultura da desigualdade: o poder de marginalizar e o poder de empobrecer

A manutenção da opressão do sistema capitalista tem se dado por um duplo mecanismo político da desigualdade: *a distinção social que produz marginalizados e o enriquecimento injusto que cria empobrecimento de pessoas, classes sociais e países.*

A desigualdade é um valor cultural que o capitalismo patrimonialista e rentista herdou de séculos passados. Reproduzir abismo social entre enriquecidos e empobrecidos sempre dá lucro para as elites. Anterior a isso, está o dado de que a cultura da desigualdade

---

[5] O significado econômico de cultura, como realidade dinâmica e alterável, converge com o sentido de cultura, do antropólogo Clifford Geertz (2008), em *A Interpretação das culturas*, como teia de significados tecida pelo ser humano. A cultura existe se há encontro de povos, de linguagens que se sincretizam e alteram; é pública, pois tecida pelas componentes sociais da linguagem: significados, ações e relações.

social é construção da sociedade de classes, em cujas relações se exerce o *poder de marginalizar* pelo mecanismo da *distinção social* a serviço dos privilégios de classe.

O sociólogo Jessé Souza (2021, p. 21), em *Como o racismo criou o Brasil*, afirma que "[...] a real produção da desigualdade é mantida em segredo". O que define uma classe social é invisível, quer dizer, se repete, mas não se pensa a respeito (SOUZA, 2021).

Souza (2021) reitera que não é a *diferença de renda*, baseada na meritocracia de um indivíduo ou de um grupo, como a visão liberal e a mídia querem que acreditemos, mas a *socialização familiar e escolar*; a família e a escola da classe média transmitem competências para os filhos que não são as mesmas da família e escola dos empobrecidos, de sorte que a injustiça de berço torna-se invisível: "[...] a produção de campões de um lado e fracassados do outro" (SOUZA, 2021, p. 21).

Um exemplo é a família da classe média *real* brasileira, "baseada na reprodução do privilégio educacional, [...] luta pelo *capital cultural*, ou seja, a incorporação do conhecimento considerado útil e legítimo pela sociedade" (SOUZA, 2021, p. 18, grifos do autor).

Essa classe "[...] vai criar e implementar a farsa da meritocracia pela incorporação privilegiada e tornada invisível de capital cultural" (SOUZA, 2021, p. 18). Ela transmitirá aos filhos, netos e bisnetos, por meio de exemplos dos responsáveis, privilégios herdados dos antepassados (SOUZA, 2021), que são disposições "para o comportamento prático como disciplina, autocontrole, visão prospectiva e capacidade de concentração e de pensamento abstrato" (SOUZA, 2021, p. 18).

As famílias de classe média transmitem aptidões às gerações posteriores, como o "[...] hábito da leitura, o gosto por idiomas, a capacidade de imaginação, a disciplina do equilíbrio entre brincar e aprender, a renúncia ao tempo presente para obter êxito no futuro" (SOUZA, 2021, p. 19). Enquanto famílias brasileiras da classe empobrecida não têm condições de ensinar as mesmas competências aos filhos (SOUZA, 2021). Souza (2021, p. 20, grifos do autor) exemplifica esse dado, ao dizer que:

> Os da classe média vão chegar como "vencedores" à escola já aos 5 anos, porque receberam de berço todos os pré-requisitos emocionais, morais e cognitivos para isso e estão destinados ao sucesso escolar e ao salário 50 ou até 500 vezes maior anos mais tarde. Os da "ralé" de humilhados, quase todos negros, chegarão como "perdedores" já no ponto de partida. Além disso, a escola de uns será competitiva e cheia de estímulos, enquanto a dos outros será precária, com cada vez menos atenção pública. Mais tarde, no início da adolescência, os negros e pobres terão que estudar e trabalhar, já aos 11 ou 12 anos, tornando ainda mais difícil a competição "meritocrática". Na classe média, por outro lado, os pais vão "comprar" o tempo livre dos filhos apenas para estudar, pois pretendem transmitir aos filhos, netos e bisnetos os privilégios que herdaram dos pais e dos avós. *É essa transmissão familiar e escolar de valores positivos ou negativos invisíveis o que verdadeiramente define uma classe social.* A renda diferencial é apenas um dos seus resultados tardios.

Para Souza (2021, p. 18), "[...] a chave do sucesso social da classe média real brasileira é o sucesso escolar dos filhos", o qual depende de competências adquiridas na socialização familiar, as quais são privilégios de classe, porque as famílias empobrecidas não têm acesso a tais habilidades (SOUZA, 2021). Na socialização familiar, os filhos aprendem, não por discurso, mas imitando o exemplo dos responsáveis: os exemplos imitados são reproduzidos como herança de classe mais adiante (SOUZA, 2021).

Vimos que, para Souza (2021), a produção da desigualdade, na sociedade capitalista da concorrência, está ocultada, visto que as pessoas a reproduzem sem se dar conta (pré-reflexiva), e consiste no duplo mecanismo que explica e diferencia uma classe social de outra: *o privilégio de habilidades da socialização familiar e da socialização escolar*, as ideias e os valores de família reproduzidos por imitação dos descendentes.

No caso da classe média real (20%), executivos e funcionários bem remunerados pelas elites, a condição de privilégios lhe garante vantagens para concorrer com a classe trabalhadora precária e a classe marginalizada (80%). No caso dessas duas últimas classes, a pobreza de condições lhes coloca em desvantagem para a disputa social com a classe média real (SOUZA, 2021).

Na socialização de classe que se dá por imitação e repetição do exemplo, aparece o racismo multidimensional equivalente a três formas históricas de racismo: o racismo global, o racismo de classe e o racismo racial[6] (SOUZA, 2021). A base do racismo multidimensional é a moralidade, centrada na noção de "[...] uma distribuição *justa* de bens básicos – ou seja, uma *ideia moral* que avalia quem deve ter acesso prioritário a esses bens, por exemplo, e por quê" (SOUZA, 2021, p. 52, grifos do autor)

O *racismo global* começa com o dever moral da Europa, considerada superior, de "[...] guiar povos percebidos como infantilizados e inferiores" (SOUZA, 2021, p. 138). Isso continua na legitimação religiosa de métodos opressores de civilização, a exemplo da escravização dos africanos. Passa pela validação da ciência, como o racismo científico do século XIX, e o culturalismo (SOUZA, 2021). Ambos partem "[...] da oposição entre espírito como virtude e corpo como animalidade" (SOUZA, 2021, p. 147).

O racismo global continua no racismo cultural, de Talcott Parsons, do século XX, baseado na ideia de que "[...] os defeitos e virtudes que antes estavam nas raças, agora, estão nas culturas consideradas superiores e inferiores" (SOUZA, 2021, p. 151).

O *racismo de classe* é o ódio ao pobre (*aporofobia*), cuja origem está atrelada ao que Bourdieu chamou de *gosto estético*, e à *incorporação de conhecimento útil*. O gosto estético é a associação classista de bom gosto à superioridade moral, e de mau gosto à inferioridade moral. Isso cria uma hierarquia social, baseada na *distinção social*. O gosto estético das classes dominantes é um estilo de vida eivado de privilégios que cria racismo de classe, pois faz uma classe se sentir superior à outra (SOUZA, 2021).

---

[6] Para aprofundamento, recomenda-se a obra da psicanalista negra Cida Bento (2022), *O pacto da branquitude*, com destaque para temas como branquitude e colonização europeia, capitalismo racial, pacto narcísico da branquitude, personalidade autoritária, masculinidade branca.

Já *incorporar conhecimento útil* é tornar-se produtivo, um trabalhador que contribui com a sociedade. O que produz a classe marginalizada de subcidadãos, desprovida de conhecimento e trabalho produtivo. O racismo de classe das classes dominantes (elites e classe média real) condena a classe marginalizada, sem conhecimento útil e desempregada, à barbárie: nessa lógica, o subcidadão não é humano (SOUZA, 2021).

Souza (2021) assegura que o *racismo racial* é a noção advinda, sobretudo, do racismo científico, como superioridade racial determinada por fatores biológicos; e da ideologia brasileira do branqueamento, como ascensão social, centrada na adesão a uma raça considerada superior, a branca, que deve eliminar as raças consideradas biologicamente inferiores, a negra, a mestiça, a indígena, por meio de algumas estratégias da colonização: "o fim do tráfico negreiro, a extinção progressiva dos indígenas [...] e a imigração europeia de italianos, alemães e portugueses" (SOUZA, 2021, p. 140).

Mais tarde, no século XIX, as táticas do branqueamento mudaram para: a) o apagamento dos traços negroides (cabelo alisado e pintado de loiro), por vergonha social e submissão à ideologia burguesa; e b) a criação da ralé social, pessoas negras, uma classe explorada de abandonados e humilhados, reduzida à animalidade, à qual todos podem opor-se, humilhar, abandonar, explorar e matar, sem comoção. O racismo racial, no Brasil, por exemplo, continua com outras estratégias de branqueamento em nossos dias (SOUZA, 2021).

A maioria dos humilhados e abandonados, no Brasil, são pessoas negras, exploradas em serviços pessoais e domésticos e mal remuneradas (SOUZA, 2021). Inclusive, a imprensa, nos últimos anos, tem noticiado casos recorrentes de pessoas negras que são resgatadas de regimes análogos à escravização em propriedades de famílias brancas: casas, fazendas, vinículas, empresas. Isso nos leva a concordar com Souza (2021) que o racismo de classe está associado ao racismo racial.

Sustentado no pensamento de Bourdieu, Souza (2021, p. 200) explica que a "[...] *distinção social* causada pela negação de reconhecimento social aos outros é a base real de todas as relações de dominação entre classes e grupos sociais".

O racismo multidimensional advém das classes dominantes que buscam naturalizar a própria superioridade, com base na oposição de corpo versus espírito, e convencer os oprimidos de que a inferioridade deles é inata, pois que estão reduzidos à animalidade (SOUZA, 2021). Assim, a consequência das formas de racismo é destruir "[...] o núcleo moral do indivíduo [...] e sua capacidade de obter reconhecimento social, a necessidade mais básica de todo ser humano" (SOUZA, 2021, p. 130).

Na sociologia de Souza (2021), a classe social é a produção de indivíduos diferencialmente aparelhados para todas as esferas da vida (política, erótica, econômica, religiosa, educacional). A diferença de renda das classes sociais não é o fundamento, mas um resultado tardio da desigualdade. O papel da renda econômica no sistema é acirrar a manutenção dos privilégios de classe e a pobreza de condições para a concorrência social.

Nesse sentido, a manutenção do cativeiro sistêmico da sociedade capitalista dá-se por uma cadeia de mecanismos políticos da opressão. Em algum momento histórico da sociedade de classes, a relação entre opressor e oprimido instituiu o poder de marginalizar pela distinção social, o que se mantém até hoje, porque fica claro, no Brasil, que a classe média real mantém os privilégios de classe por meio da socialização familiar e escolar.

O poder de marginalizar não deixou de existir, mas compartilha a manutenção dos privilégios de classe com o poder de empobrecer mediante o enriquecimento injusto via patrimonialismo e rentismo das elites financeiras. Então, agora nos ateremos à renda como mecanismo que reforça a manutenção da cultura de desigualdade, verificando o papel da classe social (1%), a qual implementa e comanda esse dispositivo: as elites do capital financeiro.

Comecemos por definir os termos, na economia política. Conforme o *Dicionário de Economia do século XXI*, o capitalismo é o:

> Sistema econômico e social predominante na maioria dos países industrializados ou em fase de industrialização. Neles, a economia baseia-se na separação entre trabalhadores juridicamente livres,

> que dispõem apenas das forças de trabalho e a vendem em troca de salário, e capitalistas, os quais são proprietários dos meios de produção e contratam os trabalhadores para produzir mercadorias (bens dirigidos para o mercado) visando à obtenção de lucro. No século XIX, o capitalismo apresentava-se definitivamente estruturado, com os industriais e banqueiros, e os comerciantes atuando como seus intermediários. No final do século, acentuavam-se as tendências à concentração, com cartéis, trustes e monopólios, o que, no século XX, resultaria na formação de gigantescas empresas multinacionais. (SANDRONI, 2014, p. 116-117).

Esse trecho trata de uma definição histórica do capitalismo, cuja origem foi industrial e se desenvolveu com o patrimônio de ricos capitalistas que gera renda. Outro conceito da economia política é o *patrimonialismo*: "Sistema de dominação política ou de autoridade tradicional em que a riqueza, os bens sociais, cargos e direitos são distribuídos como patrimônios pessoais de um chefe ou de um governante" (SANDRONI, 2014, p. 629).

O patrimonialismo é um sistema patriarcal que atrela o direito da posse de bens materiais e simbólicos ao sexo masculino, à figura do chefe, do patriarca, do varão. Em *O patriarcado do salário: notas sobre Marx, gênero e feminismo*, a feminista marxista Silvia Federeci (2021) diagnosticou que, entre o fim do século XIX e início do XX, o capitalismo se mostra, pelo ideário da cultura burguesa, um sistema de dominação masculina.

Um conjunto de reformas mudou:

> [...] as relações de classe e disseminou o conflito de classes, enviando muitas das operárias fabris de volta para casa e inaugurando um novo tipo de regime patriarcal que pode ser intitulado "patriarcado do salário" (FEDERECI, 2021, p. 147).

O salário familiar ficou restrito aos homens, já que as mulheres saíram das fábricas (FEDERECI, 2021).

Federeci (2021) percebe que, para responder à revolta da classe trabalhadora e à necessidade de maior produtividade da mão de obra, houve uma reforma social feita pela classe capitalista nos Estados Unidos e na Inglaterra, que excluiu as mulheres das fábricas e, portanto, do trabalho assalariado, para não disputar o posto com os homens.

Com isso, o patriarcado do salário relegou as mulheres às atividades domésticas: cuidar da casa, dos filhos, do marido. Essa exclusão e subalternização da mulher foi movida pela convergência dos interesses de poder dos capitalistas, de empregadores e dos trabalhadores assalariados do sexo masculino (FEDERECI, 2021).

Assim, não existe capitalismo sem patriarcado, sem um exercício masculino do poder de marginalizar que reproduz a desigualdade da sociedade capitalista de classe pela distinção social de gênero, rebaixando as mulheres a um papel inferior na economia. Isso fica claro com a crítica feminista, desde o Brasil, aos mecanismos patriarcais do capital.

Na obra de fôlego intitulada de *Crítica ao feminismo liberal: valor-clivagem e marxismo feminista*, da jurista marxista Taylisi Leite, a distinção social de gênero é inerente ao capitalismo patriarcal. Leite (2020), baseada na teoria do valor de Roswitha Scholz, ressalta que o capitalismo separa feminino de masculino nas formas de produção, como o trabalho: o capitalismo se reproduz tanto pela "[...] desigualdade de distribuição" (LEITE, 2020, p. 247) quanto pela desigualdade sexual (LEITE, 2020).

Quando se pensa no trabalho, o capital produtivo estipula uma hierarquia entre valor de uso e valor de troca, isto é, há uma dissociação do valor. O produto industrializado tem valor de troca superior ao valor de uso da matéria-prima devido ao investimento da força de trabalho. A relação do capitalismo com o patriarcado consiste em que os papeis de gênero determinam-se pela valorização do valor. Todas as profissões são possíveis pelo trabalho produtivo, cujos traços são masculinos (LEITE, 2020), de modo que "[...] o valor é sempre macho" (LEITE, 2020, p. 249).

Leite (2020, p. 260) diz que o "valor é varão", porque o capitalismo produtivo estabeleceu a separação entre trabalho abstrato, como sendo masculino, e afazeres domésticos, como femininos. O capital se reproduz como valor masculino. "Se o valor é 'homem' e se mobiliza autonomamente, a continuidade do capitalismo é a perpetuação do patriarcado" (LEITE, 2020, p. 267).

Somente o trabalho de homens produz valor para um produto, já os afazeres reputados como femininos não, de modo que os produtos são vistos como valor de troca rentável (LEITE, 2020). Já as:

> [...] "coisas de mulher'" como gerar e parir, cuidar dos filhos e dos idosos, arrumar e limpar a casa, lavar louça e a roupa, cozinhar, servir etc. não são consideradas "trabalho abstrato" e, por isso, não entram na forma do valor (LEITE, 2020, p. 268).

A "[...] 'tarefa de mulher'" (LEITE, 2020, p. 269) é vista como um valor de uso sem preço.

Desse modo, "O capitalismo é machista na estrutura, e não apenas na cultura das sociedades. O que o condiciona assim é o movimento de abstração do trabalho, sem o qual não se reproduz o valor" (LEITE, 2020, p. 269). Atividades atribuídas às mulheres não têm preço, visto que não é trabalho abstrato que produz valor. A separação capitalista entre coisas úteis, mercadorias, e coisas não úteis, tarefas não rentáveis, é patriarcal (LEITE, 2020).

Com o exercício do poder patriarcal na economia capitalista, fica nítido que o poder de empobrecer e o de marginalizar estão atrelados ao paradigma de masculinidade advindo do tradicional modelo *heteronormativo compulsório* de família. A heteronormatividade compulsória é um mecanismo que produz exclusão e pobreza, pois marginaliza modelos de família e pessoas que não são heterossexuais. Daí, segue-se que o patrimonialismo é mecanismo do poder patriarcal de empobrecer e marginalizar, enraizado numa visão heterossexual de herança familiar.

A meta do varão heterossexual, majoritariamente misógino, racista, lgbtfóbico, na sociedade capitalista de classes, é assegurar a fortuna material da família tradicional, quer dizer, a heterossexual triunfante, legitimada, inclusive, pelo discurso moral de grupos religiosos. Por isso, a função social do homem, na visão heteronormativa compulsória de família, é ser o provedor econômico da casa, da esposa e dos filhos. Muitas relações se baseiam nessa visão do homem como um forte parceiro econômico para se ter por perto.

Os homens que não obedecem a esse critério são marginais: impotentes, por não terem função social; inúteis, por serem improdutivos; incompetentes gestores dos próprios gastos, pois gastam mais do que ganham (claro, ganham pouco; não é pecado social o empobrecido ter bom gosto, pecado social é ele ser marginalizado e, para sobreviver, ter que se endividar); fracassados socialmente, por não terem êxito econômico com os próprios méritos; são a não pessoa, por serem reduzidos a corpos abjetos.

Esses homens são, para essa visão capitalista desumana, *como uma árvore sem folhas e sombra que ninguém quer descansar debaixo.* Com eles, não se pode contar para garantir um futuro economicamente seguro. Acontece que esse perfil de homem marginal (ex. o negro, o mestiço, o indígena, o branco empobrecido) é explorado até a última gota de sangue e punido com a impiedosa indiferença capitalista que não teme em descartá-lo.

O varão triunfante ou bem-sucedido economicamente guia-se pelo imperativo moral do capitalismo de gênero: deixar um ambicioso legado material para os herdeiros, como garantia de imortalizar a sua virilidade na história. O modelo capitalista de família heterossexual, além de propagar uma masculinidade triunfalista de brancos machistas, misóginos, racistas, alter-fóbicos, pratica o poder de marginalizar outras famílias e pessoas via heteronormatividade compulsória.

Por outro lado, não se pode romantizar os homens marginais. Muitos deles, para se sentirem reconhecidos como humanos, buscam parecer-se com o homem branco triunfante do modelo heteronormativo compulsório. É o oprimido reproduzindo o opressor, tornando-se opressor de outros, sobretudo, de suas companheiras e proles.

Essa performance social de gênero mobiliza os varões a adquirir patrimônio, termo que, no *Dicionário de economia política do século*

XXI, significa "Conjunto de bens de uma pessoa ou empresa sujeitos a uma administração com a finalidade de auferir lucro ou criar renda" (SANDRONI, 2014, p. 629).

A renda é a histórica prática capitalista de um patriarcado do patrimônio, figurada em rentismo por homens rentistas. Rentista vem de *rentier*, que é um:

> Termo em francês muito utilizado na linguagem financeira internacional para designar a pessoa que vive de rendimentos provenientes dos juros de títulos governamentais. Por extensão, *rentier* é também qualquer pessoa cuja renda (juros, dividendos etc.) advenha exclusivamente da posse de capital. (SANDRONI, 2014, p. 736, grifo do autor).

Com o propósito de delimitar como funciona os mecanismos patriarcais do poder capitalista de empobrecer pelo enriquecimento injusto via patrimônio e renda, veremos a pesquisa de 15 anos (1998-2013), intitulada de *O capital no século XXI*, do renomado economista político Thomas Piketty[7]. Ele defende que o capitalismo dos séculos XIX, XX e XXI é um modelo econômico da desigualdade, pois patrimonialista e rentista.

O tema desse estudo é a relação entre a distribuição da renda e da riqueza em países enriquecidos, alguns emergentes e outros empobrecidos. O objetivo é analisar historicamente a desigualdade e a estrutura dela, ou seja, a origem das diferenças de renda e riqueza entre as classes sociais e como se justificam, a partir de vários saberes (PIKETTY, 2014).

Há três argumentos principais. O primeiro é que a origem histórica da desigualdade de riqueza consiste nos mecanismos da herança e da poupança acumuladas por anos e séculos. O segundo postula que o investimento do acúmulo de herança e poupança de famílias rende capital (PIKETTY, 2014).

---

[7] Piketty escreveu outra obra revista e atualizada *A economia da desigualdade* (ed. 2015). Nela, o conceito de desigualdade é aprofundado, pondo em relevo a distribuição de renda.

O terceiro advoga que o mecanismo principal do aumento da desigualdade é a acumulação infinita de patrimônios derivados (PIKETTY, 2014): a) "[...] da renda do trabalho (salários [...], gratificações, bônus, renda do trabalho não assalariado)" (PIKETTY, 2014, p. 24); e b):

> [...] da renda do capital (aluguéis, dividendos, juros, lucros, ganhos de capital, royalties, e [...] rendimentos obtidos do simples fato de ser dono do capital sob a forma de terras, imóveis, ativos financeiros, equipamentos industriais) (PIKETTY, 2014, p. 24).

O patrimonialismo e o rentismo equivalem ao capitalismo da desigualdade de renda do capital — da posse do capital e das rendas resultantes dela — e de trabalho. A concentração de riqueza é histórica, pois, conforme Piketty (2014, p. 363), "[...] a acumulação do capital é um processo de longo prazo, que se desenvolve por muitas gerações". É resultado de um processo acumulativo que dura anos. A riqueza privada do século XXI, imobiliária e financeira, é produto da acumulação em décadas e séculos, conforme métodos exploratórios, como a escravização de povos africanos da diáspora.

A superconcentração da riqueza localiza-se na Europa e nos Estados Unidos. Mas é possível dizer que, em todas as sociedades, de todas as épocas, a distribuição da riqueza, da renda de capital, é mais centralizada do que a renda do trabalho (PIKETTY, 2014). Em geral, na contemporaneidade, "[...] a desigualdade aumentou desde os anos 1970-1980, com fortes variações entre países, o que sugere que as diferenças institucionais e políticas tenham exercido um papel central" (PIKETTY, 2014, p. 233).

Piketty (2014) chega a duas conclusões em sua pesquisa. A primeira é que a desigualdade de patrimônio e de renda é histórica, porque é uma construção social à mercê do olhar justo ou injusto e das escolhas coletivas de atores políticos, sociais e econômicos. A segunda é que a distribuição da riqueza traz consigo o mecanismo das forças que ora tendem para a diminuição da desigualdade – *for-*

ças de convergência –, ora para o aumento da desigualdade – *forças de divergência*.

As forças principais que diminuem a desigualdade são a difusão do conhecimento e o investimento em qualificação e na formação da mão de obra (PIKETTY, 2014), pois aumentam a produtividade e a igualdade de renda. As forças que predominam, contudo, são de aumento da desigualdade, como: a falta de investimento na capacitação de mão de obra; distanciamento de salários entre indivíduos e separatismo de classe; sobretudo, o processo de acumulação e concentração de riqueza; o baixo crescimento nacional e a alta renda de capital privado (PIKETTY, 2014).

Piketty (2014) ressalta que a desigualdade fundamental é a recapitalização do patrimônio privado do passado derivado de herança ou poupança. Assim, quanto maior for o patrimônio de uma família, maior será a poupança e o rendimento do capital investido em comparação com a renda nacional. A alta e a baixa de preços, assim como a lei da oferta e demanda, também influenciam no aumento ou na baixa da desigualdade.

Ao estudar as metamorfoses do capitalismo, Piketty (2014, p. 117) afirma: "O capital jamais é seguro: é sempre arriscado e empresarial, ao menos no início; ao mesmo tempo, invariavelmente tende a se transformar em renda quando se acumula sem limites – é a sua vocação, seu destino lógico".

Se o patrimonialismo — imobiliário e financeiro — é a cara do capitalista do século XX e início (2000-2010) do XXI, como entender o rentismo? O rentismo, *grosso modo*, é uma forma capitalista de se aumentar a renda privada com juros progressivos. Os rentistas são aqueles que emprestam dinheiro ao Estado, e a renda são os juros pagos com o dinheiro do povo, os impostos. O Estado transfere boa parte arrecadada dos impostos para os rentistas. Os bancos são os intermediários financeiros dessa dívida pública, fazem o repasse do dinheiro emprestado sob a forma de crédito bancário (PIKETTY, 2014).

Um operador do capitalismo rentista é a dívida pública. Uma das artérias do capitalismo atual é o endividamento dos Estados. Piketty (2014, p. 526) assegura: "São duas as principais formas de um Estado financiar suas despesas: por meio de impostos ou por meio de dívidas". O nó da questão é que a renda nacional não cobre os orçamentos dos Estados ricos, emergentes e empobrecidos, que, por sua vez, dependem dos empréstimos com juros sucessivos das elites.

Os Estados não conseguem mais pagar a dívida pública que cresce a cada ano com juros elevados. O Estado cai no ciclo vicioso de receber novos empréstimos para pagar a dívida. E é do interesse das elites financiar a dívida, porque elas não querem taxação de imposto sobre a própria renda (PIKETTY, 2014).

Assim, o capitalismo patriarcal da desigualdade, além de patrimonialista, sustenta-se no rentismo, para conservar o aumento do patrimônio privado. É um ciclo infinito de acumulação masculina que compromete a vida política e econômica da população. O endividamento estatal é rentável, é a maneira de render patrimônio privado com o sangue do povo, traduzido em impostos e alta de preços ou inflação. Os bancos são os gestores dos empréstimos cedidos aos Estados em forma de crédito financeiro, que rende juros. Grande parte desse dinheiro emprestado vem de famílias brancas patrimonialistas, que detêm heranças e obtêm rendas altas com elas, sonegando imposto[8].

---

[8] Outros estudos sobre economia são muito importantes para a crítica do capitalismo financeiro, a saber: *A finança mundializada* (ed. 2005), organizado por François Chesnais. Mostra "as mudanças do capitalismo no último triênio, a expansão da financeirização, que se torna independente, imune a regras, e visa ao lucro, acima de tudo"; *A finança capitalista* (ed. 2010), de Suzanne de Brunhoff, François Chesnais, Gérard Duménil, Dominique Lévy, Michel Husson. Aborda "a concorrência exacerbada que pressiona e explora as pessoas e, sobretudo, explicita a contradição do capitalismo financeiro: recusar a satisfação das necessidades sociais, já que elas não coadunam com os critérios de escolha e eficácia"; *O capital e suas metamorfoses* (ed. 2013), de Luiz Gonzaga Belluzo. Faz uma "análise transdisciplinar sobre o movimento contemporâneo de financeirização da economia, em que a sociedade se divide entre cidadãos vencedores (detentores do capital financeiro, dispõe de tempo livre e consumo de luxo) e perdedores (dependentes do consumismo, vítimas do endividamento, ameaçados pelo desemprego, competem pela sobrevivência)"; *Democracia econômica: alternativas de gestão social* (ed. 2013). "Um ensaio que discute a democratização da economia como caminho realista para enfrentar o domínio econômico de todas as áreas, inclusive a política"; *Manda quem pode, obedece quem tem prejuízo* (ed. 2017), de Luiz Gonzaga Belluzzo e Gabriel Galípolo. Trata-se de uma pesquisa que demonstra que "o poder, na cultura política do capitalismo financeiro, não está no poder representativo, mas reside nas articulações econômicas e financeiras"; *A era do capital improdutivo: Por que oito famílias tem mais riqueza do que a metade da*

Portanto, a TpldEFC, apoiada no rigor da crítica, constata que o maior escândalo ético da sociedade capitalista, normatizada pela ideia de riqueza como crescimento econômico sem limites, é a cultura da desigualdade, cujos mecanismos de opressão têm sido a distinção social e o enriquecimento injustos.

A *distinção social* que, por equivaler aos privilégios de família, com capital cultural, ao racismo multidimensional (global, social e racial) e à discriminação de gênero, se caracteriza pelo *poder de marginalizar* ou de destituir o outro de valor. E o *enriquecimento injusto* que, por consistir na histórica e injusta função social do patriarcado de distribuição desigual da riqueza mundial, em detrimento do crescimento nacional, se caracteriza pelo *poder patriarcal de empobrecer* progressivamente populações, países e a Terra.

Quem perpetua o abismo social entre enriquecidos e empobrecidos são as elitizadas famílias patrimonialistas e rentistas e a classe média real, a funcionária dessas elites. Elas lucram com a distinção social e o empobrecimento da sociedade. A noção de enriquecimento dessa classe pauta-se na ganância por lucro ilimitado, consolidada pela função social de gênero: é um enriquecimento sem ética, pois deriva, sobretudo, da injustiça social e

---

população do mundo? (ed. 2017), de Ladislau Dowbor. Faz uma crítica contundente ao "poder das corporações financeiras de interferir em decisões dos poderes públicos. Avalia que a implicação dessas ingerências é esterilizar a riqueza produzida pela sociedade, já que a transforma em fonte de lucro, nos paraísos fiscais, além de capturar o orçamento público, para pagar juros do dinheiro emprestado ao Estado"; *O mito da austeridade* (ed. 2019), coordenado por Antonio Corrêa de Lacerda. Um estudo crítico de vários especialistas sobre "a austeridade econômica como erro de governos, e propõe que o crescimento econômico não seja medido só por valores quantitativos, mas também por desempenhos qualitativos (ex. emprego, salários reais, distribuição de renda, nível de inflação)"; *A crise permanente: o poder crescente da oligarquia financeira e o fracasso da democracia*, de Marc Chesney. "Explica a financeirização da economia e da sociedade contemporânea, baseada numa ideia de crescimento a partir da dívida global, e na função dos bancos centrais que injetam recursos para salvar as empresas e outros bancos em crise"; *O capitalismo se desloca: novas arquiteturas* (ed. 2020), de Ladislau Dowbor. "Uma avaliação sobre as mudanças do capitalismo que, agora, ao basear-se no conhecimento, no sistema informacional, gera incertezas quanto ao futuro da democracia: daí pode surgir uma democracia melhorada ou pior do que a que temos hoje"; e *História do pensamento econômico: uma perspectiva crítica* (ed. 2021), de E.K. Hunt e Mark Lautzenheiser. "Um clássico do pensamento econômico, que percorre a história das ideias econômicas, dos clássicos até os contemporâneos, demonstrando que a economia é uma construção circunstancial que responde a problemas específicos da produção e circulação. Além disso, demonstra que a economia é eivada de valores e ideais dos economistas e pensadores".

ambiental, alimentada pelos privilégios de classe e gênero e pelas formas históricas de racismo.

Pobreza e riqueza não são naturais, são culturalmente construídas. O processo que leva à riqueza é o enriquecimento injusto, e o que leva à pobreza é o empobrecimento exploratório. Para não ceder à naturalização colonialista e capitalista dos conceitos, é preferível utilizar empobrecidos e enriquecidos, em vez de pobres e ricos.

1.2 Cultura da sociedade vigiada: o poder de vigiar e programar condutas

Manter a cultura da desigualdade implica agir sobre o comportamento alheio, por meio da vigilância planejada. O maior privilégio de ser elite opressora e servidora dela, hoje, é exercer o poder de vigiar e programar a conduta dos oprimidos. Por isso, a cultura da sociedade vigiada será vista como construto baseado no poder da vigilância capitalista.

Um demorado estudo de 13 anos (2006-2019), *A era do capitalismo de vigilância*, da psicóloga social e filósofa Shoshana Zuboff, caracteriza nosso tempo como *"civilização da informação"* (SHOSHANA, 2020, p. 14, grifos da autora). Essa pesquisa defende que um novo projeto ou uma nova lógica de mercado emerge nessa civilização. Trata-se do *capitalismo de vigilância*. O objetivo da obra é examinar "as leis do capitalismo de vigilância" (ZUBOFF, 2020, p. 28).

Na expressão de Zuboff (2020, p. 28), o capitalismo de vigilância é o "mestre dos fantoches", entendido como "imperativos econômicos". Ainda afirma:

> O capitalismo de vigilância reivindica de maneira unilateral a experiência humana como matéria-prima gratuita para a tradução em dados comportamentais. Embora alguns desses dados sejam aplicados para o aprimoramento de produtos e serviços, o restante é declarado como *superávit comportamental* do proprietário, alimentando avançados processos de fabricação conhecidos como "inteligência de

> máquina" e manufaturado em *produtos de predição* que antecipam o que um determinado indivíduo faria agora, daqui a pouco e mais tarde. Por fim, esses produtos de predições são comercializados num novo tipo de mercado para predições comportamentais que chamo de *mercados de comportamentos futuros*. (ZUBOFF, 2020, p. 19, grifos da autora).

Zuboff (2020, p. 19, grifo da autora) argumenta que o capitalismo de vigilância instaura um projeto de civilização informatizada, na qual conhecimento é um tipo de poder designado de "[...] *instrumentarismo*". "O poder instrumentário conhece e molda o comportamento humano em prol das finalidades de terceiros" (ZUBOFF, 2020, p. 19). O capitalismo vigilante produz um poder de informação capaz de transformar "[...] nossas vozes, personalidades e emoções" (ZUBOFF, 2020, p. 19) em fontes de dados preditivos.

Com isso, os capitalistas entenderam que é preciso intervir para "[...] incentivar, persuadir, sintonizar e arrebanhar comportamento em busca de resultados lucrativos" (ZUBOFF, 2020, p. 19). Os resultados são processados em máquinas automatizadas que conhecem e moldam o comportamento humano.

A meta dos capitalistas de vigilância não é somente "[...] automatizar o fluxo de informação *sobre nós*; a meta agora é *nos automatizar*" (ZUBOFF, 2020, p. 19, grifos da autora). A vigilância tem transformado os meios de produção em "[...] 'meios de modificação comportamental' cada vez mais complexos e abrangentes" (ZUBOFF, 2020, p. 19).

A modalidade de poder do capitalismo de vigilância é o instrumentarismo, que é *"a instrumentação e instrumentalização do comportamento para propósitos de modificação, predição, monetização e controle"* (ZUBOFF, 2020, p. 402, grifos da autora). Esses conceitos indicam a emergência de um poder que nasce da etapa inicial da física teórica e ganha expressividade no comportamentalismo da obra de Skinner. Esse poder de extração e controle passou por dois deslocamentos: o do mundo virtual para o mundo não virtual e o do mundo não virtual para o mundo social (ZUBOFF, 2020).

O capitalismo de vigilância começou com a plataforma Google, difundiu-se para o Facebook e a Microsoft. A Amazon e a Apple também trabalham com o mercado de predições. O capitalismo de vigilância possui dispositivos paradigmáticos para os mercados que adotam a internet como base. As curtidas e os cliques são indicadores de predição (ZUBOFF, 2020).

No mercado dos produtos de predição do comportamento futuro, não somos clientes, mas objetos dos quais se extrai comportamentos, pois os clientes são empresas que negociam as experiências pessoais, em vista de uma conduta futura. Fabricar predições que se aproximam da certeza é premissa do capitalismo de vigilância (ZUBOFF, 2020).

Enquanto a civilização do capitalismo industrial "[...] floresceu à custa da natureza e agora há a ameaça de o preço a pagar por ela ser o planeta Terra" (ZUBOFF, 2020, p. 23), a civilização da informação do capitalismo de vigilância prospera "[...] à custa da natureza humana e ameaçará custar-nos a nossa humanidade" (ZUBOFF, 2020, p. 23).

Para Zuboff (2020), o grande problema ético-político do capitalismo de vigilância é o controle agressivo do ser humano em nome de lucros elevados, por meio de técnicas que alteram as condutas individuais. Isso se configura como transgressão jurídica de valores inalienáveis como a autonomia individual e a vida democrática: temos uma franca violação do *"direito de santuário"* (ZUBOFFOF, 2020, p. 33, grifos da autora).

Zuboff (2020) conclui que o capitalismo de vigilância é uma forma de derrubar a soberania das pessoas, como o golpe fatal do capitalismo sobre as democracias liberais. O comportamento de colmeia, ou de rebanho, sob efeito da "[...] pressão do grupo de confluência social e a certeza computacional" (ZUBOFF, 2020, p. 583), substitui a política e a vida democrática[9].

---

[9]   Para aprofundar, conferir Evgeny Morozov, que, a esse respeito, fala em "controle global da sociedade", "extrativismo digital", "privacidade como ativo econômico" e questões afins, cf. Morozov (2018).

Diante dessa cultura da sociedade vigiada, a TpldEFC constata que outro escândalo de ordem política do capitalismo é a *cultura do controle das liberdades e da abolição de direitos democráticos*, caracterizada pelo *poder da vigilância que prediz o comportamento futuro*.

Nunca foi tão urgente fazer teologia crítica, como *teologia política*, para enfrentar a cultura da sociedade vigiada. Isso porque, segundo Zuboff (2020), a lógica instrumentária de poder tem legitimado a destruição do direito à privacidade e transformado tanto o ser humano em objeto de controle quanto a experiência humana em matéria-prima a ser negociada em mercados da predição de conduta futura.

1.3 Cultura da interioridade governada: o poder de gestão da subjetividade

A economia capitalista não age sobre o comportamento alheio apenas por meio do poder de vigilância social, como também pelo poder de governar a interioridade dos sujeitos: sociedade e indivíduo são objeto de governo do capitalismo. A cultura de vigilância programada não teria eficácia sem a cultura da interioridade governada. Esses dois mecanismos são traços do neoliberalismo no século XX, como discurso e prática de governo que implementam a manutenção da cultura capitalista, no século XXI.

O neoliberalismo é herdeiro de mecanismos inerentes a uma forma antiga de poder que Foucault (2004a) denominou de *poder pastoral*, em dois cursos: em *Sécurité, territoire, population*, de 1978, e em *Du gouvernement des vivants*, de 1980.

Trata-se do poder de governar pessoas pelo método da direção de consciência, para torná-las súditos. O objetivo imediato era produzir obediência submissa (virtude de quem queria salvar a própria alma), mediante o autoexame e a confissão de si por parte de súditos a superiores, em mosteiros cristãos do século IV. Para atingir essa obediência, o súdito tinha que se examinar (procurar os pensamentos mais ocultos para renunciá-los) e falar de si para o superior do mosteiro (confessar as verdades ocultas para que elas perdessem força sobre si mesmo) (FOUCAULT, 2012).

Para cada mecanismo da direção de consciência, havia uma consequência política para o sujeito dirigido: o autoexame produzia a mortificação de si pela exploração de si mesmo; a confissão criava a objetivação do sujeito pela verbalização de uma verdade sobre si; e a obediência submissa instaurava a renúncia de si mesmo (FOUCAULT, 2012). No poder pastoral que constitui a subjetividade ocidental, o súdito religioso e político está suscetível a incitações de comando, pois disposto a obedecer.

Em nossos dias, o súdito político do capitalismo é o novo *homo oeconomicus* regido pelo neoliberalismo que conforma: a) a ação de populações à ação de rebanho, com a noção de sociedade empresarial, centrada na concorrência social e no empreendedorismo; e b) o agir de indivíduos à conduta de ovelhas, com a ideia de sujeitos miniempresas, sedimentada na autoexploração, pois fornecem dados de si para o sistema, na meritocracia, que atribui o sucesso ou o fracasso do indivíduo, não à retirada de direitos sociais, mas ao desempenho do sujeito. Por isso, analisaremos o neoliberalismo, como um gestor da subjetividade humana, à medida que a produz e gerencia.

No curso de 1978, *Naissance de la biopolitique*, Michel Foucault (2004b, p. 152, tradução nossa) capta a racionalidade neoliberal como uma forma de governo generalizada, isto é, "[...] uma sociedade submissa à dinâmica concorrencial [...] uma sociedade da empresa". Vladimir Safatle explicita esse argumento foucaultiano, quando traz o exemplo de Margareth Thatcher que dizia: "Economia é o método. O objetivo é mudar o coração e a alma" (SAFATLE; JUNIOR; DUNKER, 2021, p. 24).

Ou seja, na economia há poder, ou melhor, a prática econômica se exerce com mecanismos de poder, porque há metas a serem alcançadas. Então, nas teorias econômicas, há pressupostos políticos que deixam entrever as formas de poder para implementá-las na vida de uma nação. Mas esse poder precisa de um discurso econômico, razoável e coerente, a fim de legitimar as práticas econômicas.

Os economistas alemães da Escola de Friburgo e os da Escola de Chicago, no século XX, construíram essa narrativa da qual se apropriaram as elites do capitalismo globalizado. O neoliberalismo é a racionalidade ou razão econômica que transformou a economia em um método de poder produtor de comportamentos rentáveis, governando as subjetividades. A finalidade é criar uma sociedade de indivíduos constituídos pela ideia neoliberal de liberdade, de sorte que as pessoas livres são aquelas que aderem à narrativa econômica do neoliberalismo, eivada de promessas de prosperidade material para todos.

O objetivo maior do neoliberalismo de linhagem norte-americana é programar um novo *homo oeconomicus*, que, diferentemente do clássico *homo oeconomicus* como "parceiro de trocas" (FOUCAULT, 2004b, p. 232, tradução nossa), é o sujeito "[...] da empresa e da produção" (FOUCAULT, 2004b, p. 152, tradução nossa). Trata-se do sujeito livre que se constitui como pequena empresa e estabelece relações de concorrência na sociedade.

O modo de subjetivação neoliberal, que emergiu nos anos 1970, é o "[...] empresário de si mesmo [entrepeneur de lui-même]" (FOUCAULT, 2004b, p. 232, tradução nossa). O sujeito é o empreendedor que investe em si próprio. O objetivo do neoliberalismo é "[...] uma economia feita de unidades-empresas, uma sociedade feita de unidades-empresas" (FOUCAULT, 2004b, p. 232, tradução nossa).

O método para chegar a isso, segundo Foucault (2004b), está na *teoria do capital humano*, de Theodor Shultz, que, como competências adquiridas, é uma forma de convencer o súdito econômico de que ele está "[...] sendo para si o seu próprio capital, sendo para si o seu próprio produtor, sendo para si a fonte de sua renda" (FOUCAULT, 2004b, p. 232, tradução nossa).

O empresário de si mesmo é um novo consumidor, no sentido que Foucault (2004b, p. 232, tradução nossa) viu em Gary Becker: "O homem consumidor, na medida em que consome, é um produtor. O que ele produz? Bem, ele simplesmente produz sua própria satisfação".

A economia é método de poder, porque convence o sujeito, visto como uma subjetividade a ser transformada em miniempresa, a acreditar que ele só pode satisfazer-se se for um microempresário. A aposta neoliberal é que a subjetividade do indivíduo deve ser uma forma de se relacionar consigo, baseada na noção de que ele mesmo é o capital de si próprio: produtor e fonte de renda para si mesmo, um trabalhador autônomo.

A implicação política desse processo de empresariamento neoliberal da sociedade é a destruição da noção de sujeito político de direitos e do Estado de bem-estar social. O trabalhador cai na retórica neoliberal que dispensa o amparo político, social e jurídico do Estado de Direito. Assim, passa, como alerta Marilena Chauí (2018), a comprar mais competências, por meio de cursos de capacitação, para ser um prestador de serviço com o máximo de produtividade e o mínimo de custo-benefício para o empregador.

O empresário se torna um cliente do trabalhador, que se vê como microempresário. Aqui, segundo Souza (2021), há uma grave mudança nas ideias de trabalho e trabalhador, comandada pelas classes dominantes, que, desde a década de 1970, tomam decisões contra a classe trabalhadora e os sindicatos, sobretudo, no Brasil.

Em *Os executivos das transnacionais e o espírito do capitalismo*, o sociólogo López-Ruiz (2007), à luz da sociologia weberiana, sentencia que o capital humano inaugura um novo modo de ser sujeito e uma nova sociedade. Ainda, assevera que essa teoria institui o novo espírito do capitalismo, que é adquirir competências postuladas pelo mercado para maior rentabilidade. O termo humano equivale a aptidões, habilidades, competências que adquirem valor de mercado. O capitalismo gerencia uma sociedade em que os indivíduos vivem cada vez mais flexíveis aos estímulos do mercado.

Em *As revoluções do capitalismo*, o sociólogo Maurizio Lazzarato (2006, p. 100) adverte que "[...] o capitalismo [...] é uma produção de mundos". O consumidor atual pertence e adere a mundos fabricados e ofertados pelo capitalismo governamental. Nesse contexto, a liberdade é um problema, já que é exercida apenas para "escolher dentre os mundos possíveis" (LAZZARATO, 2006, p. 100). O capitalismo cria sociedade de controle da liberdade pela gestão da subjetividade.

Lazzarato (2014), no texto *Signes, machines, subjectivities*, reputa que o capitalismo passa por uma crise na produção da subjetividade. O sujeito de capital humano gera crise, na medida em que tenta gerenciar desemprego, pobreza, salários e rendas em declínio. A crise financeira do mundo empresarial trouxe para o centro "[...] a dívida e suas modalidades de sujeição, o homem endividado" (LAZZARATO, 2014, p. 15). A dívida é o fracasso das promessas de riqueza para todos, por meio do trabalho duro, do crédito e das finanças (LAZZARATO, 2014).

No livro *O Governo do homem endividado*, Lazzarato (2017) deixa claro que a crise financeira do capitalismo produz subjetividade através da dívida pública. O verdadeiro motivo da crise financeira está nos paraísos fiscais, lugares, nos quais há tamanha quantidade de dinheiro entocada de super-ricos (32 bilhões de dólares), credores da dívida pública, e de grandes empresas internacionais (Apple com 81 bilhões, Microsoft 54 bilhões, Google 43 bilhões e Cisco 42 bilhões).

A crise significa que "A riqueza acumulada não encontra mais onde nem como se valorizar. O capital não consegue mais 'sugar' a produtividade da sociedade" (LAZZARATO, 2017, p. 36). Para Lazzarato (2017), a crise é o acúmulo de tanto dinheiro improdutivo que não se sabe como investir nem como atribuir valor ao capital para ele continuar rendendo.

Então, o modo de subjetivação que brota da crise capitalista associada ao endividamento dos Estados é o *homem endividado*. A dívida é uma forma de o Estado empresarial escoar recurso público para os paraísos fiscais, por meio dos impostos, em vez de investir no país. Governos praticam muita violência contra o povo, impondo normas de sacrifícios econômicos à população, como a *política da austeridade*, para pagar os juros da dívida pública (LAZZARATO, 2017).

O filósofo Byung-Chul Han, em *Psicopolítia – O neoliberalismo e as novas técnicas de poder,* acrescenta que o capitalismo explora a emoção. E o motivo é que a "emoção é uma resposta dinâmica, situacional e performativa." (HAN, 2018, p. 61).

Na economia neoliberal, empresas colocam cada vez mais as emoções humanas no centro da gestão política dos comportamentos, como mostra a seguinte passagem:

> As emoções são performativas no sentido de que evocam certas ações: como *tendência,* representam a base energética ou mesmo sensível da ação. As emoções são controladas pelo sistema límbico, no qual também se assentam os impulsos. Eles formam o nível pré-reflexivo, semiconsciente e corporalmente impulsivo da ação, do qual frequentemente não se tem consciência de forma expressa. A psicopolítica neoliberal se ocupa da emoção *para influenciar ações sobre esse nível pré-reflexivo.* Através da emoção, as pessoas são profundamente atingidas. Assim, ela representa um meio muito eficiente de controle psicopolítico do indivíduo. (HAN, 2018, p. 68, grifos do autor).

Vê-se, portanto, que o capitalismo do consumo se baseia numa psicopolítica centrada no estímulo da emoção positiva que aumenta a motivação, criando nos consumidores necessidades e estimulando-os à compra. Na economia neoliberal, a lógica da produtividade que maximiza lucros produz instabilidade, em detrimento da continuidade, estimula a mudança das emoções, enquanto provoca desinteresse pelo exercício da razão.

Vimos que, tanto na crítica filosófica quanto na sociológica, a maior contribuição da racionalidade neoliberal para o capitalismo é oferecer ferramentas, a fim de que ele se infiltre no último lugar a ser dominado, a subjetividade humana: a consciência, o desejo, as emoções. A seguir, o capitalismo será problematizado à luz da psicanálise.

Desde os idos de 1974, quando Lacan identificou que o mal-estar da modernidade é produto do discurso capitalista dominante na sociedade, a psicanálise pós-freudiana tem sido crítica ao capita-

ECONOMIA FINANCEIRA E CRÍTICA TEOLÓGICA:
ENSAIO DE TEOLOGIA POLÍTICA LATINO-AMERICANA DA ECONOMIA DE FRANCISCO E CLARA

lismo, revelando pressupostos e efeitos para a subjetividade humana (QUINET, 2002).

Por isso, em *Revolução molecular*, o psicanalista Félix Guattari (1977, p. 205) afirma que o "[...] capitalismo se apodera dos seres humanos por dentro". E, no texto *O Anti-Édipo*, o *modus operandi* capitalista é a "[...] produção de produções, de ações e reações; produções de registro, de distribuições e de pontos de referência, produção de consumos, de volúpias, de angústias e de dores" (DELEUZE; GUATTARI, 1966, p. 9).

Na obra *Micropolítica*, Guattari e Rolnik (1986, p. 32) sustentam que o objetivo imediato do capitalismo contemporâneo é tornar-se inerente à subjetividade. E tornar-se ontológico no indivíduo é controlá-lo a ponto de ocupar uma "[...] posição de consumidor de subjetividade" (GUATTARI; ROLNIK, 1986, p. 32). Dessa feita, a subjetividade é "[...] essencialmente fabricada, modelada, recebida, consumida" (GUATTARI; ROLNIK, 1986, p. 25).

No início do século XXI, o psicanalista Antonio Quinet (2002) esboçou alguns traços do discurso capitalista: 1) não estimula laços sociais entre seres humanos, mas entre pessoas e objetos de consumo rápido e imediato; 2) incita a fantasia da completude via parceiro conectável e desconectável ao sabor do momento, e não mais por meio de um par; 3) rege uma sociedade que se abastece da produção da falta de gozo, criando uma *economia libidinal* de sujeitos desejantes, cuja demanda de consumo de objetos (*gadgets*) do desejo não os sacia; 4) identifica a causa do desejo com a mais-valia dos objetos, a qual promete um gozo inalcançável; 5) investe em uma ciência com alto potencial tecnológico para produzir *objetos de consumo* que simbolizam os *objetos pulsionais* do sujeito desejante; 6) fabrica um sujeito cujo desejo é capitalista, um consumidor de objetos que interpreta o próprio desejo como *desejo de objetos*; 7) produz o sujeito descapitalizado, inadimplente, que se endivida para obter conforto e não se satisfaz, porque "[...] esse sujeito como falta-a-ser é o sujeito como falta-a-ser rico; e a falta-de- gozo se inscreve como a falta-a-ter-dinheiro" (QUINET, 2002, p. 36).

Raimundo de Lima (2002) reafirma essas características do discurso capitalista, agregando outras: a) a função de produzir coisas, valores, crenças, ideias como causas de desejo; b) o efeito de fazer os sujeitos perderem a autonomia tornando-se consumidores de objetos; c) impõe o consumo de objetos como condição para o gozo do sujeito; d) exclui os pobres, pois a estes falta o poder econômico da aquisição de objetos; e) cria a sensação de angústia atrelada à exclusão e a sensação de bem-estar atada à inclusão, porém ser incluído, no sistema, é ter objetos, e ser marginal é não possuí-los; e f) produz reações inconscientes ou protestos na sociedade, esboçadas por Quinet, como as doenças psíquicas (ex. a depressão), a patologia da desconfiança em ambientes de competição (ex. trabalho) que não cria laços.

Enfim, para a crítica psicanalítica do início do século XXI no Brasil, o núcleo secreto do discurso capitalista é "[...] manter os sujeitos sempre em falta. O sistema sabe calcular como fazê-los voltar a demandar mais e mais coisas" (LIMA, 2002, p. 43) – uma percepção sagaz e que serve de categoria analítica para o nosso tempo.

Anos mais tarde, o capitalismo de produção e gestão da subjetividade foi analisado pela crítica psicanalítica, como políticas de subjetivação. No ensaio *Cartografia sentimental: transformações contemporâneas do desejo*, Rolnik (2016, p. 20) propugna que a política de subjetivação do neoliberalismo de 1970/1980 é a de "identificação com as imagens de mundo veiculadas pela publicidade e pela cultura de massa". Ainda afirma:

> Sabe-se que políticas de subjetivação mudam em função da instalação de qualquer regime, pois estes dependem de formas específicas de subjetividade para sua viabilização no cotidiano de todos e de cada um, onde ganham consistência existencial e se concretizam. Mas no caso específico do neoliberalismo, esta mudança adquire uma importância essencial, pois se situa no próprio princípio que rege o capitalismo em sua versão contemporânea. É que é fundamentalmente das forças subjetivas,

especialmente as de conhecimento e criação, que este regime se alimenta, a ponto de ser qualificado como "capitalismo cognitivo" ou "cultural" (ROLNIK, 2016, p. 13).

Na vida amorosa, ocorre uma perda da sensibilidade ao invisível, à capacidade de significar a experiência dos afetos e, por consequência, o poder de criação do desejo se enfraquece. Esse processo de desorientação mobiliza o afeto da carência, como falta de algo que dê plenitude e estabilidade, o que gera o sentimento da angústia: não saber mais qual é o objeto do desejo. E é por essa experiência que ocorre a captura neoliberal da subjetividade produzindo carência (ROLNIK, 2016).

As afetações eróticas são intensificadas sem direção certa, porque perdeu-se a sensibilidade para significá-las criticamente. A cultura midiática gera um fluxo muito grande de imagens provocando "intensidades afetivo-eróticas" (ROLNIK, 2016, p. 102) enlouquecidas, sem significação crítica.

A melancolia é o sentimento que predomina nas pessoas que foram capturadas pela imagem do amor romântico incentivada pela mídia. Por exemplo, há mulheres que reivindicam o olhar de desejo masculino, pois, para elas, isso é a forma de "[...] restituir-lhes uma imagem autorizada e valorizada de si mesmas, espelhada em seu olhar desejante, alimento narcísico para seu desalento." (ROLNIK, 2016, p. 102). Mas há também a esperança de que, ao se sentirem desejadas, "[...] poderão se apropriar do suposto poder de segurança ontológica do homem escolhido" (ROLNIK, 2016, p. 102).

Os homens se confortam com esse papel de macho desejante com poder restituidor do valor das mulheres, uma vez que também estão abalados, e querem recuperar "[...] o conforto narcísico perdido." (ROLNIK, 2016, p. 103). Para Rolnik (2016), temos dois modos preponderantes de subjetividades e/ou territórios masculino e feminino: a) a do pretendente a noivo que escapa da noivinha e promete a ela algo a ser realizado depois, para aumentar nela a dependência do olhar desejante dele; e b) a da noivinha carente e melancólica. Essas são formas de produzir desejo pela estratégia da "[...] síndrome de carência-e-captura." (ROLNIK, 2016, p. 103).

A captura por meio da informação é uma variação da síndrome de carência-e-captura. Trata-se de atribuir a carência à falta de informação. Traduzir os afetos em uma forma, um território simbólico, exigiria delas um acúmulo e consumo de informação valorizada. Então, as pessoas investem nos sentidos e valores produzidos pela mídia, com a expectativa de que o retorno narcísico seja grande para restabelecer a autoimagem segura e idealizada de si. Todavia, isso gera o sentimento da ansiedade, porque o que a mídia produz não está ao alcance. E o vazio cresce (ROLNIK, 2016).

Nesse contexto, Rolnik (2016, p. 101, grifos da autora) identifica que estamos numa sociedade que vive:

> [...] um processo de fragilização em espiral ascendente: quanto maior a desorientação, maior a vulnerabilidade a se deixar capturar pelo amparo que as centrais de distribuição de sentido e valor oferecem, investindo-as de um *suposto saber*[10].

O problema do suposto saber é que se interpreta e se vive a desterritorialização, ou seja, a perda do território simbólico dos afetos, como carência que equivale à falta de homem e falta de mulher. Mas ela não é isso. É apenas a perda de sentido dos territórios subjetivos de gênero da cultura heteronormativa: a noivinha e o pretendente a noivo.

Não é carência de um objeto ou de alguém específico:

> Se alguém está carente de algo, não é de pessoa, mas de potência produtiva do desejo para investir em novas direções, das quais surgiriam, por exemplo, novos territórios femininos, novos territórios masculinos, novas formas de amor (ROLNIK, 2016, 109).

---

[10] No discurso psicanalítico, o sujeito *suposto saber* é um termo de Lacan, atribuído ao papel do analista em todo o processo de análise. Inicialmente, o analisando coloca o analista no lugar de mestre que oferece as respostas para suas demandas. Contudo, o analista não sabe, ele supõe saber algo sobre o analisando, levanta hipóteses durante o processo, que podem ser confirmadas ou refutadas pelo próprio discurso inconsciente do analisando.

Portanto, a micropolítica, a política da subjetividade é uma "[...] política da captura do desejo" (ROLNIK, 2016, p. 107), que opera segundo a "[...] combinação de duas táticas: incitação da força de desejo e esterilização de sua potência criadora" (ROLNIK, 2016, p. 107).

Diante dessa micropolítica da subjetividade, estudos filosóficos, sociológicos e psicanalíticos mais recentes alertam que o capitalismo avança como gestor da subjetividade no século XXI. Uma dimensão da vida humana capturada pelo neoliberalismo é o sofrimento psíquico. As formas de sofrer, o significado que se atribui ao sofrimento, as linguagens para expressá-lo são produzidas e geridas pela cultura neoliberal. É o que vemos no livro *Neoliberalismo como gestão do sofrimento psíquico*.

O neoliberalismo nasce como teoria econômica e forma de vida regida por uma política e uma estratégia de intervenção no sofrimento. Os neoliberais descobriram, na teoria liberal do "[...] cálculo da felicidade, como máximo de prazer com mínimo de desprazer" (SAFATLE; JUNIOR; DUNKER, 2021, p. 10), que "[...] se pode extrair mais produção e mais gozo do próprio sofrimento psíquico." (SAFATLE; JUNIOR; DUNKER, 2021, p. 10).

E isso está atrelado à noção neoliberal de "[...] uma subjetividade própria a um esportista preocupado com performances" (SAFATLE; JUNIOR; DUNKER, 2021, p. 25). Essa subjetividade nasce da gestão da "liberdade como empreendedorismo e livre-iniciativa" (SAFATLE; JUNIOR; DUNKER, 2021, p. 25). Para que esse tipo de liberdade reine, o Estado intervém na sociedade para despolitizá-la, bloqueando a ação do conflito que questiona o controle da sociedade (SAFATLE; JUNIOR; DUNKER, 2021).

Esse modo de subjetivação da performance, do investimento e da rentabilidade, como valores morais do neoliberalismo, gera predisposições psicológicas como o gosto pelo risco e pela inovação nos negócios e nas relações humanas. O sujeito assume a empresa como a própria alma. Essa internalização do ideal empresarial forma uma imagem de si, baseada na razão econômica do cálculo de custo e benefício (SAFATLE; JUNIOR; DUNKER, 2021).

A produção e gestão da subjetividade é uma combinação de economia e psicologia que se enraíza na psiquê. As relações de trabalho foram psicologizadas, dado que a gestão se dá pela inteligência emocional, pelo teor de capital humano e pela performance otimizada dos empregados. A competição é uma forma de violência da empresa, pois além de inexistir solidariedade, produz medo, como sentimento constante (SAFATLE; JUNIOR; DUNKER, 2021).

O neoliberalismo é "[...] gestor do sofrimento psíquico [...] em dois sentidos, a saber, como aquele que gera e aquele que gerencia" (SAFATLE; JUNIOR; DUNKER, 2021, p. 10). O neoliberalismo produz e gere o sofrimento psíquico: "Controlar a gramática do sofrimento é um dos eixos fundamentais do poder" (SAFATLE; JUNIOR; DUNKER, 2021, p. 13). O sofrimento no trabalho expressa-se na síndrome de Bournout.

O neoliberalismo tem uma psicologia para realizar o próprio ideal antropológico. Ela se baseia na individuação projetada como comportamentos esperados pelas empresas. Essa psicologia tem a função social de: a) anular a revolta que brota do sofrimento psíquico causado pela alteração das normas econômicas impostas aos indivíduos; e b) gerir a ação humana segundo o critério do desempenho, da performance, da capacidade de responder e manter demandas de satisfação sem limites (SAFATLE; JUNIOR; DUNKER, 2021).

Com isso, o neoliberalismo colonizou a clínica, ao fazer alguns deslocamentos: a) da exclusão da neurose ao predomínio da depressão e à redução da psicose a esquizofrenia e à solidificação dos transtornos de *borderline*; e b) do tratamento pela clínica tradicional à lógica que utiliza os fármacos (SAFATLE; JUNIOR; DUNKER, 2021).

O sofrimento psíquico é estimulado a partir do novo objetivo de "[...] potencialização de performances no trabalho." (SAFATLE; JUNIOR; DUNKER, 2021, p. 10). A racionalidade neoliberal, ao mudar a interpretação do sofrimento, alterando causalidade, motivos significativos ou sem significado, altera a experiência humana do sofrimento (SAFATLE; JUNIOR; DUNKER, 2021).

Assim, "[...] a depressão infantil, a narcísica, a corporal e a do luto [...]" (SAFATLE; JUNIOR; DUNKER, 2021, p. 207) traduzem o discurso econômico do neoliberalismo. Quanto ao trabalho, os manuais de gestão ensinam a produzir sofrimento para estimular o aumento de produção. O mercado neoliberal percebeu que os empregados podem produzir mais se forem sujeitos a condições de sofrimento no trabalho. Quanto mais a atividade laboral os faz sofrer, mais os assujeitados produzem competindo entre si, para fugirem do sofrimento psicológico induzido (SAFATLE; JUNIOR; DUNKER, 2021).

A depressão é o esfriamento do desejo, é um sofrimento psíquico que expressa a inadaptabilidade do indivíduo aos papeis do sistema neoliberal. As pessoas depressivas, para o neoliberalismo, são "[...] corpo-mercadorias, crianças amparáveis ou narcisos impotentes." (SAFATLE; JUNIOR; DUNKER, 2021, p. 209).

Assim, para a psicanálise pós-Freud, o discurso capitalista em sua versão de racionalidade neoliberal, cada vez mais, se torna nocivo à subjetividade humana, provocando reações inconscientes e uma sociedade psiquicamente adoecida.

A TpldEFC adverte que, na cultura da interioridade governada, o maior escândalo antropológico é o ser humano cativo, reduzido à mercadoria com prazo de validade, por meio da produção do modo de ser do oprimido pelo opressor. As pessoas são oprimidas sutilmente e quase não refletem criticamente sobre isso, porque o sistema causa uma falsa impressão de que são emancipadas. Quanto mais aderem aos mundos possíveis do capitalismo, mais elas se transformam em objeto rentável de obsolescência programada, para dar lugar a novas mercadorias. Eis o ciclo da cultura do descarte.

Na verdade, têm sido consciências incitadas para escolher dentre as opções possíveis do sistema que se apresentam como formas de vida emancipada. Nesse ponto, a TpldEFC se alinha à sugestão crítica da ecoteologia da libertação. Baseado no pensamento descolonial, Sinivaldo Tavares (2022) propõe que, hoje, fazer teologia da libertação é problematizar a retórica da modernidade colonial de sujeitos emancipados. Isso porque o proceder da libertação questiona o sistema que, como emancipação, é conformação a ele.

Uma conformidade que se dá, ironicamente, pelo discurso da emancipação que encanta: a promessa capitalista de ascensão social de alguns poucos indivíduos habilidosos das classes oprimidas. Souza (2021) diz que isso causa a falsa ideia de que falar em nome de outros, sem a legitimidade de quem está representado, faz o sistema estar ao lado dos oprimidos, quando, na verdade, oculta a opressão de muitos outros que sofrem no anonimato. Emancipação caminha junto de representatividade sem autorização de anônimos.

Essas ponderações são úteis para o cuidado semântico a se tomar com o termo *alternativa* aplicado a qualquer práxis econômica marginal, quer dizer, localizada no Sul global e que não segue os cânones da economia opressora do Norte global. Intencionalmente ou não, dizer que a Economia de Francisco e Clara é uma *alternativa* à economia capitalista é ingênuo, acrítico e perigoso, pois indica uma atitude de conformação ao sistema; não é subversivo, por se adequar à episteme do opressor.

À luz da consciência descolonial latino-americana, que visa a enfrentar a colonialidade e assumir uma atitude de desobediência epistêmica[11] às práticas coloniais, geralmente, o que é *alternativo* significa uma opção entre as demais. Isso, a rigor, não questiona em nada a opção hegemônica. Apenas é mais uma entre as opções disponíveis no mercado a ser escolhida por quem se vê emancipado. O que é perigoso, sob o ponto de vista descolonial, porque a emancipação é discurso do opressor para dizer que está incluindo os marginalizados no sistema.

Em atenção à última mensagem de Francisco às juventudes engajadas, em 24 de setembro de 2022, que solicita a superação da estrutura da economia de morte, para não cair na atitude mais cômoda de reformismo do capitalismo ou de maquiamento do sistema (BRASILEIRO, 2023), insistir que a EFC é uma *alternativa*

---

[11] Para aprofundamento, veja-se o artigo intitulado de *Colonialidade: o lado mais escuro da modernidade* (2017), de um dos intelectuais marginais por questionar o sistema, como Walter Mignolo.

significa acomodar essa práxis econômica ao discurso capitalista. Como atitude descolonial, a TpldEFC renuncia ao termo *alternativa*, por este ocultar a novidade e o teor profético, de denúncia e anúncio, da própria Economia de Francisco e Clara.

Conclusão 1

O primeiro passo dos métodos da Tdl, a *mediação socioanalítica* (=buscar as causas da opressão), cumpriu o objetivo de emoldurar o discurso crítico da TpldEFC. Essa *teoria teológica* emerge como *teologia política*, pois o objeto da crítica teológica não são *todas* as causas do cativeiro sistêmico, como busca a Tdl clássica, e sim *modalidades de poder da economia como causas hegemônicas de opressão e seus efeitos*.

Desde aí, a TpldEFC é uma consciência teológica da libertação dos oprimidos que passa pela crítica interdisciplinar das relações sociais constituídas pelo cativeiro sistêmico dos empobrecidos, da sociedade e do indivíduo. Sabe que a posição de oprimido não é natural, mas produto da opressão sistêmica, cujas estratégias de poder reinventam-se a cada mudança de época e época de mudanças. Ficou nítido que o sistema capitalista é uma construção cultural, que fabrica os próprios valores, o próprio estilo de vida.

Se o capitalismo financeiro, sendo cultura construída, é produtor e transformador de valores, ele busca produzir um *ethos lucrativo* – costumes, valores, crenças, ideias rentáveis –, sob a forma de vida naturalizada. Interessa ao opressor naturalizar tanto o próprio papel quanto a função social de oprimido, para não deixar brechas de escape e continuar oprimindo em todos os lugares e tempos. A opressão dos empobrecidos pela cultura da desigualdade, da sociedade pelo poder de vigilância e do indivíduo pelo controle da subjetividade, é rentável para as elites.

A naturalização da opressão é um mecanismo que reforça a manutenção do amálgama entre *ethos de opressor* e *ethos de oprimido* por: a) *pensamento acrítico* (inibe a capacidade de o oprimido pensar o sistema); b) *comportamento de rebanho* (converte a conduta da sociedade no modelo social do sistema); e c) *subjetividade obediente* (submete a relação consigo mesmo do indivíduo ao controle do sistema). A TpldEFC, ao desnaturalizar o cativeiro sistêmico dos empobrecidos, da sociedade e do indivíduo, engrossa o coro de resistência à opressão pela crítica teológica de caráter ético-político.

Vimos que a *mediação socioanalítica* possibilitou à TpldEFC fazer uma crítica de ciências humanas como desnaturalização do capitalismo financeiro, articulando críticas ao sistema de vários saberes.

O próximo capítulo se servirá da *mediação hermenêutica*, para fazer uma *hermenêutica da libertação*, ou seja, interpretar a opressão do capitalismo financeiro à luz da opção por Deus Libertador e da opção pelos oprimidos.

2

CRÍTICA DO PAPA FRANCISCO E DA TEOLOGIA DA LIBERTAÇÃO À ECONOMIA DO CAPITALISMO: INTERPRETAR O CATIVEIRO SISTÊMICO À LUZ DA OPÇÃO DE FÉ CRISTOCÊNTRICA PELO DEUS LIBERTADOR E DA OPÇÃO POLÍTICA PELOS CORPOS OPRIMIDOS

> *Digamos NÃO a uma economia de exclusão e desigualdade,*
> *onde o dinheiro reina em vez de servir. Esta economia mata.*
> *Esta economia exclui. Esta economia destrói a Mãe Terra.*
> *(Papa Francisco)*

Introdução 2

Este capítulo tem o objetivo de interpretar o poder da economia capitalista, hoje, à luz da práxis cristã libertadora. A indagação da TpldEFC, na *mediação hermenêutica*, é: *como a fé cristã libertadora olha para o poder econômico e os oprimidos no presente?*

A epígrafe recorda[12], traz de novo ao coração, o compromisso cristão com os oprimidos de hoje, em forma de manifesto teológico contra a opressão aos empobrecidos, aos marginalizados e à Terra. Essa responsabilidade não é só de uma religião, é da humanidade inteira. Sem os oprimidos, o ser humano está fadado a perecer, pois, quanto mais o sistema exclui, mais devasta e destrói a vida dos filhos da Terra. Optar pelos oprimidos é ser contra o cativeiro sistêmico e a favor da justiça socioambiental e da paz.

---

[12] Recordar alude ao termo latino *cordis* (coração), que, teologicamente, é o centro das decisões humanas.

Sobre o uso metodológico da *mediação hermenêutica*, como olhar de libertação para os oprimidos à luz da fé, vale a orientação de Aquino Júnior (2019, p. 132, grifos do autor), colocada em forma de problemática: "[...] se o vínculo da fé com os pobres é [...] *secundário e consecutivo* [...] ou se é [...] *essencial e constitutivo*". Aquino Júnior (2019, p. 137) instrui que a relação entre os pobres e a fé cristã se define pela "[...] compreensão que se tenha de Deus". Só se pode falar do Deus cristão vinculado ao conteúdo da fé (AQUINO JÚNIOR, 2019).

A norma teológica para dizer que o vínculo entre a fé cristã e o pobre é *essencial e constitutivo* é a seguinte:

> A vida concreta de Jesus de Nazaré [...], o lugar e o critério definitivos para se falar de Deus e da relação com ele e, consequentemente, para se falar da relação entre Deus e os pobres e marginalizados (AQUINO JÚNIOR, 2019, p. 137).

Se "não se pode pensar a fé sem referência a Deus, também não se pode pensar Deus sem referência à fé" (AQUINO JÚNIOR, 2019, p. 135). Se a relação entre Deus e os empobrecidos, na vida de Jesus de Nazaré, é *essencial* e *constitutiva*, então, é uma questão de fé. Logo, "[...] diz respeito ao mistério mesmo de Deus, a ponto de não se poder falar de Deus independentemente de seu vínculo com os pobres e marginalizados" (AQUINO JÚNIOR, 2019, p. 133).

Nem toda ideia de Deus é cristã e serve para falar da relação do Deus bíblico com os oprimidos, o Deus revelado em Jesus de Nazaré (AQUINO JÚNIOR, 2019). O uso da *hermenêutica da libertação* ampara-se nesse vínculo *essencial* e *constitutivo*.

A opção da Tdl pelos oprimidos ancora-se na ética bíblica do seguimento a Jesus de Nazaré, que se identificou com os empobrecidos e marginalizados (humilhados, excluídos, explorados): "'Em verdade vos digo: cada vez que o fizestes a um desses meus irmãos mais pequeninos, a mim o fizestes'" (Mt 25,40); "Em verdade vos digo: todas as vezes que o deixastes de fazer a um desses mais pequeninos, foi a mim que o deixastes de fazer" (Mt 25,45); "Enfim, sem os pobres, a Igreja perde o seu Senhor, que com eles se identificou e os fez juízes definitivos do mundo" (BOFF; PIXLEY, 1986, p. 16).

Deus-Cristo se identifica com os empobrecidos já "[...] no mistério da Encarnação do Verbo na forma da pobreza. [...] O Deus bíblico ou revelado não se identificou com um Imperador, nem com um sumo sacerdote e muito menos com um rico proprietário ou Ancião do povo" (BOFF; PIXLEY, 1986, p. 136). A opção cristã pelos oprimidos é teológica com desdobramento político, porque a opção política pelos oprimidos é resultado de uma opção de fé por Jesus Cristo que liberta (BOFF; PIXLEY, 1986).

O Papa Francisco, na *Evangelii Gaudium*, reposiciona a opção pelos oprimidos, ao dizer que: "No coração de Deus, ocupam lugar preferencial os pobres" (EG, n. 197). Ou seja: "Para a Igreja, a opção pelos pobres é mais uma categoria teológica que cultural, sociológica, política ou filosófica. [...] Esta preferência divina tem consequências na vida de fé de todos os cristãos" (EG, n. 198).

O sinal que não deve faltar na vida da Igreja é "[...] a opção pelos últimos, por aqueles que a sociedade descarta e lança fora" (EG, n. 195). Aquino Júnior (2019) reforça que a credibilidade, a autenticidade e a fidelidade da Igreja ao Evangelho medem-se pelo critério de opção pelos últimos.

Sem os oprimidos de hoje, os cristãos se perdem. Quanto a isso, instrui-nos a segunda Carta aos Coríntios: "[...] conheceis a generosidade de nosso Senhor Jesus Cristo, que por causa de vós se fez pobre, embora fosse rico, para vos enriquecer com a sua pobreza" (2Cor 8,9). A opção pelos oprimidos – as classes sociais exploradas, excluídas, empobrecidas, humilhadas e marginalizadas, os povos crucificados e a Terra maltratada e saqueada – é teológica, uma vez que deriva da opção cristocêntrica pelos empobrecidos.

Nos empobrecidos, Deus se revela um empobrecido contestando o empobrecimento causado pelo enriquecimento injusto e pela distinção social. O empobrecer de Deus significa que tempo e espaço são assumidos pela eternidade[13]: Deus se torna histórico.

Karl Rahner (2004), em *Curso fundamental da fé*, ensina-nos que a Encarnação de Deus, na história, manifesta a potência divina, já que Deus pode tornar-Se menor do que é. O poder divino de se encarnar manifesta-se em tornar-se outro, diferente, para ser um de nós, em nós e entre nós. Do contrário, Deus não seria Amor onipotente.

Deus Cristão é empobrecido, pois identificado com os corpos oprimidos e o Planeta crucificado, com recursos limitados e condenado à destruição pela devastação em nome do lucro. Deus empobrecido é um Deus próximo, um doador de vida farta (rico generoso), que questiona o enriquecimento injusto como causa hegemônica do empobrecimento de povos e do Planeta, e convoca à solidariedade. Os empobrecidos revelam a identificação de Deus Criador com as criaturas: todos os filhos da Terra e a frágil Casa comum.

Este capítulo realizará o segundo momento compartilhado pelos métodos da Tdl, a *mediação hermenêutica* como *hermenêutica da libertação*, que é "[...] ver o processo de opressão/libertação 'à luz da fé'" (BOFF; BOFF, 2001, p. 57). Momento de a Tdl "[...] se perguntar: o que diz a Palavra de Deus sobre isso?" (BOFF; BOFF, 2001, p. 56).

Faremos uma interpretação teológica à luz da Palavra atualizada criticamente, para revelar a opressão da economia capitalista do ponto de vista da fé como práxis libertadora. Entra a crítica teológica do Papa Francisco ao capitalismo que põe em marcha uma economia que mata e idolatra o dinheiro, produzindo a cultura do descarte e a crise ecológica, cuja raiz última está no paradigma tecnocrático, aliado da raiz antropológica. Essa posição será enriquecida por reflexões teológicas da Teologia da libertação.

A *mediação hermenêutica* é um recurso metodológico que atribui um papel ético e político ao discurso da TpldEFC: *optar pelos oprimidos e contra a opressão do cativeiro sistêmico (opção política), a partir da opção de fé por Jesus Cristo (opção ética)*. Nesta parte da moldura discursiva,

---

[13] Eternidade é diferente de infinitude. Eterno é um ser que sempre existiu e sempre existirá. Infinito é um ser ilimitado, infindo, imensurável. Na teologia, eternidade só se usa para Deus, nunca para as criaturas.

a TpldEFC emerge como discurso ético da fé que, orientado pela interpretação da opressão desde a Palavra de Deus e os oprimidos, buscará (re)apresentar a função social da ética cristã: *posicionar-se ante a opressão e os oprimidos, a partir da opção de Deus Libertador pelos corpos empobrecidos.*

2.1 Economia que mata

O capitalismo financeiro é, primeiramente, uma cultura de morte, pois se baseia em práticas de uma economia que mata. A palavra *economia* vem do termo grego *oikonomia* (*oikos*=casa; e *nomia*=regras) e significa regras ou normas para organizar a casa. O teólogo Élio Gasda (2022) diz que economia significa saber governar e administrar a casa para garantir a subsistência material e, no sentido moderno, é o estudo sobre o uso de recursos escassos, para produzir valor, e distribuição deles entre as pessoas.

O paradigma capitalista de desenvolvimento monopoliza a gestão da casa, por meio das intervenções normativas de oligarquias econômicas na economia de uma nação. A cultura financeira é sinônimo de uma economia que mata, reza a passagem seguinte:

> Assim como o mandamento 'não matar' põe um limite claro para assegurar o valor da vida humana, assim também devemos dizer 'não a uma economia da exclusão e da desigualdade social'. Esta economia mata. Não é possível que a morte por enregelamento de um idoso sem abrigo não seja notícia, enquanto o é a descida de dois pontos na Bolsa. Isto é exclusão. Não se pode tolerar mais o fato de se lançar comida no lixo, quando há pessoas que passam fome. Isto é desigualdade social. (EG, n. 53).

A cultura dessa economia de morte é a exclusão e a desigualdade social. A economia é excludente e desigual, porque vigora o "[...] jogo da competitividade e da lei do mais forte, onde o poderoso engole o mais fraco" (EG, n. 53). O resultado tange a muitas pessoas excluídas e marginalizadas, desempregadas e sem direção. Na economia que mata, "O ser humano é considerado, em si mesmo, como um bem de consumo que se pode usar e depois lançar fora" (EG, n. 53).

Dessa forma, o Papa Francisco adverte que:

> [...] com a exclusão, fere-se, na própria raiz, a pertença à sociedade onde se vive, pois quem vive nas favelas, na periferia ou sem poder já não está nela, mas fora. Os excluídos não são 'explorados', mas resíduos, "sobras" (EG, n. 53).

Nasce daí uma forma de relação descartável entre as pessoas, especialmente para com os corpos empobrecidos.

Essa relação de descarte, típica da economia que mata, está centrada na "[...] globalização da indiferença" (EG, n. 54). A indiferença globalizada corresponde à incapacidade de as pessoas se comoverem diante dos clamores de outras e à perda de interesse por cuidar delas (EG, n. 54). A indiferença generalizada, em última instância, é um grande sintoma cultural da economia que mata.

O psicanalista Christian Dunker (2017, p. 251) diz que a indiferença, como "oposição real ao amor", é o narcisismo típico do Brasil e o mais perigoso nas relações; inverte sentimentos de um narcisismo docilizado (norte-americano) — de isolamento, vacuidade e solidão — em um narcisismo de violência: "Esse é o narcisismo de alta periculosidade, pois passa da docilidade à violência, baseado apenas na experiência de admitir ou negar a existência do outro" (DUNKER, 2017, p. 252).

A indiferença é a invisibilização do outro, a partir de estratégias capitalistas. Ser indiferente é perder a capacidade de se afetar pelo outro, perder o desejo e o interesse pelo diferente, sobretudo, o outro vulnerabilizado.

Essas perdas resultam de uma subjetividade capitalista, centrada em dois paradigmas subjetivos: a) o triunfalista meritocrático, de caráter concorrencial, de que o mais forte é o melhor produto subjetivo, por superar o mais fraco; e b) o seletivo negador da diferença, de corte narcisista, de que a existência dos diferentes é negada pelos iguais. Esses modelos, respectivamente, negam a fragilidade, o outro vulnerável, a condição de criatura, e justificam o descarte dos mais fracos, injustiçados, explorados.

A economia da indiferença é um estilo de viver anestesiados pela cultura do bem-estar individual, da idolatria do excesso de ego, que põe em crise o sentido de pertença à comunidade. A crise, nesse sentido, é um *déficit* do comunitário nas relações humanas, que procede de um esfriamento psíquico e de uma falta de investimento em relações mais comunitárias. Estas se enfraquecem devido à uma anestesia da sensibilidade psíquica e à falta de consciência ética.

Observamos que as relações comunitárias se enfraquecem devido a essa anestesia da sensibilidade sociorrelacional, da consciência ética, por meio da cultura do bem-estar individual marcada pela indiferença.

Do ponto de vista ético, *in-diferente* é quem nega a existência do *diferente* por uma lógica de violência que leva à morte. A negação do outro está inerente ao poder do colonialismo presente nas democracias modernas. A democracia dos EUA, por exemplo, Achille Mbembe (2017) a caracterizou pela oposição violenta do *grupo dos iguais* (pessoas brancas e ricas com direito a ter direitos) em relação ao *grupo dos dessemelhantes* (pessoas negras, escravizadas e empobrecidas sem direito a ter direitos).

A cultura dos iguais é *alter-fóbica*, pois anula a existência de um *tu* distinto de um *eu* idêntico a si próprio. O fundamento dessa *alter-fobia* própria da indiferença é a "[...] rejeição ao outro" (MENEZES, 1996, p. 6), ou seja, a todos que não fazem parte do grupo dos semelhantes. Isso inclui, por exemplo, "[...] quem vem de fora, o estrangeiro, [...] quem não é rentável no sistema, o pobre" (CORTINA, 2020, p. 18).

Essa negação opera com o que Martin Buber (2017) chamou de transformação do *Eu-Tu* – relação de mútua hospitalidade, acolhida, entre pessoas livres – em *Eu-Isso*, relação instrumental de dominador e dominado pela qual o Eu, por interesses ególatras, transforma o Tu em objeto de uso-descarte. É a lógica de relações instrumentais.

A indiferença, como narcisismo patológico, além de uma problemática psíquica, é um problema ético, que o olhar teológico revela. O primeiro relato mítico e bíblico de morte causada por mãos humanas coloca na boca de Deus a pergunta ao autor do assassinato, Caim: "'Onde está o teu irmão Abel?'" (Gn 4,9). E o assassino responde a Deus: "'Não sei. Acaso sou guarda de meu irmão?'" (Gn 4,9). Em seguida, Deus o amaldiçoa e o expulsa (Gn 4,11-12). E Caim diz a Deus: "Minha culpa é muito pesada para suportá-la" (Gn 4,13).

Em chave psíquica, há um deslocamento de afetos do eu de Caim: dos componentes da inveja, a irritação (eu odeio) e o rosto abatido (eu triste) (Gn 4,5), para a negação do paradeiro de Abel (eu omisso/irresponsável) e a culpabilidade (evidência do eu ressentido no autoflagelo).

Em perspectiva de ética teológica, "O capitalismo nos fez indiferentes a quantos estão morrendo" (GASDA, 2022, p. 197). Na origem não ética do fratricídio, está um eu sem compaixão (Caim) que encerra a existência feliz do outro (Abel). Caim representa o paradigma da inimizade e consequente morte do diferente. À luz desse personagem, pode-se pensar a economia que mata como modelo de inimizade declarada aos oprimidos.

Na origem não ética da indiferença, está um eu não solidário e, por consequência, irresponsável pelo que acontece aos outros que sofrem. O *eu indiferente* é fratricida, pois, ao não se afetar e ser incapaz de vínculos com o *tu oprimido*, torna-se uma réplica de Caim, na medida em que a indiferença é uma forma não ética de dizer silenciosamente ao outro sofredor: *o teu paradeiro não me diz respeito*.

Porque mata os vínculos do eu, como idêntico a si mesmo, com o tu diferente, a indiferença é um fratricídio causado pelos iguais como sombria ausência de fraternidade. Do ser indiferente, como forma de negar a existência de outrem, alimenta-se a lógica da morte, a não fraternidade como inimizade declarada aos empobrecidos e à Terra. A indiferença se nutre da irresponsabilidade, pela qual, em silêncio mórbido, o *eu indiferente* diz ao *tu oprimido*: *o teu sofrimento e a tua morte não me dizem respeito*.

O sufixo *in* de *in-diferença* não significa apenas negação da diferença (da alteridade), indica, também, como é viver *dentro* de um estilo indiferente de existir na cultura da economia que mata, exclui e devasta. É possível dizer que o sujeito indiferente é um produto cultural do cativeiro sistêmico, nega valores comunitários, uma vez que adere a hábitos mesquinhos de capitalistas avarentos.

Na indiferença, há o pacto narcísico dos iguais. Nele, a busca pelas afinidades, pelo que torna as pessoas parecidas, nega a busca por intimidade, como momento em que os parceiros da relação se revelam um para o outro como seres frágeis, necessitados de cuidado e solidários na finitude. Os indiferentes buscam uma sociedade de semelhantes idealizados, na medida em que desprezam os diferentes reais. É um modo de subjetividade da economia que mata. O *homo oeconomicus* do capitalismo é um *homo indifferens*, cujo núcleo discursivo consiste em dizer aos oprimidos: *para mim, seus corpos não existem.*

Portanto, na indiferença que pauta a noção de bem-estar individual, o sofrimento do outro não atinge as entranhas do humano, nem convoca o sujeito à ação transformadora, porque o eu indiferente se blindou contra a vulnerabilidade do outro distinto de si: tornou-se ilha de idealizações.

O *homo indifferens* é um idólatra de si próprio, busca negar o próprio vir a ser em construção pela imagem idealizada de si, absoluta. Ele só tem que incorporá-la nas aparências de seu corpo e sua conduta e divulgá-las em eventos do cotidiano que rendem cliques e curtidas nas redes sociais. A cada *show* de aparências, goza-se, pois alimenta a fantasia da completude por um amor à imagem idealizada. O narcisismo de rede social, com filtros, produtos e cirurgias que eliminam imperfeições do corpo, rende engajamento.

O *indifferens* é uma vítima da própria armadilha: nunca vai conseguir transpor a imagem perfeita de si do plano das ideias para o plano concreto do corpo e do comportamento. Cai no esvaziamento erótico do desejo por si e pelos outros. Não consegue bancar o próprio desejo e as experiências de amor concreto; não deseja, nem ama a pessoa real, já que se atou drasticamente à idealizada, segundo a semelhança da própria imagem ideal.

Daí que, para os indiferentes, uma relação promissora é quando os parceiros são parecidos. A relação longeva é aquela na qual os enlaçados reúnem o máximo de semelhanças e o mínimo de diferenças. O indiferente vive sob o imperativo do pacto narcísico dos semelhantes.

A fantasia do acúmulo de afinidades é o discurso da moda que legitima a busca erótica de narcisistas e é critério radical de aproximação e atenção narcísica devotadas aos outros, como também de descarte. Por ela, mascara-se o gozo patógeno em relação à imagem fictícia que tem de si: de ser completo. O indiferente é inconformado com a própria incompletude. Fantasia um mundo avesso à finitude: sem limites e defeitos.

A consequência drástica dessa fantasia é eliminar não apenas os diferentes, mas as próprias diferenças dos semelhantes para fundir as semelhanças dos iguais. A eliminação da alteridade, da singularidade em nome da afinidade, leva ao tédio entre os indiferentes, pois um deles percebe que essas semelhanças são fontes insuficientes de gozo. E, portanto, não é difícil prever que o narcisista mais estrategicamente habilidoso da relação descarta o menos habilidoso, mas já se alimentou dos suplementos de que precisava para continuar a busca incessante por nutrir a fantasia sobre si mesmo.

O campo semântico dessa subjetividade capitalista é constituído pela falta de nexo com o *humus* (terra), o plano da realidade. Sua busca erótica é por um amor à imagem de si *a priori*, ou seja, já dada no plano da idealização. Ora, se a imagem de si é idealizada, o amor a essa imagem só poderia ser idealizado: amor idealizado à imagem idealizada. Já determinou como deve amar e ser amado. Fora do pacto narcísico dos indiferentes, não há outras formas de amar que não seja a que oferece melhores suprimentos narcísicos. E, por isso, o *indifferens* vislumbra nas afinidades a promessa do melhor gozo possível.

O *indiferente narcisista* é, assim, um ser des-terrado, sem raízes nas origens da própria existência. É um perfeccionista com mania de controle e ânsia por afinidade sem intimidade. A intimidade implode a afinidade dos narcisistas, porque os faz ver a parte que ignoram em si mesmos. Não suporta conviver com o outro que é diferente dele, pois este, além de lhe remeter ao concreto, o remete ao plano da realidade diversa, impossível de ser controlada, quanto mais com os corpos oprimidos e empobrecidos.

Por isso, o *homo indifferens* como subjetividade narcisista patológica marginaliza, abandona, mata, exclui, descarta. Quem busca intimidade fracassa na relação com narcisistas patológicos, visto que eles se interessam só pela potência do outro da qual podem extrair o suprimento de que precisa. A intimidade é da ordem de compartilhar vulnerabilidades, a fragilidade de alguém em suas variadas versões. E saber-se vulnerável é reconhecer-se incompleto, coisa inadmissível para este perfil de subjetividade.

Nas relações humanas, o *indifferens* utiliza da estratégia de se aproximar de quem reúne as melhores qualidades de amante que ele gostaria de ter ou que admira em si, para ser admirado em sua imagem altamente idealizada. Daí que o amor do outro, que poderia ser ao indiferente narcisista como pessoa real (finita: frágil e potente), é instrumentalizado como um amor à imagem idealizada de si. Mas, também, o seu amor na relação não é ao/à parceiro/a real, mas ao ideal que tem de si e que ele vislumbra obter do outro.

Portanto, o *indifferens* narcisista pode até se interessar pela trajetória de vida de um/uma possível parceiro/a, mas com uma intenção clara de ser seletivo, termo muito enobrecido nos circuitos dos iguais. E, aqui, está a prova de fogo do/a pretendente, momento em que a indiferença que o narcisista deflagrará contra seus pretendentes começará em doses homeopáticas. Primeiro, solicita suprimentos e suplementos narcísicos em doses cavalares de refinamento ou com um superior gosto estético.

Como o outro não consegue manter essa solicitação o tempo inteiro, o *indifferens* narcisista passa a exigir uma transformação do caráter do/da parceiro/a, sob a condição de ele/ela ser um objeto digno do amor narcísico. Ou seja, reivindica poder como controle do outro, disfarçado de liderança da relação. Armadilha. Cai quem é desavisado/a.

Em seguida, virão outras exigências até chegar à indiferença, como punição definitiva, momento em que o outro é reduzido aos seus limites vistos como deficiências que o tornam indigno do amor e da atenção "superior" do narcisista; a vítima já não existe para o *indifferens*. Aqui, está a única experiência de finitude que o *indifferens* narcisista admite nas relações: a morte do outro singular, cuja causa é a insuficiência dele enquanto objeto indigno de amor narcísico.

Essa descrição é de um perfil subjetivo radicado na negação da própria condição de criatura, da experiência de incompletude. O *indifferens* é o contrário do *homo terra*, que se aceita terrestre e, por isso, um ser finito, singular, de carne e osso; um ser cuja imagem de si é *a posteriori*, ou seja, a ser conquistada no plano da experiência; está em construção a partir da imagem vivida e não idealizada.

Trata-se, portanto, de uma subjetividade de identidade fluída, porosa, aberta, inacabada, que vai tomando consciência da própria incompletude e da incompletude alheia, na medida em que vai experimentando-se finita: frágil e potente. Não mede esforços para construir relações de intimidade entre os diferentes, o que serve de protesto e resistência crítica ao pacto narcísico de afinidade entre os iguais.

A ditadura narcísica da afinidade, como ilusório critério de relações promissoras, distancia os semelhantes dos corpos marginais que clamam cuidado. Esse amor extrativista restrito aos iguais combate-se com a ética do amor às diferenças, própria dos que se reconhecem como singulares.

Na lógica da indiferença, cada qual é responsável pelo próprio fracasso e êxito nas dimensões da vida, por exemplo, pela própria segurança e insegurança socioeconômicas. Logo, a indiferença impulsiona a relação idólatra das pessoas com o dinheiro, já que este provê a segurança material e, assim, as imagens idealizadas de si, do mundo da vida, do outro, de Deus.

Gasda adverte (2022, p. 195): "A economia que mata se apoia em uma *questão teológica* que somente o olhar da fé pode desvelar". Trata-se da idolatria do dinheiro como "[...] o mais oculto dos pressupostos da economia. No coração da economia do capitalismo está o amor ao dinheiro. O afeto da avareza é sua causa e efeito" (GASDA, 2022, p. 196). O *homo indifferens* do capitalismo é um avarento: ele não sabe dar-se nem receber do outro. É treinado a ser alter-fóbico, para anular a diferença, a alteridade.

2.2 Mercado que idolatra o dinheiro

A economia mata, porque é idólatra. Aposta no mercado autorregulador que idolatra o dinheiro, negando a ética e, portanto, recusando a Deus. Essa crítica teológica de Francisco à economia financeira alerta-nos de que o mercado idolatra o dinheiro — מָמוֹן, em hebraico —, cuja transliteração é *Mamom* (dinheiro).

Quando reler o conceito de "idolatria do dinheiro" (EG, n. 55), Jung Mo Sung (2016) acentua que a crítica do Papa ao capitalismo atual, na *Evangelii Gaudium*, está em continuidade com a tradição de crítica bíblico-teológica à idolatria. Isso nos remete à posição de Martinho Lutero (1483-1546) face aos abusos do comércio na época dele, como pecado da usura, e à crítica de teólogos da teologia da libertação, tais como Hugo Assmann, Mo Sung, Pablo Richard.

Richard (1985) nos remete a três tipos de idolatria no Antigo Testamento: a) a deformação do culto a Iahweh; b) o culto a outros Deuses; e c) o culto aos falsos ídolos. A deformação do culto a Deus reside em cultuar os ídolos como imagens de Iahweh e aparece em Ex 32 e 1Rs 12,26-33, de onde surge "uma *teologia libertadora anti-i-dolátrica*, desenvolvida na tradição bíblica e pós-bíblica" (RICHARD, 1985, p. 16, grifos do autor).

O primeiro deles está em Ex 32, que narra a situação de duras provas, do período de transição no deserto, de um povo recém-libertado da escravidão do Egito, rumo à conquista da terra prometida. Moisés sobe ao monte Sinai e deixa o povo sozinho. E, nesse momento, o povo recorre ao poder do ouro, símbolo de dominação dos povos vizinhos de Israel; solicita a Aarão um bezerro para prestar culto (RICHARD, 1985): "Eia, faze-nos um deus (*elohim*) que vá diante de nós, já que não sabemos o que aconteceu a esse Moisés... (Ex 32,1)" (RICHARD, 1985, p. 12).

Para Richard (1985), não se trata de outro Deus, nem representar o Deus libertador com o bezerro, mas de construir o trono da presença do Deus israelita entre eles. A idolatria consiste em ofender a transcendência do Deus de Israel representada no projeto divino de libertação liderado por Moisés. Por recusar o líder, o povo nega sua organização como povo libertado em função de um projeto libertador.

Ao querer voltar ao Egito e ter um Deus que marche à frente, o povo:

> [...] não quer seguir o Deus libertador, mas pretende que Deus o siga na opressão. Não quer um Deus que o retire da escravidão, mas sim um Deus que viva com ele em sua escravidão. Quer um Deus-consolo-da-opressão e não um Deus-libertador-da-escravidão. (RICHARD, 1985, p. 14).

A idolatria consiste em recusar a imagem de Deus, como Libertador do povo — transformá-Lo em um "deus que só consola o oprimido e não liberta" (RICHARD, 1985, p. 14), por aceitar a opressão — e, ao mesmo tempo, na recusa da identidade de povo libertado e do projeto divino de libertação (RICHARD, 1985).

O segundo está em 1Rs 12,26-33, que relata a divisão das tribos do Norte, quando Roboão, filho de Salomão, impõe uma política tirânica ao povo de Israel. As tribos tentam escapar dessa tirania e proclamam outro rei, Jeroboão. Como o único templo de Iahweh, o Deus libertador do Egito, ficava em Jerusalém, no reino do rei inimigo, Jeroboão tinha medo de que os súditos dele prestassem culto e acabassem reconhecendo Roboão, rei do Sul, como rei das tribos do Norte. Jeroboão constrói dois templos, em Betel e em Dã, e, em cada um deles, coloca um bezerro de ouro como símbolo do Deus libertador (RICHARD, 1985): "Não vos é mais necessário subir a Jerusalém. Eis, ó Israel, o teu Deus que te tirou do Egito! (1Rs 12,28)" (RICHARD, 1985, p. 15).

A idolatria consiste em "[...] falsa libertação, para justificar a passividade e submissão do povo a uma situação de injustiça e opressão" (RICHARD, 1985, p. 16). Ou seja, o culto ao Deus libertador pedia do povo o enfrentamento da opressão do Rei Roboão, mas preferiu transformar o culto (RICHARD, 1985). A idolatria consiste na "[...] submissão do povo a uma situação de opressão" (RICHARD, 1985, p. 16).

Ao longo da tradição bíblica, os ídolos — imagens e estátuas — foram proibidos no culto e fora dele pela seguinte razão teológica: só o ser humano é imagem de Deus, já que Ele o criou à sua imagem e semelhança (Ex 1,27) (RICHARD, 1985, p. 17). Portanto, afirma Richard (1985, p.17, grifos do autor):

> [...] se Deus revela-se na Bíblia como o *Deus libertador*, só a imagem do *homem libertador* revela-nos a transcendência do Deus verdadeiro. Tanto o homem opressor como o homem submisso são idólatras, que deformam e pervertem a revelação da transcendência de Deus.

O culto a outros Deuses consistia em adorar os Deuses vizinhos e não a divindade cultuada por Israel (RICHARD, 1985). Localiza-se nos livros históricos e na legislação de Moisés que estabelecem "preceitos anti-idolátricos" (RICHARD, 1985, p. 17).

O culto aos falsos ídolos corresponde ao Exílio (séc. VI a.C.), no período em que aparece o monoteísmo israelita: não existem mais Deuses estrangeiros, cujos representantes, ídolos, são criação humana. Encontram-se nos livros de Jeremias, Isaías, Daniel, Primeiro Macabeus e Sabedoria (RICHARD, 1985).

La fuerza espiritual de la iglesia de los pobres, de Pablo Richard (1985, p. 126-131), fornece, resumidamente, críticas teológicas à idolatria: a) a idolatria como aniquilamento do ser de Deus, ou seja, como "transformação da transcendência divina", transcendência como superação de obstáculos humanos, ou da "impossibilidade humana"; b) a idolatria como "perda da identidade do povo de Israel", que está baseada na fé no Deus de justiça que o libertou da opressão egípcia; e c) a idolatria como "poder para matar em nome de Deus", na medida em que os opressores se identificam com um sujeito falsamente transcendente, abstrato e universal, fabricado por eles mesmos.

Se quiséssemos recuar no tempo, diríamos que Francisco se alinha a essa crítica teológica à idolatria, pois ela está em continuidade com a tradição dos Evangelhos, que sintonizados com as tradições profética, deuteronomista e sapiencial, dizem: "Não podeis servir a Deus e a *Mamom*" (Mt 6,24; Lc 16,13).

Mo Sung, como um dos intérpretes do magistério de Francisco, esclarece os termos *idolatria do dinheiro* que aparecem na *EG*:

> Quando falamos em "idolatria do dinheiro", é preciso ter em vista que a crítica não está referida ao dinheiro como um meio de troca (usado para a compra e venda) que facilita a vida em sociedade. A crítica não está dirigida ao mercado como tal, ou ao dinheiro, mas sim ao processo econômico-social que eleva o mercado e o dinheiro ao nível do absoluto ou critério último da vida pessoal e da sociedade. (MO SUNG, 2016, p. 31).

O capitalismo financeiro se caracteriza pelo mercado que idolatra o dinheiro (*Mamon*), assim como adverte o trecho seguinte da *Evangelii Gaudium*:

> Uma das causas desta situação está na relação estabelecida com o dinheiro, porque aceitamos pacificamente o seu domínio sobre nós e as nossas sociedades. A crise financeira que atravessamos faz-nos esquecer de que, na sua origem, há uma

crise antropológica profunda: a negação da primazia do ser humano. Criamos novos ídolos. (EG, n. 55).

A nova versão da idolatria mercantil é "[...] o fetichismo do dinheiro" (EG, n. 55) e a "[...] ditadura de uma economia sem rosto e sem um objetivo verdadeiramente humano" (EG, n. 55).

Não ter rosto nem objetivo humano é proposital do cativeiro global, pois "Atividades econômicas, quando adquirem conotação sagrada, acabam sendo desumanizantes, ou seja, eliminam restrições éticas à perversidade" (GASDA, 2022, p. 196). É um dos objetivos do projeto da economia que mata que as práticas econômicas sejam impessoais, isto é, que a economia sem alma não tenha finalidade humanizadora.

Já o conceito *fetichismo* reporta-nos à ideia marxiana do "[...] caráter fetichista da mercadoria" (MARX, 2017, p. 146), no primeiro volume de *O capital*. Karl Marx (2017) assevera que, no capitalismo comercial, a mercadoria, como produto do trabalho, é definida pelo valor de troca (relação de vendedor e comprador), e não pelo valor de uso (relação de usuário e produto). Os economistas fisiocratas atribuíram à mercadoria propriedades naturais como características objetivas do trabalho, com o objetivo de submeter o valor do trabalho ao valor inerente à mercadoria (MARX, 2017).

O fetichismo da mercadoria consiste em que "[...] os produtos do cérebro humano parecem dotados de vida própria, como figuras independentes que travam relação umas com as outras e com os homens" (MARX, 2017, p. 148). O caráter fetichista nasce, portanto, da visão fisiocrata que recorre ao recurso da naturalização. Tal expediente descaracteriza a mercadoria como produto do cérebro e do trabalho humano remunerado, elevando-a ao patamar de um ser com vida própria.

Quando o Papa Francisco se utiliza da expressão *fetichismo do dinheiro*, há um caminho de crítica teológica ao sistema capitalista que se abre para a TpldEFC reinterpretar a economia financeira, à luz da crítica do Pontífice. Inclusive, pode-se pensar na atualidade da análise marxiana sobre o dinheiro. Marx (2017, p. 231) percebeu argutamente que o dinheiro, transformado em capital, tem uma fórmula geral: "[...] como D-D', dinheiro que é igual a mais dinheiro, ou valor que é maior do que ele mesmo".

Na circulação comercial do capitalismo financeiro, o comércio, enquanto lugar de trocas, mudou. Agora, as relações comerciais se pautam por trocas que não se reduzem a dinheiro (D) que compra mercadoria (M), mas entre dinheiro e dinheiro, ou seja, dinheiro que compra dinheiro, com juros monetários internacionais. O capitalismo financeiro consiste, assim, no processo econômico de desatrelar o dinheiro, enquanto unidade de valor, da mercadoria, como produto do trabalho. A função do dinheiro, na economia financeira, é conferir mais valor a si mesmo, elevar-se ao grau de ser com vida própria.

O núcleo idolátrico do capitalismo financeiro está na ideia de subsistência do dinheiro, ou seja, no poder que lhe foi conferido de subsistir, regulando o valor próprio. Esse poder foi instituído pelo mercado autorregulador. Se o dinheiro foi elevado à categoria de entidade com vida própria, então, ele foi divinizado pelo discurso fisiocrata do mercado. O mercado que se autorregula dá ao dinheiro o poder de existir por si mesmo.

Temos, então, um problema teológico latente nessa prática inerente à economia financeira, pois há uma idolatria do dinheiro como prática do mercado autorregulador. E o caráter idolátrico consiste em o mercado transformar a abstração do valor em operador de transcendência do dinheiro, cujo efeito é conferir vida própria a uma criação humana.

No mercado autorregulador, a regra de valorizar o dinheiro é uma abstração que não conhece fronteiras. Isso se deve à finalidade da economia financeira ser o lucro ilimitado das elites. Logo, a ambição por lucro sem limites é proporcional à valorização infinita do dinheiro. O valor do dinheiro deixa de ser um mero operador de abstração para ser um mecanismo de transcendentalização do dinheiro, como ser transcendente, ilimitado, que subsiste por si mesmo. Ora, teologicamente, Deus é Deus, por ser o único ser capaz de subsistir por Si próprio, de Se dá vida e colocar outros seres na existência.

O caráter divino do dinheiro não se reduz a ele se atribuir o próprio valor, mas se estende para o que ele pode prometer a quem o idolatra. E isso é uma pista para avaliar o mercado autorregulador como fetichista, não só por atribuir ao dinheiro o poder de auto-valorização infinita, mas por recorrer ao expediente fisiocrata de naturalização: de transformar traços inerentes à vida em sociedade, como o bem-estar e a emancipação individual, em aspectos objetivos do dinheiro. A promessa do mercado é que a aquisição do dinheiro emancipa e garante a satisfação dos indivíduos, na medida em que se emancipar e se satisfazer é aquisição de dinheiro com mais dinheiro.

Tavares (2022, p. 76) afirma que o capitalismo insiste no "[...] recurso ao expediente de 'naturalização'". É natural o capitalismo produzir enriquecimento injusto, já que ele se norteia por uma das três crenças financeiras, a saber: "[...] 'crença' no mercado como necessidade econômica" (TAVARES, 2022, p. 77).

Nesse sentido, a libertação, como operador do método teológico, problematiza teologicamente a emancipação e o bem-estar como conformação ao sistema opressor. A valorização infinita do dinheiro e a ambição por lucro ilimitado são as condições para se pensar as práticas do mercado autorregulador como idolatria do dinheiro. Então, a crítica teológica à economia que mata deve ser, sobretudo, aos mercados que se autorregulam, ao fetichismo como recurso à naturalização e à idolatria do dinheiro.

A crítica de Francisco desmascara a cultura do bem-estar da minoria feliz da sociedade capitalista, alcançado com lucros exponenciais, o qual se distancia do bem-estar da maioria trabalhadora e marginalizada. A idolatra do dinheiro, no mundo financeiro, surge da noção de que o bem-estar não é direito social de sujeitos políticos de direitos, mas privilégio social e econômico de quem pode pagar por ele.

O mercado divinizado é autorregulador, cria e impõe regras à economia e ao Estado. O mercado autorregulado é o grande templo do capitalismo que promove a idolatria do dinheiro e a cultura de privatização do bem-estar social (EG). Essa autorregulação se baseia na liberdade de fazer o que quer, sem compromisso com a legislação de cada país. Mo Sung adverte:

> O capitalismo neoliberal tem como um dos princípios fundamentais a defesa de total "liberdade" do mercado frente a qualquer juízo ou regulação ética ou social. O conceito de "mercado livre" expressa essa pretensão de que o sistema de mercado seja livre de qualquer crítica ou juízo que não seja o do cálculo da eficiência econômica. (MO SUNG, 2016, p. 27).

Ao se colocar acima de qualquer legislação, em nome da liberdade de autorregulação, o mercado se absolutiza e se sacraliza, e o resultado é que as leis do mercado absoluto e sacralizado exigem o sacrifício de vidas humanas. É o que dizem os teólogos Hugo Assmann e Franz Hinkelammert (1989).

O cerne da crítica teológica, com caráter ético, de Francisco, é que esse mercado absoluto e sacralizado recusa a Deus e despreza a ética, já que esta é "[...] considerada contraproducente, demasiado humana, porque relativiza o dinheiro e o poder. É sentida como uma ameaça, porque condena a manipulação e degradação da pessoa" (EG, n. 57).

Desprezar a ética é recusar a Deus, pois ela conduz até Ele, o qual pede "[...] uma resposta comprometida que está fora das categorias do mercado" (EG, n. 57). O mercado divinizado idolatra o dinheiro, o que resulta na negação prática de Deus, ao explorar o Planeta, os pobres e marginalizados, os oprimidos de hoje com os quais Deus se identifica.

O mercado autorregulado parte do princípio de que a desigualdade se resolve com a lei imaginária de redistribuição automática das riquezas[14]. Com isso, o mercado mente, enquanto prevalece o objetivo da especulação financeira: "a ganância de lucro fácil" (FT, n. 168). Essa ganância de lucro fácil, para Mo Sung (2016, p. 28),

---

[14] Ideia baseada na "teoria das vantagens comparativas", de que fala Mo Sung (1994, p. 63).

conota "pecado e sistema de usura", à luz da crítica de Martinho Lutero ao capitalismo da época moderna.

Mo Sung (2016, p. 29) diz que a teologia fina de Lutero já denunciava o sistema de usura, quando percebia, na sofisticação do capitalismo moderno, uma grande "inversão teológica e ética" na sociedade. Antes, teologicamente, a usura era pecado e, moralmente, um vício, porque explorava as necessidades da população.

Na modernidade, a usura passou a ser vista, teologicamente, como serviço e amor e, moralmente, honrosa, uma virtude, já que os usureiros se apresentavam como serviçais do amor cristão ao mundo (MO SUNG, 2016). Em chave luterana, a conclusão é que "[...] o pecado se mostra como amor e serviço cristão" (MO SUNG, 2016, p. 29).

A inversão teológica e ética, detectada por Lutero, é compatível com o sistema de mercado moderno sacrificial, cujo programa começou com *Riqueza das nações*, de Adam Smith. A usura moderna é refinada e baseia-se no paradoxo econômico de alcançar o bem comum por meio da maximização do interesse próprio, que sequestrou e adulterou o amor cristão, como explicita Hugo Assmann e Franz Hinkelammert (1989, p. 351), em *A idolatria do mercado*:

> [...] no paradigma econômico do interesse próprio e do sistema de mercado, sucedeu uma coisa tremendamente séria: o sequestro e a adulteração do que há de mais essencial no cristianismo, a concepção cristã do amor ao próximo e, por conseguinte, do amor a Deus. Aí está, também, a raiz teológica mais profunda do sacrificialismo inerente a esse paradigma.

Hoje, essa inversão, na economia que mata, continua como sacrifícios sociais impostos à sociedade. A política econômica da austeridade impõe o corte de gastos públicos e o desinvestimento em políticas sociais, como forma de enfrentamento das crises. Isso significa que:

> Quando o mal é feito em nome da salvação, esse mal não é mais visto como um mal, mas sim como "sacrifícios necessários" e, portanto, um não mal. A relativização e a inversão do que é o mal e o bem

impedem a crítica ao sistema em sua totalidade. (MO SUNG, 2016, p. 30).

A crítica do Papa Francisco à cultura do capitalismo financeiro, como economia que mata e mercado que idolatra o dinheiro, dialoga com reflexões teológicas de refinada tradição bíblica, o que faz de seu ângulo uma crítica de linhagem teológica. E, sendo teologia de ética social, a crítica do Pontífice é um discernimento espiritual acurado, ao modo inaciano, sobre as consequências desastrosas dessa cultura mortífera e idolátrica para o mundo, disfarçada de virtude, amor e serviço. Isso, na espiritualidade inaciana, se atribui à *ação do mal sob aparência de bem* (LOYOLA, 2000)[15].

Baseando-nos nas reflexões dos teólogos da Tdl e nas reflexões da *Evangelii Gaudium*, em chave inter-religiosa, a crítica de Francisco ao capitalismo financeiro revela a consciência teológica de que o sistema idolátrico, autorregulador, não pode ser absolutizado. As frentes de resistência a ele podem ser construídas, a partir do discernimento de germes e possibilidades latentes.

Mo Sung (1994) defende a possibilidade de as religiões resistirem aos abusos do poder capitalista, pois o capitalismo não é absoluto, ainda que se apresente como única alternativa de sociedade. Trata-se de um convite às religiões a se munirem de pensamento crítico, para desmascararem o fascínio provocado pela idolatria do dinheiro –— este mal praticado em nome de Deus — sobre as pessoas, revelando, para todos os efeitos, um processo idolátrico, injusto e explorador.

A economia que mata, por ser idólatra, produz consequências graves para o indivíduo, a sociedade e a Terra. Elas serão tratadas nos próximos tópicos, entendidas como cultura do descarte e a crise ecológica.

---

[15] A origem desta expressão está nos *Exercícios espirituais*, de Santo Inácio de Loyola, que estabeleceu dois grupos de regras de discernimento para quem se exercita espiritualmente. O primeiro grupo é mais condizente com a Primeira Semana dos EE e tem o objetivo de mostrar que o mau espírito tenta a pessoa de maneira grotesca e fácil de identificar. O segundo é condizente com a Segunda Semana, na qual o mau espírito tenta a pessoa que faz os Exercícios de modo sutil e difícil de constatar. No segundo conjunto de regras, está a quarta Regra do Discernimento dos espíritos, que reza: "É próprio do mau anjo, assumindo a aparência de anjo de luz, introduzir-se junto à pessoa devota para tirar vantagem própria" (EE 332, p. 126). Esta regra inspira a expressão mencionada.

2.3 A cultura do descarte

A cultura do descarte se naturalizou como estilo de vida, guiado por um utilitarismo opressor. A "cultura do descarte" (LS, n. 22) é uma forma de vida baseada na coisificação do humano, sobretudo, dos excluídos. Descartar é reduzir os excluídos à condição de "coisas que se convertem rapidamente em lixo" (LS, n. 22).

Há uma deformação do humano: um ser reduzido pela coisificação dualista a objeto útil (coisa rentável) e inútil (coisa improdutiva). A *Laudato Si'* adverte que tudo que é inútil perde a relevância intrínseca. Há um utilitarismo severo, que produz, consome e descarta, visando a produzir coisas e a coisificar pessoas e relações.

O descarte é um modo de comportamento que pertence ao "[...] ciclo de produção e consumo" (LS, n. 22) do sistema industrial, que cria e consome coisas, mas não se reutilizam nem se reciclam os resíduos e detritos, poluindo os ecossistemas. É um ciclo oposto ao ciclo de produção e consumo da Terra (LS).

A cultura capitalista industrial tem um ciclo produtivo e consumista contrário ao ciclo natural dos ecossistemas. No ciclo industrial, nada é reutilizável. No ecociclo, tudo retroalimenta a todos, pois tudo está interconectado. Há uma relação de interdependência entre todos. A cultura do descarte, como ciclo de produção e consumo oposto ao ciclo ecológico, é também a cultura da degradação do Planeta (LS).

Como cultura da degradação do Planeta, o descarte deteriora a qualidade da vida humana (LS). A degradação da vida consiste: a) na apropriação de ambientes rurais e urbanos privilegiados através da privatização desses espaços, relegando os empobrecidos a áreas inóspitas de precarização habitacional; e b) na poluição visual e sonora, por meio de construções de prédios, sem áreas verdes, e muito barulho (LS).

A degradação social se deve à desigualdade planetária, centralizada na "[...] comodidade de um desenvolvimento e de uma qualidade de vida que não está ao alcance da maioria da população mundial" (LS, n. 49). Ela se agrava com o mundo digital, que, embora esteja onipresente, não possibilita "[...] o desenvolvimento de uma capacidade de viver com sabedoria, pensar em profundidade, amar com generosidade" (LS, n. 47).

A era digital traz alguns agravantes: a) muito "[...] ruído dispersivo da informação [e, por isso, muita] poluição mental" (LS, n. 47); b) "a substituição das relações por comunicação mediada pela internet, o que possibilita selecionar ou eliminar relações" (LS, n. 47); e c) "impede a proximidade da experiência pessoal, da angústia, da alegria do outro" (LS, n. 47).

A Internet digitaliza a cultura do descarte, à medida que oferece um fluxo sufocante de produtos, que produz impactos para a saúde mental das pessoas. Ou seja, quanto mais o desejo humano se volta para as coisas, objetos, mais cresce a "insatisfação e a melancolia nas relações" (LS, n. 47).

Gasda (2022) reitera que a economia que mata descarta pessoas com base em critérios meramente econômicos e que, portanto, ela "[...] se desenvolve a partir da negação da dignidade humana do indefeso" (GASDA, 2022, p. 196). Se o mercado autorregulado se tornou para si mesmo autorreferência das próprias intervenções, estimulando na sociedade uma cultura do descarte, o que ele pode fazer com isso é acelerar a autodestruição na Terra, instalando uma crise ecológica globalizada.

2.4 A crise ecológica

A crise ecológica é a manifestação de uma crise ética, cuja raiz última é o paradigma tecnocrático ao lado do antropocentrismo. Na ótica da ecoteologia da libertação, Leonardo Boff (1995, p. 103), em *Ecologia: grito da terra, grito dos pobres*, nos alerta que:

> [...] o desequilíbrio do sistema-Terra deve-se à *tecnologia* ainda rudimentar, agressiva e poluidora. [...] Ela implica a sistemática exploração dos 'recursos naturais', o

> envenenamento dos solos, a deflorestação, a poluição atmosférica e a quimicalização dos alimentos, etc.

A crise ecológica é grave, porque "A Terra está doente" (BOFF, 1995, p. 15). Para o Papa Francisco, alguns problemas revelam "[...] tanto o clamor da terra como o clamor dos pobres" (LS, 2015, n. 49, p. 39): a poluição, as mudanças climáticas, a perda da biodiversidade e a desigualdade planetária.

A poluição se deve aos "poluentes atmosféricos" (LS, n. 20) liberados:

> [...] pelo transporte, pela fumaça da indústria, pelas descargas de substâncias que contribuem para a acidificação do solo e da água, pelos fertilizantes, inseticidas, fungicidas, pesticidas e agrotóxicos (LS, n. 20).

A poluição se deve, também, aos "resíduos, incluindo os perigosos presentes em variados ambientes" (LS, n. 21).

Há um excesso de resíduos, muitos não são biodegradáveis, como os "[...] resíduos domésticos e comerciais, detritos de demolições, resíduos clínicos, eletrônicos e industriais, resíduos altamente tóxicos e radioativos" (LS, n. 21). Assim, de tanta poluição, o Planeta, "[...] nossa casa, parece transformar-se cada vez mais num imenso depósito de lixo" (LS, n. 21).

Quanto às mudanças climáticas, existe "um consenso científico muito consistente, indicando que estamos perante um preocupante aquecimento do sistema climático" (LS, n. 23). Ainda que o aquecimento climático tenha outras causas — o vulcanismo, as oscilações de órbita e do eixo terrestre e o ciclo solar —, a pesquisa científica demonstra que a maior parte se deve à atividade humana, que contribui com a concentração de gases de efeito estufa, como anidrido carbônico, metano, óxido de azoto (LS).

As mudanças climáticas geram problemas mundiais: prejudicam o desenvolvimento dos países pobres, a agricultura, originam migrações de animais e vegetais, afetam as fontes de recursos dos empobrecidos (LS).

A perda da biodiversidade vincula-se aos "recursos da terra [que] estão sendo depredados" (LS, n. 32). Vê-se que:

> A perda de florestas e bosques implica simultaneamente a perda de espécies que poderiam constituir, no futuro, recursos extremamente importantes não só para a alimentação, mas também para a cura de doenças e vários serviços (LS, n. 32).

Também, está em marcha a perda de espécies animais (LS).

Nessa atividade humana de intervenção predatória nos ecossistemas, "[...] cria-se um círculo vicioso, no qual a intervenção humana, para resolver uma dificuldade, muitas vezes agrava ainda mais a situação" (LS, n. 34). Trata-se de uma cadeia de desastres e novas intervenções. Cada desastre do agir humano exige uma nova intervenção humana que se impõe como solução a gerar, por seu turno, novos desastres (LS).

A desigualdade planetária é outro problema ecológico, já que: "O ambiente humano e o meio ambiente natural degradam-se em conjunto" (LS, n. 48). Isso afeta as pessoas mais frágeis, os mais pobres, enquanto há aqueles que "Vivem e refletem a partir da comodidade de um desenvolvimento e de uma qualidade de vida que não está ao alcance da maioria da população mundial" (LS, n. 49).

A desigualdade global que degrada os ambientes humano e terrestre faz aparecer "[...] tanto o clamor da terra como o clamor dos pobres" (LS, n. 49). Clamor esse que é por ações humanas inseridas no ciclo vicioso de desastre, intervenção e novos desastres.

Sinivaldo Tavares (2022, p. 104), em *Ecologia e Decolonialidade*, entende que a raiz última da crise ecológica, de que fala Papa Francisco, é o *paradigma tecnocrático*, pois o interesse maior da tecnociência é "[...] o controle e o poder sobre a vida em todas as suas dimensões".

Na tecnocracia, a ciência não é neutra, mas serve ao mercado autorregulador que se guia por outras duas crenças: "[...] 'crença' na racionalidade e linguagem da tecnociência como conhecimento objetivo e irrefutável; 'crença' de que o conhecimento tecnocientífico 'produza' riqueza" (TAVARES, 2022, p. 77).

Aquino Júnior (2019, p. 114) percebe que o paradigma tecnocrático, "[...] centrado numa 'técnica de posse, domínio e transformação'" alia-se a um antropocentrismo. E conclui: "A crise ecológica se mostra, assim, em última instância, como uma crise antropológica" (AQUINO JÚNIOR, 2019, p. 115).

Por fim, a ecoteologia defende que a atual crise ecológica não deve intimidar o anúncio do evangelho da criação (LS), entendido como "[...] a utopia permanente das relações harmoniosas e ternas que buscamos constituir entre todos os seres, os verdadeiros 'filhos da Terra', nossa casa comum" (TAVARES, 2022, p. 108).

Tavares (2022, p. 108) recomenda que "[...] todo discurso teológico responsável, e que, portanto, não se deixa tragar pela indiferença e pelo cinismo, se construa a partir da condição dos pobres e em perspectiva utópico-libertadora".

Conclusão 2

O segundo passo metodológico da Tdl, a *mediação hermenêutica* (=interpretar a opressão desde a fé, como Palavra de Deus a respeito dos oprimidos), realizou o objetivo de emoldurar a reflexão da TpldEFC. Essa *teologia política* se ergue como discurso ético e político, já que busca (re)apresentar a função social da fé bíblica, que é fazer a opção política pelos oprimidos e contra o cativeiro sistêmico, a partir do coração da ética cristã, a opção de fé por Jesus Cristo identificado com os oprimidos.

No contexto latino-americano de injustiça social e ambiental, a TpldEFC percebe que o desafio posto às religiões é a prática relevante. O que está em jogo é a relevância da fé, no caso cristão, em Jesus. Por isso, a opção ética de fé no Deus Revelado em Jesus Cristo Libertador é o que motiva a opção política pelos oprimidos e contra o sistema opressor. O compromisso ético da fé é maior e anterior ao compromisso político, e não o contrário. Crer em Jesus Cristo já é um ato ético que resulta em opção política pelos sofredores, humilhados e explorados de hoje: a Terra devastada e as classes excluídas.

Há quem queira, no entanto, destituir a fé de política e a política de fé. Esse raciocínio dicotômico não é bíblico, nem teológico, mas uma inferência do discurso secular, derivado das controvérsias sobre a separação entre Religião e Estado. Porém, opera como ideologia, enquanto visão de mundo das classes dominantes, que querem, também, despolitizar as religiões, pois que as configuram como empresas religiosas, com profissionais do sagrado que veem os fiéis como clientes. O capitalismo, com a razão neoliberal, tem operado como empresariamento das religiões, na medida em que elas se tornam mais empresas do sagrado, e menos espaços de formação da consciência crítica.

Enquanto cristãos e cristãs forem capazes de fazer opção política pelos oprimidos, ninguém poderá acusá-los de ateísmo prático e, portanto, de não seguir a Jesus Cristo. Enquanto as Igrejas cristãs agirem por compaixão pelos oprimidos e contra a opressão, a "censura" de fora (os críticos das instituições) e de dentro (a consciência ética das pessoas) não poderá repreendê-las por esquecer o seu Senhor.

Da opção por Jesus nasce a compaixão pelos oprimidos e o posicionamento teológico contra o cativeiro capitalista. Desse núcleo ético da fé cristã advém a proposta de uma nova economia. O Evangelho da Criação, como utopia de relações harmoniosas entre os filhos da Terra, é referência ética para trabalhar por outra experiência política e econômica, aquela que não se mede por eficácia utilitarista, mas por fecundidade eficaz.

Essa fecundidade do Evangelho está presente na EFC, cujo objetivo é participar do processo de realmar a economia. No Brasil, esse fim da EFC pode ser visto, teologicamente, como ação eficaz que busca superar a opressão segundo o Reinado de Deus. Com isso, o próximo capítulo, servindo-se do último momento dos métodos da Tdl, defenderá que a EFC é a práxis sócio-histórica que inspira uma teoria teológica.

3

POR UMA TEOLOGIA POLÍTICA LATINO-AMERICANA DA ECONOMIA DE FRANCISCO E CLARA: VOLTAR À AÇÃO EFICAZ QUE INSPIRA UMA TEORIA TEOLÓGICA PARA SUPERAR A OPRESSÃO DO CATIVEIRO SISTÊMICO SEGUNDO O REINADO DE DEUS

> *A riqueza deve solucionar o problema da pobreza.*
> *(São João Crisóstomo).*

Introdução 3

Este capítulo visa a propor um retorno teológico à ação libertadora pautada na superação da economia opressora, segundo o Reinado de Deus. A questão posta pela TpldEFC, na *mediação prática*, é: *como superar a economia que mata, exclui e devasta?*

A epígrafe aponta para uma ação possível e indica que o contrário também é verídico: empobrecidos/as injustiçados e oprimidos resilientes tentando solucionar o escândalo ético da riqueza injusta: "A pobreza existe porque é impossível saciar a avareza dos ricos" (GASDA, 2022, p. 197). O saudoso amigo das juventudes, Hilário Dick (1978, p. 10), em *Deus é devagar*, reúne versos de Roberto Barbieri, que convocam à resiliência:

IMPORTA RENASCER

Importa não deixar
que tudo fique seco:
as águas do rio
que não mais vejo
as lágrimas nos olhos [...]

Teus braços que abracem!
Teu corpo que vibre!
Teu coração que bata,
e acordes de novo!
E vejas o sol,
e te abram horizontes,
que o mundo a mim
já não maltrata,
pois não pode,
a quem ama assim!

Tira essas algemas,
esfrega os pulsos livres,
vem, e vamos
de encontro à vida!
Cuida e convalesce
de tuas feridas;
cada uma: sua história.
Todas elas, depois,
bem esquecidas!
O som do tempo te diz:
Melhor renascer!

Quando as classes oprimidas se unem e se organizam, não são um grupo de subalternos e fracos, mas uma comunidade da resistência de resilientes, que produz ação eficaz para superar o sistema opressor, à luz da libertação da consciência ingênua para a consciência crítica. Morre lentamente quem não luta, não resiste e não é resiliente.

Quanto ao uso da *mediação prática*, entendida como voltar para a ação que liberta os corpos oprimidos, vale a instrução de Aquino Júnior (2019, p. 190), de que o "[...] compromisso cristão com os pobres e marginalizados [...] é algo essencial e decisivo na fé cristã". Se "[...] o amor ao próximo é critério de amor a Deus" (AQUINO JÚNIOR, 2019, p. 194), o compromisso cristão com os pobres e marginalizados faz parte do núcleo da práxis cristã; esse compromisso não seria opcional, mas espiritual, pois constitutivo da fé cristã (AQUINO JÚNIOR, 2019).

No livro *Fora dos pobres não há salvação*, Jon Sobrino (2008, p. 134) diz que a opção pelo pobre, "[...] por ser a do próprio Deus, é inapelável, mas é difícil". Essa escolha, na vida da Igreja, esbarra em dificuldade teórica, devido "[...] às hipotecas intelectuais, mais ou menos burguesas e pouco bíblicas, contraídas pelas teologias ao longo da história" (SOBRINO, 2008, p. 135). Continua Sobrino (2008, p. 135):

> E é prática, pois, como para Jesus, a opção leva à perseguição, difamação, ao sentimento de abandono de antigas amizades... Não só isso, mas, radicalizando o conceito, podemos dizer que até o próprio Deus pode ser 'objeto de perseguição intelectual' exatamente por sua opção.

À luz da Conferência de Puebla, Sobrino (2008, p. 135-136, grifos do autor) interpela-nos:

> E a dificuldade é, obviamente, prática. Em sua dimensão teologal, Puebla formula a opção da seguinte maneira: "Deus toma sua defesa [a dos pobres] e os ama" (n. 1142). Que Deus *ame* os pobres, incondicionalmente, mesmo não sendo fácil de imitar, pode ser aceito. Que os defenda, porém, supõe introduzir um conflito sem remédio no próprio conceito da opção, pois – na história real – não se defende ninguém sem ter que ser inimigo e enfrentar de alguma maneira aqueles dos quais se há de defendê-los. Se na vida real a opção significa não apenas amar, mas defender os pobres, não deve estranhar que surja a perseguição. Quer-se ignorá-la ou suavizá-la, mas é inevitável, pois seu fundamento é *teologal*. A história mostra como se quer dar à morte mil qualificações. Uma delas é adjetivá-la: a *opção é preferencial, mas não exclusiva nem excludente*. No positivo que tem – "deve-se amar a todos" –, a lembrança viva ser desnecessária, pois os mais ilustres a realizar a opção, desde Jesus até monsenhor Romero, nunca excluíram ninguém.

Esses dois teólogos estão, aparentemente, em contraste sobre a opção pelos pobres. De um lado, Aquino postula que, a rigor, os pobres e marginalizados não são opção, mas compromisso cristão inerente à fé cristã. Sobrino, por outro lado, enfatiza a fundura da opção pelos pobres como escolha do próprio Deus de amá-los e defendê-los, o que implica opor-se aos opressores, cujas consequências são a perseguição e o martírio.

Ambos têm razão, já que a fé é dom, acompanhada de uma proposta amorosa de Deus e, a um só tempo, é liberdade de responder à proposta pela adesão a Jesus Cristo, quem nos faz cristãos. O compromisso cristão é um dado da fé, como retifica Aquino Júnior, mas o dado da fé pressupõe opção teológica de quem crer por um Deus pobre, como sugere Sobrino. A liberdade é dinâmica, pressupõe a escolha renovada diariamente. Os pobres e marginalizados são, ao mesmo tempo, compromisso cristão e opção de fé.

Compromisso, por ser dimensão constitutiva da fé cristã; e opção, porque é realidade elegida por um Deus livre, que decide e escolhe, e a ser reeleita continuamente por quem segue a Jesus Cristo, à luz da Graça que capacita a liberdade. Assim, os oprimidos são compromisso cristão, como dado constitutivo da fé, e opção, como possibilidade de escolher com a liberdade intrínseca à própria fé.

A rigor, quem faz opção de fé por Jesus Cristo há que renovar a escolha por amar e defender os oprimidos continuamente. A liberdade é dinâmica, a escolha por Jesus não é estática, mas é a decisão firme, iluminada pela Graça, de se renovar diariamente em atos, gestos e palavras, como ele o fez. Do contrário, estaríamos negando a realidade das "tentações no deserto" (Mc 1,13; Mt 4,1-11; Lc 4,1-13), como tentativas de desviar a liberdade de Jesus da opção fundamental pelo Reinado de Deus e pelo Deus do Reinado.

Assim, "[...] a opção por Cristo é também a opção por aquilo por que Cristo optou – os pobres. Mas por que, no fundo, Deus opta pelos pobres?" (BOFF; PIXLEY, 1986, p. 134). Para Boff e Pixley (1986, p. 134-135):

> Esta opção está ligada à essência mesma do Deus revelado. Ora, o Deus bíblico é um Deus ético, um Deus justo. Os pobres, por sua parte, são os injustiçados. E o são porque abandonados ou mesmo oprimidos. Neles, diz Puebla (1142), a imagem divina "jaz

> obscurecida e também escarnecida". Neles, portanto, é a causa de Deus mesmo que está em questão. Deus não se reflete mais em seus rostos machucados. É esta situação objetiva que ofende profundamente a Deus, o qual se levanta então e toma sua defesa. Não se trata, pois, em primeiro lugar, de uma questão moral, mas do desígnio divino que se encontra objetivamente contrariado. O que move a Deus no sentido de pôr-se do lado dos oprimidos não é a injustiça humana, mas a justificação dos humilhados em função do restabelecimento da justiça na história. A ira de Deus contra os opressores nada mais é que a expressão do amor para com seus filhos, os irmãos menores de Jesus, o Primogênito, por se encontrarem em situação de desonra e abandono.

Este capítulo realizará o terceiro passo de como se faz Tdl: *a mediação prática*. Momento em que a Tdl "[...] olha para o lado da ação e tenta descobrir as linhas operativas para superar a opressão de acordo com o plano de Deus" (BOFF; BOFF, 2001, p. 45). Quem faz Tdl realiza um duplo movimento: "[...] sai da ação [...] e 'volta à ação' [...] ação pela justiça, obra de amor, conversão, renovação da Igreja, transformação da sociedade" (BOFF; BOFF, 2001, p. 67-68).

Os(as) teólogos(as) da libertação fazem opções por bandeiras concretas. Estabelecem linhas de ação. Descobrem parcerias de luta. A Tdl não defende a luta contra o cativeiro por relações de violência, mas por relações de educação como processo de conscientização: da ação que liberta a consciência e a liberdade cativas, saindo da ingenuidade para a consciência crítica (BOFF; BOFF, 2001).

Como o poder nas sociedades de classes é irredutível à opressão, a luta frente ao opressor acontece nos *processos de aprendizagem* dos oprimidos: quando eles se unem e descobrem as causas da opressão, também aprendem a resistir, a pensar o sistema, a agir, a propor saídas, a fortalecer o próprio *anseio de vida liberta*. A sede e a fome por libertação, por justiça social e ambiental, não surgem com a Tdl, mas com a histórica luta dos oprimidos organizados, que se unem contra as estruturas do cativeiro capitalista.

Sinivaldo Tavares (2022) avista que os pobres irromperam por meio de uma nova consciência histórica possibilitada pela teoria da dependência, de que era preciso romper com a subalternidade da América Latina aos países com domínio econômico. Isso significava ruptura com a pobreza, como opressão imposta. E irromperam junto ao *movimento cultural de alfabetização*, mobilizado por Paulo Freire, que pregava uma educação libertadora ou a educação como prática de liberdade.

A libertação é "[...] uma ação eficaz que liberta" (BOFF; BOFF, 2001, p. 16). À luz da revisão conceitual, a "[...] libertação proposta pela Tdl emerge como crítica estrutural ao que se considerava, então, natural: história ocidental como única história; desenvolvimento como crescimento linear e ilimitado" (TAVERES, 2022, p. 93).

Tavares (2022, p. 94) concorda com a ideia de Jon Sobrino de que a opção da Tdl por libertação deu-se pela sensibilidade dessa teologia para com o segundo movimento dentro do Iluminismo: a "[...] exigência da práxis transformadora (Marx)". Enquanto a teologia europeia se sensibilizou com o primeiro movimento, a "[...] exigência da racionalidade (Kant)".

A proposta da Tdl é "[...] instaurar uma nova relação com a realidade através de um percurso peculiar: partindo da práxis e, passando pela teoria, volta novamente à práxis." (TAVARES, 2022, p. 94). Hoje, refazer essa opção à luz da descolonialidade significa dizer que *libertação* questiona o recurso à naturalização do capitalismo e a estrutura da modernidade colonial (TAVARES, 2022).

A função da Tdl é ser aliada da libertação dos corpos oprimidos, que os ajuda a retirar o véu sedutor da opressão e a enfrentar as injustiças sociais e ambientais das quais são vítimas. É uma teologia que acredita na *força histórica dos pobres* (GUTIÉRREZ MERINO, 1984). Estes são atores sociais, agentes transformadores: não objeto de caridade, mas sujeito político da própria libertação (BOFF; BOFF, 2001).

Assim, a *mediação prática* é a última peça do método da Tdl que fecha a moldura discursiva para se pensar uma teoria teológica inspirada na EFC. No retorno à ação que liberta (mediação prática), a *TpldEFC se mostra como discurso teológico da ação que, norteado pela volta ao agir eficaz que supera a opressão segundo o plano divino, avançará na elucidação teórica sobre si mesma como teologia política de uma práxis.*

Para isso, fará uso do *comentário* e da *releitura* de métodos da tradição teológica da libertação, com o propósito de, posteriormente, reinterpretar, de maneira crítico-criativa, a expressão *teologia política*. Depois, entenderá a relação entre fé, política e economia, seguindo a pista da Tdl, delineada por Aquino Júnior, de que a política é dimensão da fé. E chegará, finalmente, à EFC como *práxis* que inspira uma teoria teológica a fazer, em seguida, um discurso teológico próprio, ou seja, *teologia política* como *saber prático*, um *saber samaritano* e um *saber do colocar-se a trabalho*.

3.1 Teologia política da Economia de Francisco e Clara: considerações prévias

Esta seção visa a fazer considerações preliminares a respeito do conceito *teologia política*, o que nos dará condições teóricas para pensar, com método, a legitimidade de uma Teologia política latino-americana da Economia de Francisco e Clara (TpldEFC).

3.1.1 Bases dos métodos teológicos da Tdl como critérios teóricos da TpldEFC

As escolhas teológicas são contextualizadas. Betto (1997) já disse que Paulo Freire nos ensina um princípio de teoria do conhecimento, de que nossas cabeças pensam onde nossos pés pisam. Este ensaio de Teologia política está em continuidade epistêmica com a teologia produzida em nosso continente. Esta possui bases conceituais vigentes nos métodos teológicos da Teologia da libertação (Tdl), as quais servem de critérios teóricos para se pensar na possibilidade de uma teologia crítica inspirada na EFC.

Em teologia, o método corresponde ao *quefazer* teológico, que é contextual. Trata-se de como se faz teologia, a partir de territórios e lugares sociais. Nas teologias latino-americanas, há uma diversidade de métodos teológicos. Dentre eles, escolhemos três. Há modalidades de Tdl, cada qual com um método teológico.

Aquino Júnior (2010) nos ajuda a entender que o termo *libertação* é comum a todas, embora se diferenciem pelas dimensões e pelos enfoques teóricos que caracterizam cada uma delas. As teologias da libertação tratam a economia, a política, o meio ambiente, a cultura, a raça, o gênero, o movimento social, as religiões, como dimensões da libertação, mas abordam esses aspectos pela mediação crítica da sociologia, da antropologia, da filosofia, entre outras que são enfoques da libertação, como a história, a ciência política, a ciência da religião, a ecologia.

3.1.1.1 O método de interpretação da práxis, a partir dos pobres, como crítica teológica às formas de opressão

Uma forma de fazer Tdl que legitima a possibilidade de pensar uma TpldEFC é o método *práxico* de Gustavo Gutiérrez. Ele publicou dois livros importantes sobre método teológico: *Teología de la liberación: perspectivas* e *A força histórica dos pobres*. Essas obras contêm a forma mais conhecida de Tdl, que "[...] põe o acento no processo de libertação dos distintos modos de dominação" (AQUINO JÚNIOR, 2010, p. 40).

Essa Tdl combate modos de dominação, que podem ser o econômico, o político, o cultural, o religioso, e elege como prioridade um caminho de libertação, a saber, pastoral social, movimento político, movimento social, comunidades eclesiais de base (CEBs). Essa teologia se alia às forças históricas que lutam contra a opressão e pela libertação integral dos povos, desde a libertação dos oprimidos (AQUINO JÚNIOR, 2010).

Convém esclarecer *opressão, opressores* e *oprimidos*, na teologia bíblica. Em *A bíblia dos oprimidos: a opressão na teologia bíblica*, a teóloga mexicana Elsa Tamez (1980) diz que há opressão, opressores e oprimidos em âmbitos internacional e nacional.

Na Bíblia, as relações de poder são marcadas por sujeito e objeto da opressão. O que quer dizer que os opressores são: "o acumulador de riquezas [ou rico ganancioso] (Mq 2,1.2) [...], o poderoso ou dominador violento (Mq 2,1), [...] o idólatra [ou servidor de deuses fabricados por mãos humanas] (Jr 51,17)" (TAMEZ, 1980, p. 60-65). Já os objetos da opressão, os oprimidos, são "1) pobres; 2) não têm nenhuma importância social: as autoridades não os ouvem nos tribunais; 3) têm uma notável esperança em Deus" (TAMEZ, 1980, p. 70).

Para Tamez (1980, p. 77-99, grifos da autora), houve várias formas de opressão relatadas pela Bíblia hebraica (vulgo AT). No âmbito internacional: "*A exploração escravizadora da mão-de-obra* (Ex 1,11) [...]"; "*O genocídio* (Ex 1,16)" [...]; "*O mito da folgança* [considerar o oprimido como preguiçoso] (Ex 5,8) [...]"; "*As concessões enganosas* (Ex 8-10) [...]"; "*A correlação desigual de forças* (Jz 4,3) [...]"; "*As alianças falsas* (Ez 29,7) [...]"; "*O saque e a morte* (Is 17,14) [...]"; "*A imposição de tributo* (1Sm 8,2) [...]"; "*O exílio* (Jr 50,33) [...]". No âmbito nacional: "*A exploração da mão-de obra* (Dt 24,15) [...]"; "*A fraude* (Os 12,8)" [...]; "*A usura* [o empréstimo com juros altos] (Jr 22,17;Ez 22,7.12) [...]"; "*O suborno* (Is 1,23) [...]"; "*A duplicidade do opressor* [explorar sutilmente para esconder a opressão] (Sl 55,21) [...]"; "*O assassínio* (Sl 94,5.6; Ez 22,55) [...]"; "*A violação sexual da mulher* (Jz 20,5; Ez 22,10.11)".

Posto isso, vale ressaltar que a perspectiva de *Teologia política latino-americana* (Tpl) a se considerar, norteada pela posição metodológica da Tdl de Gutiérrez, é uma combatente da economia como modo decisivo de dominação nacional e internacional.

Temos, então, condições de apresentar o método de Gutiérrez e extrair critérios teóricos para embasar o discurso da Tpl inspirada na EFC. A principal contribuição da Tdl, para Gutiérrez, é propor "[...] uma nova maneira de fazer teologia" (GUTIÉRREZ MERINO, 1975, p. 40, tradução nossa). Esse novo *quefazer* teológico equivale à "[...] teologia como reflexão crítica da práxis histórica à luz da Fé" (GUTIÉRREZ MERINO, 1975, p. 38, tradução nossa). Isso significa que o método teológico se caracteriza "[...] pelo primado da práxis" (AQUINO JÚNIOR, 2010, p. 51).

A práxis histórica é o ato primeiro. A palavra práxis, explica Aquino Júnior, tem três usos, em Gutiérrez. Primeiro, "[...] *caráter ativo e transformador da fé cristã*" (AQUINO JÚNIOR, 2010, p. 52, grifos do autor), ou seja, o doutrinal não pode sobrepor a espiritualidade cristã e o compromisso cristão com a verdade (AQUINO JÚNIOR, 2010).

Segundo, "[...] *diz respeito tanto à contemplação quanto à ação*" (AQUINO JÚNIOR, 2010, p. 52, grifos do autor). Isto é, o movimento de transformar em compromisso o que se contempla na palavra, o que significa fé, pastoral, espiritualidade, vida cristã, o ato primeiro a ser pensado pela teologia, o ato segundo (AQUINO JÚNIOR, 2010).

Terceiro, "[...] *abrange tanto a práxis eclesial quanto a práxis histórica total*" (AQUINO JÚNIOR, 2010, p. 52, grifos do autor). Quer dizer, a teologia está em diálogo com as formas de conhecimento da consciência contemporânea, sobretudo, quando aquela se coloca, entre as ciências, como saber crítico (AQUINO JÚNIOR, 2010).

A práxis, à luz da Palavra de Deus, é a presença e ação transformadora de cristãos e cristãs na história, por isso, também, a expressão *práxis histórica*. Em Gutiérrez Merino (1975, p. 27, tradução nossa), o fundamento da práxis, isto é, da presença ativa de cristãos e cristãs, na história, é aquilo que Paulo Apóstolo disse "ser o sustento e a plenitude da fé". Trata-se, biblicamente, do amor, aqui, compreendido "[...] como saída de si, como um compromisso com Deus e com o próximo, como uma relação com os demais" (GUTIÉRREZ MERINO, 1975, p. 27, tradução nossa).

A práxis histórica é uma categoria fundada na redescoberta do amor cristão concreto, com paralelos históricos: a) na espiritualidade, ao se falar da união de vida contemplativa e vida ativa e do descobrimento de uma espiritualidade do laicato; b) na vida da Igreja, a exemplo do Vaticano II, com a *Gaudium et Spes*, quando fala de uma Igreja de serviço e não de poder; c) na antropologia cristã, ao se tratar do redescobrimento da unidade indissolúvel entre Deus e ser humano; d) na filosofia, por se colocar a ação humana como ponto de partida de toda reflexão (Maurice Blondel), e de transformação do mundo (pensamento marxiano); e e) na escatologia cristã, que redescobre o papel da práxis histórica, já que a história humana é abertura ao futuro, o que a faz aparecer como tarefa, um fazer político, que se abre ao dom, ou seja, ao encontro definitivo com Deus e com os outros (GUTIÉRREZ MERINO, 1975, tradução nossa).

A *práxis* histórica não é, sem mais, o ato primeiro do método teológico. Quando a coloca como o ponto de partida do método teológico libertador, Gutiérrez acrescenta a "[...] *perspectiva do pobre*" (AQUINO JÚNIOR, 2010, p. 55, grifos do autor). Ou seja, "[...] a Tdl parte dos pobres, dos explorados, dos que são despojados de sua dignidade humana, da 'não-pessoa', isto é, daquele que não é reconhecido como pessoa pela ordem social existente" (AQUINO JÚNIOR, 2010, p. 56). O horizonte do pobre é o mérito da Tdl, pensada por Gutiérrez, a ponto de ele mesmo reiterar:

> É necessário insistir em que a história (onde Deus se revela e o anunciamos) deve ser *relida a partir do pobre*. A história da humanidade foi escrita "com mão branca", a partir dos setores dominantes. [...] A história do cristianismo também foi escrita com mão branca, ocidental e burguesa. (GUTIÉRREZ MERINO, 1984, p. 295, grifos do autor).

A novidade inaugurada por Gutiérrez, no método teológico dessa Tdl, é valorizar o sujeito histórico da práxis de libertação: os oprimidos e injustiçados. O conceito bíblico de justiça leva a Tpl-dEFC a ficar do lado dos injustiçados, dos oprimidos da história.

Armindo dos Santos Vaz (2011, p. 231-232) afirma:

> [...] nos profetas bíblicos a justiça não se põe em termos de posse ou de propriedade, nem se limita a dar o seu a seu dono (conceito ocidental de justiça); caracteriza-se pelo empenho na defesa eficaz do débil, dos "humilhados e ofendidos" da história humana.

Assumir a perspectiva dos oprimidos tem fundamento bíblico na justiça de Deus, que, nos livros sapienciais bíblicos, é uma "[...] justiça que salva" (VAZ, 2011, p. 222).

Nos salmos, a justiça se associa à ordem querida por Deus. Nos livros sapienciais, a justiça é compreendida à luz da teologia da aliança (Deus cumpridor das promessas salvíficas, por fidelidade a si mesmo), não da teologia da vingança (Deus juiz que dá e tira conforme os méritos humanos). A justiça de Deus é o mundo querido por Deus: o bem que Ele quer fazer às criaturas. Ele é justo, por ser fiel a Si mesmo, como Deus misericordioso, cumpridor das promessas da aliança. A justiça divina é agir salvando e libertando; não pune (VAZ, 2011).

Se, no método da Tdl, a práxis histórica é pensada teologicamente desde os pobres, então "[...] se trata de uma práxis de libertação dos oprimidos deste mundo" (GUTIÉRREZ MERINO, 1984, p. 294). Gutiérrez Merino (1984, p. 58) define essa forma de Tdl assim:

> A teologia é uma expressão da consciência que uma comunidade cristã adquire de sua fé em um momento dado da história. [...] A teologia da libertação é uma tentativa de compreender a fé a partir da práxis histórica, libertadora e subversiva dos pobres deste mundo, das classes exploradas, das raças desprezadas, das culturas marginalizadas. Ela nasce da inquietante esperança de libertação, das lutas, dos fracassos e das conquistas dos próprios oprimidos, de um modo de se reconhecer filho ou filha do Pai, diante de uma profunda e exigente fraternidade. É por isso que ela vem depois: é o momento segundo em relação à fé, "fé que opera pela caridade".

Se a teologia expressa a consciência que tem a comunidade da própria fé, em determinado contexto histórico, a função da teologia é ser uma "reflexão crítica" (GUTIÉRREZ MERINO, 1975, p. 34, tradução nossa). Isso significa que: "A teologia deve ser um pensamento crítico de si mesma, de seus próprios fundamentos. Só isso pode fazer dela um discurso não ingênuo, consciente de si mesma em plena posse de seus instrumentos conceituais" (GUTIÉRREZ MERINO, 1975, p. 34, tradução nossa). Está pressuposto, no método teológico de Gutiérrez, fazer uma teologia consciente das próprias ferramentas e em contínua revisão de si mesma.

A função crítica da reflexão teológica abrange a *sociedade*, no que pese aos "[...] condicionamentos econômicos e socioculturais da vida" (GUTIÉRREZ MERINO, 1975, p. 34, tradução nossa), e à *Igreja*, enquanto comunidade cristã que reflete à luz da fé, inspirada pela perspectiva do pobre: "A reflexão teológica seria então, necessariamente, uma crítica da sociedade e da igreja, na medida em que são convocadas e interpeladas pela palavra de Deus" (GUTIÉRREZ MERINO, 1975, p. 34, tradução nossa).

A noção de *teologia crítica de si, da sociedade e da Igreja é um critério teórico relevante, neste ensaio,* para se pensar o sentido epistemológico do uso de *teologia política*, neste livro. Evita de ela se colocar como discurso único, ou como uma teologia cristã neocolonial da política e da economia, mas de se expressar, à luz da trilha aberta por métodos críticos às opressões de uma tradição teológica latino-americana.

Por fim, no método teológico de Gutiérrez Merino (1975), primeiro vem a experiência da mensagem bíblica, depois a atitude crítica: o amor como serviço vem antes; depois vem a reflexão teológica, como crítica de si mesma, dos próprios fundamentos, e acerca da sociedade — dos condicionamentos econômicos, socioculturais e políticos — e da Igreja, do compromisso da comunidade cristã com o mundo.

Juan Luis Segundo aprofunda a concepção da teologia de Gutiérrez Merino "[...] o compromisso vem antes, a teologia vem depois" (SEGUNDO, 1978, p. 84 e 90). Para Luis Segundo (1978), o compromisso vem antes, por ser a pedagogia teológica de Jesus diante dos fariseus que o questionaram devido ao fato de os discípulos terem arrancado espigas para matar a fome em dia de sábado; o que era ilícito, conforme a letra dura da lei mosaica, interpretada pela teologia farisaica (Mt 12,1ss).

Jesus questiona essa teologia, reinterpretando Os 6,6: "*Misericórdia é o que eu quero e não sacrifício,* não condenaríeis os que não têm culpa. Pois o Filho do Homem é senhor do sábado" (Mt 12,7-8, grifos do autor).

O termo misericórdia pode ser lido em dois sentidos. Primeiro, no sentido etimológico: *miserere* (miséria) e *cordis* (coração), ganhando um significado místico de desapego contínuo do coração humano. E, numa teologia mais intuitiva, o coração miserável é o ser humano como ser falho e limitado, mas alcançado pela Graça, na medida em que se torna o lugar onde o próprio coração divino repousa. Pois Deus quer salvar o ser humano todo, não sem ele, não sem a criaturidade humana.

Segundo, no sentido bíblico-teológico de *fidelidade de Deus a si mesmo*. Deus é misericordioso equivale a dizer que Ele é fiel a si próprio: "Se lhe somos infiéis, ele permanece fiel, pois não pode renegar-se a si mesmo" (2Tm 2,13). Deus é fiel à própria identidade. Na teologia de Jesus, ser misericordioso equivale a ser fiel à identidade de seguidor(a) de Jesus Cristo, quem nos faz cristãos(ãs).

Os fariseus pensavam que a teologia viria primeiro, como conjunto de verdades abstratas, destituídas do espírito que dava vida à lei (SEGUNDO, 1978). Segundo (1978, p. 90) diz que:

> [...] a teologia de Jesus deriva a teologia da abertura do coração aos mais urgentes problemas do homem [ser humano], ao ponto de sugerir que não se pode reconhecer a Cristo nem conhecer, por conseguinte, a Deus, senão a partir de um certo compromisso com o oprimido.

A teologia vem depois, pois, ao contrário do que se pensa, há "[...] opção política em teologia" (SEGUNDO, 1978, p. 84). Há teologia acadêmica que defende uma postura imparcial na sociedade, o que acaba sendo uma opção política, visto que encobre a própria "relação com o *status quo*" (SEGUNDO, 1978, p. 84, grifos do autor). Mas, sobretudo, porque a situação humana concreta exige opções e decisões a serem "tomadas antes que as certezas científicas da teologia tenham algo a dizer" (SEGUNDO, 1978, p. 85).

Dessa feita, é que Luis Segundo (1978, p. 86) pode, com pertinência, afirmar: "Somente a partir dessa opção contextual começa a teologia a ser significativa e sempre em relação com esse contexto real. Em outras palavras, a teologia não é escolhida por razões teológicas".

A metodologia teológica de Jesus, diz o teólogo uruguaio: "[...] consiste em fazer da teologia e de suas certezas um serviço aos seres humanos que buscam, dirigidos por intricados sinais dos tempos, como amar mais e melhor e como comprometer-se com tal amor" (SEGUNDO, 1978, p. 89).

Vimos que, em Gutiérrez, o ponto de partida do método teológico é decisivo, pois determina de que lado está quem faz teologia cristã. O lado esclarece a opção fundamental da teologia que estamos fazendo, no contexto em que vivemos, e que tipo de mensagem cristã praticamos. Se o ponto inicial do método define a forma de teologia e o conteúdo da mensagem cristã veiculada, um método teológico só pode ser considerado libertador se for, na origem, comprometido com a prática de libertação da própria mensagem cristã.

Se consideramos a Terra como sujeito de direitos, como organismo vivo que é, todos os seres terrestres que estão sendo oprimidos pela economia são vítimas direta ou indiretamente do cativeiro capitalista. Melhor, as inúmeras formas de sofrimento dos filhos da Terra impostas pelo sistema econômico soam, para amantes da Criação, como grito por libertação, quanto mais para o coração do Criador que ama a Criação inteira.

O método de Gutiérrez oferece, pois, à TpldEFC outro critério teórico, que é o *caráter ético do ponto de partida*. O que, para a nossa teoria teológica, é *o clamor por libertação do Planeta devastado e dos corpos das classes sociais excluídas, exploradas e humilhadas*.

Tal critério ético delimita o caráter libertador e, por consequência lógica da opção de fé por Jesus Cristo, a renúncia declarada a formas de colonialidade do capitalismo pela teoria teológica inspirada na EFC, pensada em solo latino-americano. Para que ela seja uma teologia descolonial, o ponto de partida do discurso há de ser ético, no sentido que propõe Enrique Dussel (1977, p. 65, grifos do autor), pela mediação do conceito de "[...] *consciência ética*, [...] a capacidade que se tem de escutar a voz do outro".

O fundamento ético da Teologia política latino-americana da EFC são os corpos oprimidos de hoje que nos interpelam a uma escuta ética dos clamores por ecolibertação: do grito sofredor que vem dos filhos da Terra e da própria Casa comum que convoca à responsabilidade, ao cuidado e ao respeito pela vida terrestre.

Se o grito da Terra depredada e o clamor dos corpos das classes excluídas são o ponto inicial do discurso da TpldEFC, então, estamos diante de uma teologia, com caráter ético-teológico, comprometida com uma *práxis cristã ecolibertadora*. Trata-se de uma ação humana voltada à defesa da liberdade dos seres terrestres, desde o ângulo dos injustiçados pelo atual sistema econômico: os descartados da história.

O ponto ético de onde parte a TpldEFC é do grito de seres injustiçados, socioambientalmente: os corpos das classes sociologicamente exploradas, excluídas e empobrecidas, e o corpo da Terra ambientalmente saqueada pelo capitalismo extrativista. Guiada pelo caráter crítico e libertador desse método de Gutiérrez, a TpldEFC é uma veia da grande artéria, a Teologia da libertação. Mas o sangue que percorre essa veia é práxis cristã de hoje refletida, à luz de uma crítica da fé comprometida, suscitada pelo Papa Francisco, que age e problematiza as injustiças em um discurso crítico.

Portanto, a TpldEFC defende a vivência pensante da fé cristã e estimula a interpretação do agir humano, como ação ética, caracterizada por relações livres com todas as formas de vida terrestre. Essa ação se volta ao sentido de libertação integral da história dos que, hoje, são oprimidos pelas injustiças econômicas.

À luz da mensagem cristã de libertação e dos clamores dos oprimidos de hoje, a TpldEFC só poderia ser *ecolibertadora*, pois descobre, na Palavra divina, uma forma autêntica de ação ética e política. Trata-se de um agir que trabalha pela liberdade dos filhos da Terra anunciada pelo evangelho da Criação (LS), que respeita e busca restituir a dignidade do Planeta e das pessoas, como modo de vida querido por Deus.

Assim, por meio das bases conceituais do método de Gutiérrez, a Tpl pensada desde a EFC formula para si dois critérios epistemológicos que a legitimam como saber teológico inspirado numa práxis específica: *a) o ponto de partida do discurso teológico*; e *b) o objeto da crítica teológica*.

O ponto de partida do discurso teológico da TpldEFC anco-ra-se na noção de Gutiérrez de partir da perspectiva dos pobres para fazer Tdl. O ponto de onde parte a teoria teológica da EFC é o clamor das vítimas da cultura capitalista do descarte: as classes sociais excluídas e a Terra degradada, ou melhor, o grito dos filhos da Terra e o clamor da Casa comum.

Já o objeto da crítica teológica inspirada na EFC baseia-se na ideia de Tdl, em Gutiérrez, aventada por Aquino Júnior (2010), como libertação das formas de opressão. Para haver libertação dos oprimidos, é preciso que o próprio método teológico tome as formas de opressão como objeto de crítica teológica. Por isso, o objeto da crítica define o tipo de teoria teológica que é a TpldEFC, a saber: é uma crítica teológica, em autorrevisão permanente, às formas de poder da economia e aos seus efeitos como causas de opressão, o que foi feito no capítulo 1, pela *mediação socioanalítica*.

Vimos que a escuta do clamor das vítimas do descarte e o objeto da crítica teológica são critérios teóricos extraídos do método de Tdl em Gutiérrez, que servem de fundamentação para o uso crítico--criativo da *mediação socioanalítica* pela Teologia política inspirada na EFC. Essa teoria teológica não poderia, contudo, estar afiliada à Tdl, se não desse o segundo passo: encontrar bases de sustentação em outro método teológico para um manejo crítico-criativo da *mediação hermenêutica*, a partir do *círculo hermenêutico* de Juan Luis Segundo.

3.1.1.2 O círculo hermenêutico como método de libertação da teologia dos mecanismos de opressão, desde a intepretação crítica e contínua da Bíblia à luz da realidade que muda

O segundo método teológico da Tdl que explanaremos aparece no livro *Libertação da teologia*, de Juan Luis Segundo. Essa obra fala de uma forma de Tdl que "[...] põe o acento na libertação da própria teologia" (AQUINO JÚNIOR, 2010, p. 41).

Isso implica "[...] uma dupla tarefa: libertar a teologia do que teve e tem de 'justificação da dominação' e colocá-la a serviço da libertação" (AQUINO JÚNIOR, 2010, p. 41). Trata-se de uma Tdl menos conflitiva, porque permite determinada distância teórica de processos políticos, para trabalhar pela "desideologização da teologia" (AQUINO JÚNIOR, 2010, p. 41).

A Tdl, na compreensão de Segundo, é uma teologia caracterizada pela "[...] referência à realidade atual e opção pelos pobres" (AQUINO JÚNIOR, 2010, p. 86). A referência ao presente dá-se pela proximidade às ciências que ajudam a teologia a compreender o presente e a interpretá-lo à luz da Palavra. A opção pelos pobres é vivida mediante o compromisso de libertar a teologia dos mecanismos opressores e do que nela justifica opressões (AQUINO JÚNIOR, 2010).

Após essa breve definição da segunda forma de Tdl, vamos ao método que ela propõe e que fornece critérios para pensar uma TpldEFC. Luis Segundo (1978, p. 10) esboçou um método teológico circular, designado por ele de "círculo hermenêutico". Ele consiste em fazer uma contínua interpretação crítica da Palavra de Deus dirigida a nós no presente à luz das contínuas transformações de nossa realidade vivida.

O caráter circular desse método supõe uma relação da teologia com a realidade que requer dois movimentos, como condição de possibilidade para se teologizar: a) a teologia precisa descer à realidade e acolher a riqueza das perguntas para o tempo presente, o que provoca o saber teológico a formular para si novas e pertinentes interrogações; e b) a resposta da teologia a novas perguntas depende de mudar a interpretação fixa das Escrituras e, continuamente, interpretá-las à luz da realidade que muda (SEGUNDO, 1978).

Interessa-nos desse método circular os passos do círculo de interpretação teológica e os critérios teóricos que deles advêm para se pensar a TpldEFC. O primeiro passo é que a teologia "[...] brota não de interesse científico e acadêmico, mas de um compromisso humano, pré-teológico, para mudar e melhorar o mundo" (SEGUNDO, 1978, p. 45).

Isso implica a *valorização e a experiência crítica da realidade, que desmascara os mecanismos de opressão*, por exemplo, as ideias dominantes dos opressores sobre política, economia, cultura, sociedade, Deus, religião, família, riqueza, Planeta, ser humano. Aqui, a teologia se serve das análises científicas para desmascarar a opressão.

Com essa etapa do círculo hermenêutico, converge o Papa Francisco, quando alerta a Igreja de que:

> [...] a realidade é superior à ideia. Isto supõe evitar várias formas de ocultar a realidade: os purismos angélicos, os totalitarismos do relativo, os nominalismos declaracionistas, os projetos mais formais que reais, os fundamentalistas anti-históricos, os eticismos sem bondade, os intelectualismos sem sabedoria. (EG, n. 231).

Esse valor da realidade experimentada criticamente fala de algo fontal, em Tdl, "[...] um profundo compromisso humano, quer dizer, uma *parcialidade* conscientemente aceita" (SEGUNDO, 1978, p. 16, grifos do autor). Por isso, Segundo (1978, p. 16-17, grifos do autor) afirma:

> [...] não existe teologia [...] imparcial, acadêmica, pairando por cima das opções humanas e por cima das parcialidades. A teologia mais acadêmica está íntima, ainda que talvez inconscientemente, comprometida com o *status quo* psicológico, social ou político.

Ou seja, o compromisso com uma cosmovisão humanizada é parte do círculo hermenêutico, como método libertador, que caracteriza uma teologia não opressora, e sim libertadora.

O segundo passo consiste em que a teologia, por compreender os mecanismos da sociedade, seja "[...] porta-voz das experiências e ideias das classes e grupos humanos" (SEGUNDO, 1978, p. 45). Disso resulta um *compromisso crítico com a história*. Este, por sua vez, permite retirar o véu colocado pelas ideias dominantes das classes opressoras; e solicita aos oprimidos e injustiçados, os subalternos, a mudarem a forma de pensar a si mesmos, já que essa maneira lhes foi imposta pelos opressores (SEGUNDO, 1978).

Para Luis Segundo (1978), o que pode interromper o círculo hermenêutico são as interpretações da Escritura favoráveis aos interesses de quem oprime as pessoas por uma teologia do *status quo*; e acrescentamos a Terra como um corpo oprimido.

O terceiro momento do método é "[...] uma sensibilidade comprometida em fazer da teologia um instrumento e uma arma a serviço da ortopráxis, quer dizer, de uma práxis social e libertadora"

(SEGUNDO, 1978, p. 45). Luis Segundo (1978) acredita que daí se segue a experiência da teologia como ato de vontade de teólogos e teólogas de colocá-la a serviço da sociedade e das comunidades.

Opta-se por interpretar as Escrituras, em vista de desmascarar os dispositivos de opressão. Isso faz da teologia uma arma poderosa para ajudar as pessoas oprimidas a buscarem maneiras inovadoras de falar de Deus, relacionadas com outra compreensão de si e, por que não dizer, um entendimento ético da alteridade do Planeta.

O quarto e último movimento metodológico consiste em "[...] recuperar a soberana liberdade da palavra de Deus, para poder dizer em cada situação o que é criativamente libertador em tal situação" (SEGUNDO, 1978, p. 46). Sucede que "[...] a teologia precisa interpretar de modo novo as Escrituras, a partir de novas e fundamentais perguntas do presente" (SEGUNDO, 1978, p. 40). E há de partir do princípio pedagógico de que Deus se revela de modos diferentes, conforme cada situação da humanidade. Daí que a verdade sobre Ele é sempre diversa, plural, na história humana (SEGUNDO, 1978).

Concluímos essa breve exposição, observando que o círculo hermenêutico é um método libertador, de crítica teológica a teologias do *status quo*: aquelas que servem ao sistema opressor, sobretudo, quando algumas que se dizem imparciais diante da exigência de se fazer intervenções de enfrentamento às injustiças e à opressão, praticadas por indivíduos, estruturas e sistemas; e à intromissão da imparcialidade na práxis cristã. A imparcialidade nega a profecia, esfria a compaixão pelos corpos oprimidos e cala a iracúndia sagrada perante a opressão. Neutralidade, como sintoma de instituições, pessoas, grupos e saberes, é efeito estratégico de poder que silencia para a conformação ao sistema opressor.

O círculo hermenêutico permite dizer que: ou a teologia é política, enquanto uma teologia crítica que se posiciona como companheira dos corpos oprimidos de hoje, ou ela é abstrata, uma mera literatura religiosa de acadêmicos da fé, irrelevante para a sociedade. A Tdl opta por ser solidária com os que padecem, os corpos oprimidos e humilhados da história.

Luis Segundo (1978) conclui magistralmente a reflexão sobre a metodologia teológica como círculo hermenêutico, ao dizer que não é tanto o conteúdo teológico que mantém o caráter libertador de uma teologia, mas o método. É o método teológico que conserva uma teologia libertadora, comprometida, pois, em qualquer época e situação, *o sistema dominante* continuará aparecendo na crítica teológica como *opressor*: "E nisto está a maior esperança teológica para o futuro" (SEGUNDO, 1978, p. 46).

Ficou claro que se *o método teológico circular é político, por optar pelas vítimas* de todas as formas de opressão, então, ao escolher o lado dos corpos oprimidos, como orientação metodológica, a Tdl se contrapõe a outro, o lado dos algozes. Não se trata, aqui, de uma simplificação ingênua das relações de poder no binômio *dominador* (ricos) e *dominado* (pobres). Trata-se de não negar a dialética da opressão, em que opressores e oprimidos são lugares ocupados, funções desempenhadas, discursos proferidos e práticas deflagradas, não só por classes dominantes, como também por pessoas de classes dominadas.

O fato de Gutiérrez ter dito que a perspectiva dos pobres é o ponto de partida da Tdl, em *A força histórica dos pobres*, introduz uma fundamentação ética no método de Segundo. Para libertar a teologia dos mecanismos de opressão, não basta que o método teológico seja apenas político, ou que faça uma opção política pelos pobres, sem mais. Mas é preciso que seja ético, isto é, que a opção política pelos pobres seja à luz da opção de vida ética por Jesus Cristo libertador. E, assim, podemos concluir, com Aquino Júnior (2010), que o critério de libertação da teologia é a perspectiva de libertação dos pobres.

A libertação da teologia toca à maneira como o/a teólogo/a se relaciona com o método teológico e com a realidade de opressão, que incluem opressores e corpos oprimidos. Foi dito no livro *Como fazer Teologia da libertação*, de Clodovis e Leonardo Boff (2001, p. 42) que: "Ser teólogo não é manipular métodos, mas estar imbuído do espírito teológico. Ora, antes de constituir um novo método teológico, a Teologia da libertação é um novo modo de ser teólogo."

Se *ser teólogo/a não é manipular métodos*, então, o método teológico não pode ser concebido, a partir do paradigma do conhecimento da ciência moderna, que é a dominação do objeto, por uma objetividade neutra, sem auto-implicação do sujeito cognoscente no objeto cognoscível. Do contrário, seria um instrumento de uso fabricado para dominar a fé pelo que objetivamente se conhece de Deus e da realidade.

O coração de quem faz teologia cristã está eivado do espírito das Sagradas Escrituras, que permeia o teologar cristão. Se *o teólogo/a está imbuído/a do espírito teológico, e a Tdl é um novo modo de ser teólogo/a*, então, ser teólogo/a da libertação é o mesmo que fazer Tdl, como ato segundo ou reflexão a partir da fé, mediada por um método.

A Tdl, como novo modo do fazer teológico, é uma nova maneira de colocar os/as teólogos/as em movimento de contínua adesão ao espírito das Escrituras. O espírito confere a quem faz teologia um novo jeito de se relacionar com as pessoas, Deus e a Terra. Nesse caso, os empobrecidos são seres com voz, vez e lugar, devem ser tratados como agentes do próprio processo de libertação, e não objeto/sujeito de uma libertação imposta (BOFF; BOFF, 2001).

Jon Sobrino (1992, p. 38, tradução nossa), em *El principio misericordia: bajar de la cruz a los pueblos crucificados*, defende que a misericórdia é o princípio que movia a ação de Jesus na direção dos sofredores do mundo, ou seja, "[...] 'sua teoria social' está guiada pelo princípio de que há que erradicar o sofrimento massivo e injusto". Sobrino nos dá uma visão profunda do método teológico, à luz do espírito que o guia, no trecho:

> [...] na revelação, a misericórdia é a reação correta ante o mundo sofredor, e que é a reação necessária e última; que sem aceitar isso não pode haver nem compreensão de Deus nem de Jesus Cristo nem da verdade do ser humano, nem pode haver realização da vontade de Deus nem da essência humana. [...] Se isso

> é assim, também na teologia tem que estar presente a misericórdia. Tem que estar presente como conteúdo que a teologia deve esclarecer e propiciar; porém deve estar presente também nesse mesmo exercício do quefazer teológico, de modo que este seja também expressão da misericórdia ante o mundo sofredor. Em formulação que esclareceremos depois, a teologia deve ser *intellectus misericordiae*. (SOBRINO, 1992, p. 67, grifos do autor, tradução nossa).

Quem faz teologia cristã da libertação não só manipula métodos, mas se sabe um corpo marginal constituído/a/e pelo espírito que anima o fazer teológico libertador: *ser misericordioso*. A relevância do princípio misericórdia, para a Tdl, consiste em que a finalidade do método teológico é exprimir a misericórdia diante dos corpos sofridos de hoje: o método teológico se converte à *Ruah*. A Tdl é *"intellectus amoris"* (SOBRINO, 1992, p. 49), de modo que a misericórdia é agir segundo a inteligência do amor diante do mundo sofrido, é encerrar o sofrimento injusto dos corpos.

Não há separação entre método teológico e o corpo-sujeito do próprio método animado pelo espírito teológico. O espírito une corpo-sujeito, método e objeto da Tdl numa perspectiva de que um constitui o outro. O corpo teologizante modula o método, a partir do que experimenta no encontro de fé com Deus e a realidade humana. O método revela desafios da realidade pensada teologicamente, o que leva corpo-teologizante que é o/a teólogo/a a agir em resposta à luz da fé. Essa ação agrega ao método novo olhar para a realidade, altera a relação com ela.

Quem faz teologia transforma o método teológico que, também, muda o sujeito do saber teológico, pois converte o/a teólogo/a à vida de fé que, por sua vez, converte o método teológico. A misericórdia como espírito teológico põe em relação viva de transformação pela fé os corpos que teologizam, o método teológico e os corpos oprimidos.

O princípio misericórdia coloca a teologia em outro registro do conhecimento, o relacional. O método teológico, em vez de ser visto na ótica do paradigma da ciência moderna de conhecimento como dominação do objeto conhecido, pode ser concebido desde o modelo relacional da proximidade, em que corpo-sujeito, método e objeto da Tdl relacionam-se vivamente. O indivíduo que faz teologia, com método, está norteado pelo espírito de Alguém-corpo e conhecido pela experiência, o próprio Deus cristão.

No paradigma relacional da proximidade aos sofredores deste mundo, o método teológico já é teologia, não uma mera ferramenta; e sim uma experiência teológica, uma mediação da misericórdia que Jesus Cristo Libertador sente pelos corpos oprimidos.

Se o *quefazer* teológico é uma mediação do espírito da misericórdia pelos corpos oprimidos, então, o próprio método da Tdl já é uma teologia política, na medida em que faz "[...] opção (de fé) por Jesus Cristo e (opção política) pelos pobres. A fé no Cristo dos evangelhos leva aos pobres e o compromisso por e com os pobres introduz no Mistério de Cristo. Jesus nos faz descobrir os pobres e sua grandeza, e estes a Jesus e seu Reino." (PIXLEY; BOFF, 1986, p. 138).

Essa releitura do método circular oferece condições de defender que uma possível teoria teológica da EFC pode ser uma *teologia política*. Ora, se é verdade que o método teológico de Segundo supõe uma posição política a favor dos corpos oprimidos e injustiçados, então, o próprio *quefazer* teológico dessa forma de Tdl é político.

A parcialidade do método circular confere à Tdl o caráter de teologia política, percebido num movimento circular: sendo parcial, o método permanece, em si, político, pois renuncia à neutralidade diante dos corpos oprimidos e dos opressores; sendo político, o método continua, em si, parcial, porque abraça a opção política pelos corpos oprimidos, à luz da opção de fé por Jesus Cristo, que fez opção teológica pelos pobres. Isso o levou a ser perseguido, por ser considerado, pelas autoridades religiosas e políticas da época, um agitador de multidões. Foi condenado e morto como um líder político.

É, pois, um método que interpela à consciência dos corpos teologantes a perceberem de que lado estão da história: se é dos corpos oprimidos ou dos opressores, das vítimas ou dos algozes. A parcialidade do método teológico já contém

ECONOMIA FINANCEIRA E CRÍTICA TEOLÓGICA:
ENSAIO DE TEOLOGIA POLÍTICA LATINO-AMERICANA DA ECONOMIA DE FRANCISCO E CLARA

o posicionamento político da fé dos corpos que teologizam; pois que a boa política inerente à fé cristã é a opção evangélica de escolher e permanecer ao lado dos corpos oprimidos de todos os tempos e lugares

Dessa maneira, o caráter ético-político para se pensar uma TpldEFC admite que ela mesma seja, em parte, paradoxalmente, política, já que, *ao mesmo tempo que opta pelas vítimas injustiçadas, se opõe ao opressor injusto*. Esse modo de fazer teologia é político, por assumir o lado das vítimas e se opor ao lado dos algozes.

O método teológico de Luis Segundo relido permite que a TpldEFC assuma, para si, o caminho desafiante de ser afiliada à Teologia da libertação, devido aos próprios fundamentos discursivos. O fundamento político do discurso teológico dela é caminhar ao lado dos corpos oprimidos e, a um só tempo, opor-se frontalmente às causas interseccionadas da opressão de nosso tempo. Isto é, às injustiças da economia financeira, economia idólatra, promovidas por estruturas, instituições, pessoas, sistemas, discursos, práticas, saberes.

Mas o fato de a TpldEFC se fazer companheira dos oprimidos requer que o método que a norteia assuma a perspectiva das vítimas da cultura do descarte, assim como faz o método de Gustavo Gutiérrez, ao assumir a perspectiva dos pobres.

Isso quer dizer que o discurso da TpldEFC seja, fundamentalmente, ético, ou melhor, está repleto de rostos e vozes. Ético, porque rostos e vozes das vítimas da cultura do descarte são o termômetro que verifica se o discurso teológico da TpldEFC legitima ou problematiza a opressão. O fundamento ético do discurso da TpldEFC é ter a presença dos rostos e vozes, a liberdade e os direitos do Planeta degradado e das classes excluídas, para que aquela seja teologia da libertação, e não uma teologia da opressão e neocolonial.

Não existe, por isso, teologia acadêmica que se sustente como neutra, quando teólogos e teólogas se deixam interpelar pelo clamor ético-político no *grito da terra e no grito dos pobres* (BOFF, 1995), ou no "[...] clamor da terra e no clamor dos pobres" (LS, 49). Um apelo captado pela ecoteologia da libertação e pelo magistério do Papa

Francisco, que brota do Planeta depredado e espoliado, bem como dos corpos das classes excluídas.

Para fazer ecoar esse clamor, em terras latino-americanas, a TpldEFC se posiciona como teologia de tradição profética, de denúncia e anúncio: de afirmar a esperança contra todo desespero; de luta por liberdade contra práticas escravocratas e colonialistas, a exemplo do racismo, do trabalho escravo, da aporofobia — aversão aos pobres — da humilhação, como expressão autoritária do poder de dominação. Uma liberdade avessa ao ecocídio e ao epistemicídio, ao extermínio do outro levado a cabo por lógicas alterofóbicas — o desprezo pelas diferenças —, como a LGBTQIA+[16]fobia, o patriarcado capitalista-machista-racista-ecocida.

Se é verdade que o fundamento ético-político do método circular de Luis Segundo fornece a noção de que, em contextos de opressão, nenhum método teológico libertador é imparcial, então, o discurso teológico da TpldEFC é, também, ético-político. Considerando a crítica teológica de Francisco à economia e a tarefa metodológica de libertação da teologia, o caráter ético-político nos admite opor a teoria teológica inspirada na EFC à teologia da economia financeira, como teologia de uma *economia idólatra: que exclui, mata e devasta* (FRANCISCO, 2015).

No momento, é impossível desenvolver essa teologia da economia idólatra. Demandaria outro livro. É possível, porém, situá-la no empenho de a TpldEFC cooperar com a tarefa de "[...] libertar a teologia cristã do marco capitalista [...] e do marco [...] sacrificialista" (ASSMANN, 1986, p. 29-36 *apud* MO SUNG, 1994, p. 240) da economia caracterizada pelas ideias neoliberais.

A contribuição se enriquece com a crítica bíblico-teológica, centrada na ideia de *luta dos deuses*, abordada por teólogos da libertação. Ao fazer uso da crítica bíblica à idolatria tecida pela tradição veterotestamentária (Bíblia hebraica), alguns biblistas e teólogos trabalharam com a hipótese teológica da *luta ou guerra dos deuses*. Vejamo-la.

---

[16] Lésbicas, Gays, Bi, Trans, Queer/Questionando, Intersexo, Assexuais/Arromânticas/Agênero, Pan/Poli, Não-binárias e mais.

No período do *enoteísmo* (até século VI a.C.) — termo que designa uma etapa da consciência religiosa do povo de Israel, em que "[...] Iahweh era confessado como o Deus supremo entre muitos deuses" (RICHARD, 1985, p. 17) —, quando os povos lutavam entre si, os próprios deuses também guerreavam entre eles: "Havia uma correspondência entre a luta política dos povos e a luta entre os deuses." (RICHARD, 1985, p. 17).

Quando a Bíblia apresenta a luta do Deus de Israel, Iahweh, contra os deuses estrangeiros, ela confirma a hipótese de "[...] que todos os deuses estão em luta, como projeção dos conflitos de poder político-sociais entre grupos ou povos" (RICHARD, 1985, p. 39). Ou melhor: "Os deuses são um símbolo, altamente operativo, da força política de um povo" (RICHARD, 1985, p. 39).

A violência sanguinária dos deuses corresponde à vontade de poder de uma nação em relação à outra. Isso é narrado no poema babilônico da criação — o *Enuma Elis* —, em que a hegemonia política e econômica da Babilônia resulta na submissão do Deus Assur, dos assírios, ao Deus Marduc, dos babilônicos. Porém, a Assíria, por não aceitar a submissão política, reler o mito e conta a própria versão: Marduc é substituído por Assur (RICHARD, 1985). O modelo de poder de uma nação está ligado à imagem de si, atrelada à visão que ela tem do Divino.

A teoria da guerra dos Deuses, na Bíblia, pressupõe uma teologia política. Se Israel lutasse contra a submissão e escravidão impostas pelos povos invasores (política), Iahweh também lutava pela liberdade de Israel contra a dominação violenta dos Deuses daqueles povos (teologia). A luta teológica dos Deuses era a luta política dos povos, a guerra política dos povos era a guerra teológica dos Deuses (RICHARD, 1985).

A submissão de Israel a outros povos implicava o reconhecimento da superioridade de Deuses estrangeiros e a hegemonia de outros povos (RICHARD, 1985); e, o mais dramático de tudo, que Iahweh havia perdido a guerra ou abandonado o povo, como pensaram os israelitas exilados na Babilônia, em crise de fé.

Essa hipótese da luta dos Deuses é importante para a TpldEFC, pois aponta, na Bíblia, para uma *teologia política* de contestação, em que aparece um Deus libertador e justo que se opõe à vontade opressora e injusta de dominação de outros povos; e, também, à violência de base religiosa sobre Israel, a partir da fé desses povos em seus Deuses, Marduc, da Babilônia, e Assur, da Assíria.

Se na fé javista Iahweh defendera os israelitas dos opressores, é porque o Deus bíblico faz opção pelas vítimas na história e se opõe ao culto, centrado em teologias imperialistas, triunfalistas, expansionistas, dominadoras, coloniais. Os relatos da fé dos nossos antepassados da tradição bíblica testemunham que o Deus de Jesus de Nazaré se identifica com os oprimidos, e nunca com os opressores.

Tendo como referência essa hipótese confirmada e a Teologia política que lhe subjaz, a escolha da expressão *Teologia política latino-americana da EFC* legitima-se pelo fato de que ela não é uma teologia neutra; abraça um lado e revela um conflito de interesses.

Qualquer discurso que se arvora neutro já é uma opção política de não querer fazer intervenções epistêmicas, para cessar um ciclo de injustiças e opressão na sociedade; já assume o lado de indivíduos e estruturas opressoras e injustas, por meio do recurso à neutralidade não solidária: ajuda a perpetuar as injustiças e a opressão na Terra por omissão e negligência.

A TpldEFC faz opção bíblica de fé, escolhe o lado do Deus Libertador, que vai à luta e toma partido dos oprimidos: os empobrecidos pelo capitalismo, pessoas, classes sociais, países e o Planeta saqueado pela economia predatória. É uma teologia como opção de vida que bebe da fonte de fé no Deus do Êxodo, das saídas libertadoras, e em Jesus Cristo — Aquele que liberta oprimidos de sistemas opressores e estruturas injustas. O Deus libertador de lugares que privam o ser humano de liberdade: "É para a liberdade que Cristo nos libertou. Permanecei firmes, portanto, e não vos deixeis prender de novo ao jugo da escravidão" (Gl 5,1).

Esse Deus da fé exodal, promotora de vida livre, confirmada na fé cristocêntrica de que fala Paulo, não é imune ao sofrimento da

Terra e da humanidade: não é um Deus apático e indiferente. Ele se afeta e toma partido dos descartados da história, porque é compassivo (Sl 86,15; Lm 3,22) e misericordioso (Dt 4,31; Lc 6,36; Ef 2,4; 1Pd 1,3).

Norteada pelo princípio misericórdia, a TpldEFC busca contribuir *com* e *para* o ecoar do clamor por ecolibertação: fazer chegar ao coração da humanidade *o gemido dos filhos da Terra e da Casa comum*, assim como subiu até o coração de Deus, o grito e o choro de Agar — a serva egípcia expulsa da casa de Abraão —, ao clamar pela vida do filho Ismael: "Não quero ver morrer a criança!" (Gn 21,16).

Os sofrimentos das vítimas, impostos pelo saqueamento devastador e o empobrecimento do Planeta e de populações e países, capitaneados pelo capitalismo predatório, já são, em si mesmos, um clamor ao Deus da liberdade por libertação da economia, dos corpos das classes empobrecidas e da Terra.

O convite do Papa Francisco às juventudes do mundo para *realmar a economia* é um apelo que suscita uma reflexão à luz da fé, como Teologia política da economia. Aponta para o compromisso da Igreja jovem de repensar a economia, também, com lucidez teológica. É preciso investir em jovens teólogos e teólogas que já estão em formação e, ao mesmo tempo, na formação teológica das juventudes engajadas.

Por ser uma economia da desigualdade, a economia financeira perpetua dispositivos da guerra dos Deuses: *os sacrifícios humanos* e *o saqueamento da terra*. Os efeitos são: os empobrecidos ficam mais indigentes, sem teto, trabalho e terra, sem vida e liberdade — exilados e apátridas na própria pátria; os enriquecidos mais opulentos —, saqueadores e espoliadores às custas do exílio alheio; o Planeta mais desértico e empobrecido, quanto mais explorado e coisificado — cobiçado despojo de guerra, objeto de interesses políticos, econômicos, de neoimperialistas do capitalismo extrativista.

Como economia da sociedade vigiada e da interioridade governada, a economia financeira incrementa outro dispositivo da luta dos Deuses, *a violência simbólica sobre os dominados*. Esta, por sua vez, tem operado como *coisificação e extrativismo das riquezas do Planeta* e *controle dos corpos, das mentes e condutas.*

A TpldEFC há de contar com as contribuições da Ecologia — o estudo sobre as relações dos ecossistemas do nosso Planeta —, da ecoteologia da libertação e das antropologias críticas — concepções descoloniais do ser humano. Isso para libertar a imagem da Terra e dos seres humanos da cultura capitalista do descarte, que os tem como coisa, um objeto que se usa e descarta, uma mercadoria com prazo de validade. O descarte é obsolescência não só de coisas, sobretudo, de corpos, de biomas, de ecossistemas.

Até aqui, vimos que as bases conceituais do método circular de Luis Segundo fornecem dois critérios para pensar a Teologia política latino-americana da EFC: 1) *a característica do discurso teológico*; 2) e *o desafio constante da elaboração teológica.*

Se o ponto de partida do método teológico equivale aos corpos oprimidos de hoje, e o objeto da crítica teológica são as formas de poder da economia, o traço discursivo dessa Teologia política é o fundamento do próprio discurso teológico dela, a saber: o caráter ético-político como hermenêutica à luz da opção de fé por Jesus Cristo Libertador, que motiva a opção política pelos corpos oprimidos.

A TpldEFC é narrativa ética, no sentido de que a própria fé, centrada na Palavra que liberta, é regra de vida do discurso teológico. E é discursividade política, porque o discurso teológico serve à libertação dos oprimidos e para revelar os mecanismos opressivos do sistema que, porventura, algum discurso teológico legitime.

Esse duplo caráter discursivo baseia-se na ideia de Tdl defendida por Luis Segundo como teologia referida à realidade atual e que faz opção pelos pobres. Quer dizer, uma teologia que compreende o presente e o interpreta criticamente à luz da Palavra que liberta e está revelando-se. Por isso, é uma teologia como hermenêutica da libertação, ou que se define pelo que faz.

Se o princípio misericórdia é o espírito do método teológico, o desafio permanente da elaboração teológica da TpldEFC é não se render à imparcialidade diante dos oprimidos e do opressor, ou seja, é uma teologia parcial por opção de fé e por opção política. A teoria teológica inspirada na EFC assume-se como autocrítica teológica continuada que implica a necessidade de não se render à imparcialidade, uma vez que já assumiu a opção da fé contida no ponto de partida do próprio discurso, o qual diz respeito às vítimas do descarte.

Esse critério se ancora na tarefa da Tdl que Luis Segundo entendeu como colocar a teologia a serviço da libertação. Isso significa libertação da teologia de mecanismos que legitimam a opressão, desideologizar a teologia enraizando o método em bases sólidas: a) *a opção pelos pobres*; e b) *a realidade atual interpretada em diálogo com a compreensão das ciências da atualidade e à luz da Palavra atualizada criticamente*.

O traço característico do discurso teológico e o desafio permanente da elaboração teológica são, pois, critérios teóricos fornecidos pelas bases conceituais do *círculo hermenêutico* e legitimam o manuseio crítico-criativo da *mediação hermenêutica* pela TpldEFC. Agora, é possível dar o último passo na compreensão da teoria teológica inspirada na EFC como teologia afiliada à Tdl: entender as bases conceituais do método teológico de Ellacuría, segundo a releitura de Aquino Júnior, para recolher critérios que permitam uma utilização crítico-criativa da *mediação prática* pela nossa teologia política.

3.1.1.3 O método teológico como teologia da práxis ou da realização histórica do Reinado de Deus, à luz dos pobres e oprimidos

Em geral, os dois primeiros métodos dos quais nos servimos — o de Gutiérrez (que valoriza os processos de libertação da história) e o de Luis Segundo (que enfatiza a libertação da teologia) — foram considerados por Ellacuría, segundo Aquino Júnior (2010, p. 41), como "[...] momentos intrínsecos de qualquer Tdl". Isso porque:

> Enquanto *momentos intrínsecos*, influenciam-se e determinam-se mutuamente: o processo histórico de libertação possibilita e promove a libertação da teoria teológica, e esta, uma vez libertada, potencializa e promove o processo de libertação. (AQUINO JÚNIOR, 2010, p. 41, grifos do autor).

Doravante, trataremos, de forma breve, do método teológico de Inácio Ellacuría, relido por Aquino Júnior. O motivo central dessa opção teórica é que a releitura e o comentário desse teólogo brasileiro acrescentam ao entendimento crítico do método e nos permitirão extrair os próximos critérios teóricos para embasar a reflexão da TpldEFC.

Aquino Júnior é, reconhecidamente, um dos teólogos que procura atualizar criticamente a clássica Teologia da libertação, desde o chão em que pisa. Em uma densa obra intitulada de *A teologia como intelecção do Reinado de Deus*, Aquino Júnior se revela um crítico e criativo intérprete da teologia de Inácio Ellacuría. Reapresenta o método de Ellacuría, por meio de uma gama de escritos e conceitos, cuja citação integral não comportaria nas limitadas páginas da primeira edição deste breve ensaio.

Aquino Júnior (2010, p. 209) concebe a Tdl, em Ellacuría, como teologia da "[...] realização histórica do Reinado de Deus". Isso supõe que o primeiro momento do método é "[...] o âmbito de realidade" (AQUINO JÚNIOR, 2010, p. 323), ou seja, como Deus se faz presença na história humana (AQUINO JÚNIOR, 2010).

Por isso, Aquino Júnior (2010, p. 323) afirma que, para Ellacuría,

> [...] o objeto da Tdl não seja propriamente "Deus'" mas a realização histórica do "Reinado de Deus" tanto no que tem de *reinado* (realização histórica) quanto no que tem de *Deus* (transcendência), mas em sua unidade estrutural radical.

A premissa teológica dessa Tdl é que Deus é em si o mesmo Deus se revelando para nós na história. Sendo encarnado, Deus é Deus reinando, salvando, libertando, comprometendo-se, historicamente, com a manutenção da vida na Criação. Isso significa, para Aquino Júnior (2010), que a questão central dessa forma de Tdl é a *salvação da história*, ou quais as mediações adequadas da realização do Reinado de Deus na história.

A teologia da libertação seria, por assim dizer, um caminho para discernir, em cada contexto sócio-histórico, as mediações adequadas e eficazes para que o Reinado divino se realize. As mediações podem ser pessoais, sociais, políticas, econômicas, culturais, acadêmicas, religiosas, eclesiais, pastorais, pelas quais o Reinado de Deus torna-se realidade (AQUINO JÚNIOR, 2010).

Esse primeiro momento do método fornece, para a Teologia política da EFC, uma ferramenta conceitual que a legitima, a noção de *mediações históricas do Reinado de Deus*. Isso se verifica no fragmento de Ellacuría acerca da salvação da história por mediações:

> Hoje, como nunca, é impossível uma salvação histórica à margem de uma recomposição do sistema econômico, entendido como um todo: não se pode intentar a realização da justiça à margem de uma revolução na ordem socioeconômica, nem uma realização plena do homem sem pôr em jogo uma estrutura econômica adequada. (ELLACURÍA, 1977, p. 307 *apud* AQUINO JÚNIOR, 2010, p. 202).

Nesse fragmento, aparece, na negativa, um convite de Ellacuría a sairmos de uma economia injusta para uma economia como mediação histórica do Reinado de Deus. O lúcido apelo do teólogo tem afinidade com a força crítica do chamado do Papa para *realmar a economia*.

A convocação de Francisco está em sintonia com a proposição de Ellacuría. A Economia de Francisco e Clara pode, inclusive, beneficiar-se da fecundidade crítica da teologia prática do Reinado de Deus. O método de Ellacuría torna-se fecundo para a EFC pelo fato de ele ser uma prática teológica que discerne a realização histórica do Reinado de Deus, com olhar crítico para as mediações sócio-históricas.

A partir daí, é pertinente dizer que a Economia de Francisco e Clara pode ser vista à luz da fé da comunidade eclesial que discerne, como uma entre as demais mediações sócio-históricas do Reinado de Deus, em nosso tempo. Essa possibilidade conserva os esforços da Igreja, sobretudo, das novas gerações convocadas para realmar a economia, no bom discernimento individual e comunitário das iniciativas que vão nascendo da EFC e de outras associadas a ela.

Para evitar o desvio de teoria e práxis, já que "A teoria pode ser desviada pelos interesses da práxis, assim como pode estar a serviço de uma práxis desviada" (AQUINO JÚNIOR, 2010, p. 251), no método de Ellacuría, há uma cooperação mútua entre ambas, a dizer: "[...] a práxis oferece à teoria 'riqueza de realidade', e a teoria fornece à práxis 'retidão real'" (AQUINO JÚNIOR, 2010, p. 252).

Esse apoio mútuo supera os dualismos entre teoria e prática, entre inteligência e sensibilidade, que marcam o pensamento ocidental. Não existe teoria desvinculada de uma práxis, pois toda teoria é inspirada por uma práxis real ou fictícia (AQUINO JÚNIOR, 2010).

Desde aí, Ellacuría pôde forjar as categorias de *práxis teologal*, a qual quer dizer a realização histórica do Reinado de Deus, e de *teoria teológica*, que é momento da práxis teologal, com autonomia relativa, visto que, na relação entre teoria e prática, a teoria oferece algo de si para a práxis, e vice-versa (AQUINO JÚNIOR, 2010). Ambas se enriquecem.

Por isso, nesse momento do método de Ellacuría, aparece a primeira base conceitual da Tdl. Trata-se da ideia de "mútua potenciação de teoria e práxis em processo contínuo" (AQUINO JÚNIOR, 2010, p. 252). Isso significa que uma práxis inspira uma teoria, e uma teoria ilumina uma práxis (AQUINO JÚNIOR, 2010).

Vimos que esse primeiro momento do método teológico oferece à nossa teoria teológica outro critério teórico por meio da possibilidade de a própria EFC ser vista como mediação sócio-histórica do Reinado de Deus. Se é uma mediação, é, por definição, uma práxis que não prescinde de uma teoria. Então, *o critério é interpretar a EFC como práxis sócio-histórica que inspira uma teoria teológica*, a qual temos chamado de TpldEFC.

Se a práxis inspira a teoria, e a teoria retifica a práxis, passamos ao segundo momento do método de Ellacuría, que é a *teologia como momento teórico da realização histórica do reinado de Deus*. Por um lado, o reinado de Deus é *"momento do método"* (AQUINO JÚNIOR, 2010, p.

262, grifos do autor), no sentido de que esse reinado é condição para se fazer a teoria teológica do reinado de Deus (AQUINO JÚNIOR, 2010).

Como realidade a ser inteligida, que medeia e determina o processo de intelecção conforme interesses próprios, a práxis do reinado de Deus fundamenta a existência de uma forma de Teologia da libertação, como reflexão da práxis do reinado de Deus. Ademais, o reinado de Deus é o conteúdo dessa teologia, pois define as possibilidades teóricas dela (AQUINO JÚNIOR, 2010).

Por outro, a teologia é *um momento* do método" (AQUINO JÚNIOR, 2010, p. 262, grifos do autor) teológico que aborda a práxis do Reinado de Deus. Há outros momentos da práxis do Reinado de Deus, tais como a liturgia, a piedade popular, mas a teoria teológica é um momento, por excelência (AQUINO JÚNIOR, 2010).

Como *um momento*, a teologia goza de autonomia relativa e especificidades, o caráter sócio-histórico. Isso quer dizer que a teoria teológica é social e histórica, por dois motivos.

Primeiro, o próprio objeto da teologia é histórico e social (a realização histórica do Reinado de Deus), como "[...] configuração real/histórica da vida segundo os desígnios de Deus revelados na práxis de Jesus de Nazaré" (AQUINO JÚNIOR, 2010, p. 259). Segundo, os interesses sociais da comunidade eclesial e as possibilidades intelectivas (os recursos teóricos) de cada época determinam a teoria teológica. Esse momento metodológico coloca a teologia da libertação em diálogo com dinâmicas práxicas na história, sejam eclesiais, sejam não eclesiais (AQUINO JÚNIOR, 2010).

Já sabemos que a teologia de Ellacuría é momento teórico da realização histórica do Reinado de Deus, seja reinado como conteúdo da reflexão dessa teologia do reinado, por sua vez, considerada um momento do método teológico que reflete o reinado de Deus. Logo, a condição para existir essa teoria teológica é o conteúdo que ela reflete (o Reinado de Deus), cujas características, interpretadas pela comunidade eclesial com os recursos teóricos disponíveis, determinam traços epistemológicos da teoria teológica.

Uma vez que a EFC é mediação sócio-histórica/socioeclesial do Reinado de Deus, que inspira uma teoria teológica, ela fornece a principal condição de possibilidade para se fazer TpldEFC: *o Reinado de Deus mediado por uma forma sócio-histórica de realmar a economia, a EFC*. Como práxis sócio-histórica, tanto no que tem de Reinado de Deus quanto no que tem de práxis socioeclesial, socioeconômica, sociopolítica e socioambiental, marcada por interesses, a EFC tem a oferecer elementos para TpldEFC.

O Reinado de Deus mediado pela EFC é, metodologicamente, o conteúdo por excelência da TpldEFC. E, como tal, é critério decisivo de discernimento teológico, pastoral, eclesial, espiritual, social, político, econômico, ecológico da Economia de Francisco e Clara.

Até aqui, os dois momentos do método de Ellacuría — o reinado de Deus como âmbito de realidade e a teologia como momento teórico desse reinado — forneceram elementos teóricos que legitimam a TpldEFC. Mas o percurso metodológico estaria incompleto se esquecêssemos do terceiro momento do método de Ellacuría: "[...] o mundo dos pobres e oprimidos como lugar teologal e teológico" (AQUINO JÚNIOR, 2010, p. 281).

O mundo dos pobres e oprimidos é complexo e irredutível, mas pode ser caracterizado, em Ellacuría, como: a) *realidade socioeconômica*, pois há classes sociais que sofrem a pobreza material; b) *realidade dialética*, visto que os pobres existem porque há ricos, e os ricos existem porque há pobres; c) *realidade política*, já que os pobres possuem força para se organizarem na luta por justiça e libertação; e d) *realidade teologal*, uma vez que o fato de ser pobre indica ausência de fraternidade entre filhos e filhas de Deus, negação radical de Deus e afirmação d'Ele, como Deus que só pode ser salvador se salvar o pobre (AQUINO JÚNIOR, 2010).

Outros autores pensam as categorias de *pobres e pobreza*. Jorge Pixley e Clodovis Boff (1986, p. 248), em *Opção pelos pobres*, esclarecem-nos que, desde as conferências episcopais de Medellín e Puebla, a Igreja e a teologia pós-conciliar da libertação defendem que a opção pelos pobres é, hoje, "uma forma do amor cristão". Quem tem as consciências de classe, consciência histórica e ecológica, sabe que os oprimidos de ontem e de hoje são os corpos das classes excluídas e da Terra.

Para Pixley e Boff (1986, p. 24), o sentido de pobreza, hoje, não se reduz à semântica de pobreza do passado, que seria de "[...] atraso como ausência de desenvolvimento material". A pobreza que sofremos hoje, sobretudo, "[...] é endógena: ela é interna ao sistema e produto natural do mesmo. Por isso pobreza hoje significa socialmente opressão e dependência, e eticamente injustiça e pecado social" (PIXLEY; BOFF, 1986, p. 24).

Essas noções de pobreza coadunam com a concepção de "pobre como classe" (PIXLEY; BOFF, 1986, p. 27). Se o pobre é uma classe social, a pobreza, em última instância, é uma forma de opressão caracterizada por relações de poder. Isso inclui outras opressões, como o racismo e o machismo, sofridas por mulheres, indígenas, negros(as) (PIXLEY; BOFF, 1986), aporofobia (aversão ou ódio aos pobres), LGBTQIAPN+fobia.

Os pobres são, primeiro, um *fenômeno coletivo*, isto é, "[...] são classes [...] e povos inteiros" (PIXLEY; BOFF, 1986, p. 19). Segundo, os pobres "constituem um fenômeno social produzido, e não um fato natural. Eles são reduzidos à pobreza (em-pobre-cidos) ou nela mantidos pelas forças de um sistema de dominação. Os pobres apareceram assim como classes dominadas" (PIXLEY; BOFF, 1986, p. 21). Terceiro, os pobres são classes oprimidas que lutam pela libertação, quando buscam um projeto social de mudança das estruturas que lhes oprimem (PIXLEY; BOFF, 1986).

Em *Ser cristão*, Hans Küng (1976, p. 229, grifo do autor) informa que a categoria de pobre, nos Evangelhos sinóticos, possui dois sentidos: o "[...] religioso, de Mateus, [...] e o *sociológico*, de Lucas", provavelmente, o sentido dado por Jesus.

Em sentido religioso, há os pobres em espírito, que "[...] são os idênticos aos humildes (mansos) da terceira bem-aventurança, os quais, como mendigos diante de Deus, têm consciência da sua pobreza espiritual" (KÜNG, 1976, p. 229). Em sentido sociológico, os pobres são "[...] pessoas realmente pobres. [...] trata-se dos *realmente* pobres, tristes, famintos, injustiçados, marginalizados, postergados, repelidos" (KÜNG, 1976, p. 229, grifo do autor).

São Francisco, Santa Clara e o Papa Francisco lançam um novo olhar para os pobres e a pobreza. Para o santo de Assis, os pobres são nossos irmãos e nossas irmãs, cuja pobreza nos lembra da nossa condição finita de criaturas. Já a santa italiana vê os pobres como portadores de uma pobreza na qual está a pedagogia de Jesus, para se aproximar dos oprimidos: a proximidade cheia de ternura.

O Papa olha para os pobres como agentes de transformação, tanto que ele pede para que busquemos uma nova economia com os pobres, e não só para os pobres. O Pontífice concebe, na *Laudato Si'*, a pobreza como modo de vida mais sóbrio, oposto ao estilo consumista.

Voltemos ao método de Ellacuría. Como lugar teologal, o mundo dos pobres e oprimidos tem duplo sentido: "lugar da revelação salvífica do Deus bíblico [...] e da fé e do seguimento" (AQUINO JÚNIOR, 2010, p. 296). Conforme Aquino Júnior (2010), a ação que funda a revelação de Deus é a libertação de Israel. Deus se revela como salvador do povo, dos oprimidos e pobres e, através deles, nos chama à conversão. O mundo dos pobres e oprimidos é lugar social prioritário, em que se pode viver a fé cristã e o seguimento, pois Jesus, como homem pobre, tinha o reinado de Deus como o centro da própria vida.

O lugar teológico é o lugar social de onde se faz teologia, que, por sua vez, para Aquino Júnior (2010, p. 288), se caracteriza por ser: a) "[...] lugar pelo qual se optou"; b) "[...] lugar a partir do qual se podem [fazer] e para o qual se fazem as interpretações teóricas e os projetos práxicos"; e c) "[...] lugar que configura a práxis que se leva e ao qual se dobra ou se subordina a própria práxis".

O mundo dos pobres e oprimidos é um lugar teológico no sentido de ser "[...] o 'lugar social' no qual o Deus bíblico se revelou e continua se revelando; consequentemente, o 'lugar social' mais adequado da fé (práxis teologal) e de sua intelecção (teoria teológica)" (AQUINO JÚNIOR, 2010, p. 287).

O universo dos pobres é lugar teológico, enquanto lugar social mais adequado para se fazer teologia cristã, pelas razões seguintes: 1) é o lugar onde está o objeto da teologia, que é o reinado de Deus realizando-se como reino dos pobres e oprimidos; 2) é o lugar de destino privilegiado da ação salvífica ao qual a teologia está a serviço; 3) e é o lugar de verificação histórica da teologia e onde ela se liberta de ideologias opressoras (AQUINO JÚNIOR, 2010).

Assim, o mundo dos pobres e oprimidos é lugar teologal, por ser lugar privilegiado da realização histórica do Reinado de Deus, e teológico, por ser o lugar de entendimento desse mesmo reinado; é "matéria-prima da teologia", "ambiente" no qual vivem teólogos e teólogas e "meio" para se fazer teologia (AQUINO JÚNIOR, 2010, p. 324).

Já evidenciamos, pelo método de Gustavo Gutiérrez, que a perspectiva das vítimas da cultura capitalista — o Planeta degradado e as classes excluídas — é o ponto de partida ético da TpldEFC. E, pelo método de Luis Segundo, demonstramos que o discurso teológico da nossa teoria teológica tem fundamentação ética, por ter como perspectiva o rosto de carne e a liberdade das vítimas da cultura do descarte; e política, por defender o lado dos corpos vitimados e se opor aos algozes, à luz da opção de fé por Jesus Cristo.

Com os dois momentos do método de Ellacuría, dissemos que a TpldEFC é uma teoria teológica inspirada por uma *práxis*, a EFC, como mediação sócio-histórica do reinado de Deus, de caráter socioeclesial, socioeconômico, sociopolítico e socioambiental. Resta-nos explicitar o *lugar teologal* e o *lugar teológico* da TpldEFC.

Se é verdade que a ação fundadora da autorrevelação bíblica de Deus no passado consiste na libertação do povo de Israel, o que Lhe possibilita o título de Salvador e Libertador dos oprimidos e pobres, então, todo ser terrestre, empobrecido e opresso pela *economia idólatra, que mata e devasta*, precisa ser reconhecido como pobre e oprimido. O extrativismo do capitalismo predatório vem empobrecendo e descartando, agressivamente, não só pessoas, países, grupos sociais, instituições, discursos, ou seja, não só os filhos da nossa irmã e mãe Terra, como, sobretudo, a nossa Casa comum.

Posto isso, o *lugar teologal fundamental* da teoria teológica da EFC são os corpos oprimidos e crucificados, lugar de onde ecoa clamores por libertação: *as vítimas terrestres do empobrecimento ecológico e humano e da cultura do descarte.* O nosso Planeta é uma categoria teológica ou ecoteológica da TpldEFC, já que ele engrossa o coro dos corpos oprimidos e empobrecidos que gritam por ecolibertação. A Terra é, também, um corpo oprimido e empobrecido, cujo clamor interpela a todos, de modo especial, a quem ama a Criação.

O grito por ecolibertação da Terra confere à realização histórica do Reinado de Deus, hoje, dimensões sócio-históricas da *salvação da história*: socioambiental, socioeconômica, sociopolítica, socioeclesial. Deus se diz como salvador e libertador do nosso Planeta, por mediações. O Senhor da Criação é visto como Deus Criador. O Deus Criador é o Senhor de toda a Criação, ao reinar como Aquele que ama e liberta a Criação inteira.

Se também é verdadeiro que o mundo dos pobres e oprimidos constitui um lugar teológico, como lugar social, no qual estão, a saber: 1) o objeto da teologia (o reinado de Deus se realizando como reino dos pobres e oprimidos), 2) o destino privilegiado da ação salvífica de Deus ao qual serve a teologia 3) e a verificação histórica da teologia e onde ela se liberta de ideologias opressoras; *consequentemente*, o lugar teológico é o lugar social privilegiado para entendermos a realização histórica do Reinado de Deus.

Até então, demarcamos as bases conceituais do método de Ellacuría relido por Aquino Júnior como teologia da práxis histórica ou do Reinado de Deus na história. Dessas bases, é possível extrair quatro critérios que possibilitam à teoria teológica da EFC servir-se da *mediação prática*, de modo crítico-criativo: *1) o lugar de onde se faz teologia política; 2) o objeto da teoria teológica;*

3) os destinatários do discurso teológico; 4) e a legitimação histórica da EFC e da teologia que ela insufla.

Isso posto, o lugar de onde se faz Teologia política é a realidade dos corpos vítimas da cultura do descarte regido pela economia idólatra, que exclui, mata e devasta. A base conceitual é a noção, em Ellacuría, de mundo dos pobres e oprimidos, como *lugar teológico fundamental* ou *lugar social* para se fazer teologia como saber prático.

Se parte da realidade das vítimas da cultura do descarte, é porque o objeto da nossa teoria teológica é o Reinado de Deus acontecendo por mediações socioambientais, socioeconômicas, sociopolíticas, socioeclesiais. A base conceitual está na ideia de que a Tdl se ocupa não de Deus em si como na teologia clássica, mas do Reinado de Deus, como ação de Deus que salva a história por mediações. Deus é Deus reinando e salvando.

Uma vez que o Reinado de Deus se realiza como salvação mediada na história, os destinatários do discurso da TpldEFC são os corpos oprimidos de hoje como predileção da ação salvífica de Deus Criador, Libertador, Senhor e Amante da Criação inteira. O pilar conceitual remonta à noção de Ellacuría que consiste em a Tdl servir aos pobres e oprimidos, por serem os destinatários preferenciais do agir salvífico de Deus na história. Os destinatários prediletos da salvação de Deus são o lugar, por excelência, para Ele continuar revelando a própria face nos corpos crucificados da história.

Já que os oprimidos de hoje são os destinatários da ação salvífica de Deus e, assim, do discurso teológico, então, eles são os principais juízes e legitimadores da ação histórica tanto da EFC quanto da Teologia política que ela inspira. E, como tais, constituem o lugar, a partir do qual essa teoria teológica pode problematizar discursos e práticas que coloquem qualquer teologia cristã a serviço de opressores e de si mesma. O alicerce conceitual reside na ideia de Ellacuría, de que o critério de verificação da ação histórica da Tdl são os destinatários do Reinado de Deus: os corpos empobrecidos e oprimidos.

Após recolher os elementos teóricos dos métodos da Tdl, cabe dizer que uma teoria teológica latino-americana inspirada na EFC, sob o risco de se perder, jamais deve esquecer os alicerces da teologia do nosso Continente latino-americano. A Tdl é uma tradição de crítica teológica às formas de opressão na América Latina e Caribe, na medida em que faz opção de fé por Jesus Cristo Libertador, pelos pobres e pela Terra.

Levando a sério as bases conceituais dos métodos da Tdl, dar-se-á mais um passo rumo à possibilidade de se pensar uma teoria teológica inspirada na EFC, a saber: fazer um uso crítico-criativo do conceito de *teologia política*.

Isso para que a TpldEFC não seja uma mera apropriação das bases epistemológicas da Tdl, mas uma filha, que sob os cuidados da majestosa mãe, pode engatinhar e dar os próprios passos; afinal, não é a mãe que herda a genética da filha, mas a filha que herda a genética da mãe. A TpldEFC é saber prático em processo de gestação, está se produzindo, e em geração, está sob cuidados.

3.1.2 Uso crítico-criativo do conceito teologia política no método teológico da Tdl

Esse conceito tem uma história política negativa contada pelos críticos a regimes políticos teocráticos, como é o caso de Baruch de Espinosa (1632-1677), no *Tratado Teológico-Político*. Espinosa (2004) fez uma crítica às religiões bíblicas. Revelou que o fundamento teológico-político de uma religião que se considera única e verdadeira, a partir de um texto sagrado, é a forma teocrática de poder. Isso privava, na época, a República do ideal de liberdade, porque o poder teocrático estava cimentado na obediência submissa como conduta dos fiéis e na dominação política da instituição religiosa.

Mais próximo de nós, na entrevista de 2014 ao IHU, o filósofo argentino, Walter Mignolo (2014, s/p), criticou o papel colonial das universidades nas Américas, quando disse que a Espanha adotou para si uma "[...] missão teopolítica: o controle dos corpos mediante o controle das almas, ou seja, das subjetividades".

Já Leo Strauss (2016, p. 31) entende Teologia política como "ensinamentos políticos baseados na revelação divina". Contrariamente ao que se pensa, toda Teologia política é pensamento político. Mas nem todo pensamento político, como reflexão de ideias políticas, nem toda teoria política, como reflexões sobre uma situação política que levam a ações afirmativas, são Teologia política (STRAUSS, 2016).

Suponhamos, com Strauss, que *teologia* indica o modo de tratar a política, enquanto *política* indica tanto o assunto quanto a função da teologia. Então, o tema da Teologia política são os objetivos do agir político, da vida em comunidade, de sorte que essa Teologia política é um ramo da teologia que está próxima das coisas humanas. Logo, o papel da Teologia política é idêntico ao objetivo da ação política, que é o bem comum. A função da Teologia política é refletir à luz da fé sobre a vida em sociedade pela mediação da política.

Contudo, *teologia política* é uma expressão que demanda uma discussão um pouco mais crítica e detida, tendo em vista o estatuto epistemológico a ser enfrentado, aqui, como um duplo conceito que pode ser visto em duas perspectivas teóricas. Uma que entende "[...] o conceito como entidade abstrata, universal formal" (GARCIA-ROZA, 1991, p. 20). Outra que concebe "[...] o conceito como singularidade, como respondendo a verdadeiros problemas" (GARCIA-ROZA, 1991, p. 20).

A primeira abordagem já é lugar comum do pensamento colonial que parte do conceito como prisão da realidade em uma imagem abstrata, na medida em que universaliza um ponto de vista como a vista de todos os pontos da realidade. Para críticos(as) desse registro, o termo *teologia política* cheira à colonialidade do saber. E quem faz teologia corre um sério risco de hipostasiar uma abstração particular, ou seja, tomá-la como operador ou artifício que cria realidade universal. Serve-nos o alerta de que a abstração da visão particular, na colonialidade, pretende abarcar tudo sobre a realidade na verdade única de um olhar local, sem considerar as verdades locais de outros olhares.

A segunda visão se baseia na ideia de *conceito* como particularidade proposta por Deleuze e Guattari (1992, p. 25): "Todo conceito remete a um problema, a problemas sem os quais não teria sentido, e que só podem ser isolados ou compreendidos na medida de sua solução: estamos aqui diante de um problema concernente à pluralidade dos sujeitos". Os conceitos são utensílios criados para enfrentar problemas, sem os quais não existem aqueles. Então, a pergunta não é se o conceito *teologia política* é de bom ou mal gosto epistemológico, mas a qual(ais) problema(s) busca responder em contextos diferentes.

No *Dicionário de filosofia moral e política*, Alexandre de Sá (2018) mostra que a origem etimológica do conceito *teologia política* remonta à distinção estoica do filósofo Terentius Varro (126-27 a.C.).

Varro propôs três conceitos para dividir os papeis sociais na sociedade romana: *theologia fabularis* (teologia mítica), que competia aos poetas; *theologia naturalis* (teologia natural) de responsabilidade dos filósofos; e *theologia civilis* (teologia política) entregue aos líderes de uma cidade (magistrados, príncipes). Esse termo significava *religião política*, entendida como observância das práticas litúrgicas (ritos, preceitos) pelos membros de uma comunidade política (SÁ, 2018).

Esse conceito nasceu em âmbito não cristão e continuou pensado majoritariamente pela filosofia ocidental. Para Sá (2018), Carl Schmitt, em *Teologia política*, é que associa o surgimento do conceito *teologia política* à secularização, entendida como transposição de conceitos teológicos para a esfera política. E conclui que o Estado moderno nasceu da apropriação de conceitos teológicos pelo Direito, transpostos para a esfera política. Isso explicaria o fundamento da modernidade como sendo uma teologia política. Schmitt enfrentou o problema da origem da modernidade, ao pensar a origem do conceito *teologia política* associado à secularização dos conceitos teológicos[17] (SÁ, 2018).

O conceito *teologia política* só começou a ser abordado pela teologia na segunda metade do século XX[18], na década de 60, depois do Vaticano II, quando Johan Baptist Metz, no Congresso Internacional de Teologia de Toronto, proferiu a conferência intitulada de *Teologia do mundo*. Nesse texto, Metz fez uso do termo *nova teologia política*, que, inclusive, é considerada, por alguns, como preparação para a emergência da nossa Tdl. Pode-se dizer que é o primeiro uso crítico-criativo do conceito *teologia política* na moderna teologia cristã do Ocidente.

Para Metz (1971), o Iluminismo expressa a maturidade da emancipação e autonomia da política, pois, a partir dele, a política se torna história da aspiração humana por liberdade. Conforme Sá (2018), a nova teologia política se apropriou do projeto iluminista, o qual consistia em diferenciar Estado de sociedade, para não haver dissolução da dimensão política da sociedade por uma visão de Estado nem dissolução do Estado por uma politização da vida social. E, portanto, a origem da *nova teologia política* é o projeto de esclarecimento que a levava a partir do domínio de Deus para fazer uma crítica social a toda dominação política. Isso conferiu a essa teologia três funções.

---

[17] Ernst Kantorowicz, na década de 1950, começa a pesquisa sobre teologia política medieval e contrapõe-se à tese de Schmitt. Para Kantorowicz, a teologia política nasce da dessecularização de conceitos políticos, compreendida como transposição de conceitos políticos do paganismo para a esfera religiosa (cristã), mas que depois foram ressecularizados. Não nasce, portanto, da secularização de conceitos teológicos, entendida como tradução mundana de conceitos originariamente religiosos para a esfera política (SÁ, 2018).

[18] Na teologia europeia, existem algumas obras que marcaram a discussão sobre teologia política: *Teologia da Esperança* (1964), de Jügen Moltmann, *A cidade secular* (1965), de Harvey Cox, e *Teologia política* (1967), de Johann Baptist Metz. Na América Latina, a Teologia da libertação nascente produziu obras, também, como reação à discussão levantada sobre a relação entre fé, política e sociedade pela teologia europeia, enfatizando a fé que leva à práxis: *Da esperança* (1969), de Ruben Alves, *Teologia da libertação* (1971), de Gustavo Gutiérrez, e *Teologia desde a práxis da libertação* (1973), de Hugo Assmann.

A primeira corresponde a pensar as religiões políticas (SÁ, 2018), legitimadas por determinadas teologias. Aqui, Metz se contrapõe à teologia burguesa, que é "[...] uma espécie de teologia de legitimação de nossa sociedade burguesa" (METZ, 1984, p. 95). Metz (1984, p. 95) afirma que essa teologia burguesa, além de:

> [...] moralizar as contradições sociais ['a cupidez dos ricos' 'a inveja dos pobres'], esta teologia considera a situação social como 'natural" e consequentemente 'imutável'. Assim ela esconde aos nossos olhos os sacrifícios que o nosso bem-estar impõe aos outros.

A segunda equivale a enfrentar a privatização da fé (SÁ, 2018). Se o Iluminismo é o marco crítico da liberdade, a nova teologia política, sendo pós-crítica, visa à desprivatização da fé, reduzida à opção pessoal e esvaziada de opção social (METZ, 1984). A abstração e o intimismo levam à privatização da fé. Aqui, Metz (1984) critica as teologias transcendentalistas, existencialistas e personalistas.

A terceira diz respeito a promover a libertação das estruturas (SÁ, 2018). Metz (1971, p. 268) designa a teologia política de *nova teologia*, por se opor à tendência da "[...] teologia diretamente politizante [ou] [...] neopolitização da fé ou de uma neoclericalização da política". Ao redefinir a política como *história da liberdade*, Metz (1971) desafia o Cristianismo e a Igreja a serem instituições críticas da sociedade individualista e compreende a missão cristã como serviço à liberdade humana. Nesse caso, a Igreja, como instituição da liberdade, deve ser crítica e libertadora.

Com a *nova teologia política*, a teologia voltaria a própria face para o mundo social, para a vida em comunidade. E, assim, essa teologia nasce como uma crítica em resposta a um problema geral: repensar teologicamente a relação entre religião e sociedade, entre fé e política.

A *nova teologia política* repercutiu em Jürgen Moltmann (2014), teólogo luterano, que esboçou uma *teologia política da cruz*[19], a qual visa à libertação política da humanidade; libertação como reconciliação entre pobres – humilhados, escravizados e oprimidos – e ricos – senhores e opressores –, já que a opressão desumaniza a ambos. Com Moltmann, há um memorável uso crítico-criativo de *teologia política* no Ocidente.

Servindo-se do que chamou de *hermenêutica política*[20] – ou melhor, a "[...] interpretação da teologia da Cruz no discipulado político" (MOLTMANN, 2014, p. 391) –, Moltmann (2014, p. 391) sustenta que "[...] a fé ganha substância em suas encarnações políticas e vence a sua abstração não cristã, que a mantém longe da situação presente do Deus crucificado. A teologia cristã deve ser politicamente clara, mostrando se está disseminando fé ou superstição".

Para Moltmann (2014), a teologia cristã é política, porque assume uma das opções políticas da fé: a libertação política da humanidade: "Ainda que o Deus crucificado seja um Deus sem Estado, não é um Deus sem política: Ele é um Deus do pobre, do oprimido e do humilhado" (MOLTMANN, 2014, p. 406). Moltmann (2014, p. 406) parte da noção de que o Cristianismo não nasceu como "religião nacional, embora se tornara, desde Constantino, religião política, de governantes".

A teologia da cruz revela uma teologia política da impassibilidade de Deus, crucificado, diante da opressão (MOLTMANN, 2014). O reinado do Cristo crucificado por motivos políticos continua na "[...] libertação de formas de domínio que tornam o homem [ser humano] servil e apático e pelas religiões políticas que lhe dão estabilidade" (MOLTMANN, 2014, p. 406).

---

[19] Maria Clara Bingemer (2009b) diz que a teologia da cruz influenciou a Tdl de Jon Sobrino e Ellacuría.

[20] Moltmann (2014, p. 390) resume a tarefa central dessa hermenêutica política: "A hermenêutica política reflete a nova situação de Deus na situação desumana dos homens, a fim de romper com as relações hierárquicas que as privam da autodeterminação e de ajudar a desenvolver sua humanidade".

Tendo presente os modelos de *não opressão* e *correspondência*[21] da situação política da fé cristã, Moltmann (2014, p. 404) declara que a teologia cristã precisa ser "crítica às religiões políticas" que teologizaram o Estado e foram politizadas pelas razões do Estado, a exemplo das religiões romana e cristã (MOLTMANN, 2014):

> A teologia política da cruz deve libertar o Estado do serviço político dos ídolos e deve libertar o homem da alienação política e da perda de direitos. A idolatria política e a alienação política surgem quando os representantes dominam sobre aqueles que deveriam representar e quando o povo se curva aos seus próprios governantes. A alienação entre o governo e o povo é mostrada, então, em uma apatia abrangente do povo àqueles "lá de cima". (MOLTMANN, 2014, p. 404).

A Teologia política da cruz rompe com a ideia de que "[...] o domínio político é algo dado por Deus" (MOLTMANN, 2014, p. 405) e estabelece que esse domínio é "[...] tarefa, cujo cumprimento deve ser constantemente justificado" (MOLTMANN, 2014, p. 405). A tarefa de "[...] uma teologia política crítica deve tomar esse rumo da dessacralização, da revitalização e de democratização" (MOLTMANN, 2014, p. 405).

Com isso, Moltmann acredita que: "A liberdade da fé é vivida na liberdade política. A liberdade da fé, portanto, persuade o homem a realizar ações de libertação, pois os tornam dolorosamente cientes

---

[21] "O *modelo da não opressão* diz que a igreja e a fé devem ser libertas da política, para que, ao mesmo tempo, a política seja liberta da religião. Esse modelo é geralmente compreendido como um programa para a separação da igreja e do Estado, da fé e da política. Fundamentalmente, no entanto, seu interesse é o de simplesmente distinguir mais claramente entre o que é sempre confundido na religião política e na política religiosa. Essa distinção é dirigida contra a ideia teológica de um Estado eclesiástico e contra a ideia política de uma igreja estatal, contra a política teológica e a teologia política, no sentido antigo do termo. O *modelo de correspondência* pressupõe a distinção crítica entre a fé e a política [...], mas, busca construir uma ponte que liga a esfera da fé livre e da igreja liberta à esfera da política, por meio de correspondências, reflexões e imagens. A libertação daquele que crê da prisão do pecado, da lei e da morte, é trazida por Deus, não pela política, mas essa libertação exige algo que corresponda a ela na vida política, de modo que libertações da prisão do capitalismo, do racismo e da tecnocracia, devem ser compreendidas como parábolas da liberdade da fé" (MOLTMANN, 2014, p. 391-394, grifos do autor).

do sofrimento em situações de exploração, opressão, alienação e escravidão" (MOLTMANN, 2014, p. 390).

Conforme Sá (2018), Erik Peterson, no texto *O monoteísmo como Problema Político*, rejeita a *teologia política*[22] na esfera cristã, pois, para ele, é um conceito que nasce associado à monarquia divina. Cai numa analogia entre Deus como Senhor do Mundo e o Imperador como Senhor do Império. O que levaria alguns cristãos afeiçoados ao arianismo, como o bispo Eusébio de Cesareia, a postularem que o monoteísmo cristão superaria o politeísmo romano. E, com isso, estabeleceria um império unificado sob a tutela de um único Deus (SÁ, 2018).

Contudo, o Concílio de Niceia defendeu que a unidade divina, a Trindade, na teologia cristã, não corresponde à esfera criatural, o que interdita a fundamentação de uma política mundana em Deus-Trindade. E, assim, rompe-se com a teologia política que tente instrumentalizar a Revelação para justificar uma situação política. Peterson, com a rejeição à teologia política[23], concebida por Schmitt, estava enfrentando o problema das novas ideias arianas no movimento de cristãos da Alemanha (SÁ, 2018).

A tese de rejeitar a *teologia política* repercutiu, inclusive, em alguns teólogos da Tdl. Em *Teologia e prática: teologia do político e suas mediações*, Clodovis Boff (1982) defende que, a rigor, não é possível uma *teologia política*, mas uma *teologia do político*. Boff justifica que uma teologia política apelaria às ciências do social para construir o objeto teórico, que, posteriormente, seria analisado pelo prisma teológico. Já a *teologia do político* seria mais precisa, pois compete à

---

[22] Schmitt publicou um livro em 1970, intitulado *Teologia política II: a lenda da eliminação de qualquer teologia política*, reagindo à crítica de Peterson e Blumemberg sobre a compreensão da modernidade a partir da secularização, como transposição jurídica de conceitos teológicos para a esfera política (SÁ, 2018).

[23] Jürgen Moltmann, em *Kirche im Prozess der Aufklärung* ou *Igreja em processo de Esclarecimento*, admite que a contribuição da crítica de Peterson é possibilitar a transposição da crítica à religião política para dentro da teologia. Mas o limite é não ter orientado a crítica da Trindade à hierarquia interna do episcopado monárquico da Igreja. Por outro lado, essa crítica de Peterson encontra eco na obra de Hans Maier, *Kritik der Politischen Theologie* ou *Crítica da Teologia política*, quando defende a separação entre Igreja e sociedade, o espiritual e o mundano, em nome da autonomia dos termos (SÁ, 2018).

teologia ser uma reflexão à luz da fé sobre o político, que seria um objeto já construído pelas outras ciências[24].

Leonardo Boff (2014b, p. 93), em *Teologia do cativeiro e da libertação*, avalia que, na Europa e nos Estados Unidos, apareceram teologias comprometidas com a concepção de fé como práxis libertadora que visa a modificar a sociedade: "teologia da esperança, da revolução e da política." Contudo, na América Latina:

> [...] essas teologias foram criticadas por sua ausência de densidade analítica concreta, por suas generalizações sobre os desvios de nossa sociedade ocidental, por se acharem mais interessadas na teologia da revolução que na revolução mesma, mais na teologia da política que na própria política. (BOFF, 2014b, p. 93).

Em *Evangelho beligerante: introdução crítica às teologias políticas*, Alberto Fierro (1982) defende que as teologias políticas surgem como *teologias críticas* ao reducionismo de outras teologias – a personalista, a existencialista – da fé à relação do indivíduo com Deus; são críticas, pois apostam numa hermenêutica crítica da Bíblia que enxerga a fé como sendo comunitária, como relação das pessoas entre si (FIERRO, 1982).

---

[24] Na obra intitulada de *A dimensão socioestrutural do Reinado de Deus*, Aquino Júnior (2011) avista que a política é dimensão da fé: a fé não se restringe à política, nem a política se reduz à fé, pois se conserva o caráter autônomo e relativo dos termos. Em outra obra, *A teologia como intelecção do reinado de Deus: o método da teologia da libertação segundo Ignacio Ellacuría*, Aquino Júnior (2010) relê a primeira fase da teologia de Clodovis, e diz que a política não aparece como aspecto propriamente espiritual, teológico, e sim como um objeto sobre o qual a teologia reflete. O que Boff faz, na tese dele, é uma abordagem teológica da política, no sentido da teologia clássica: a teologia concerne a temas religiosos e, a partir deles, ela reflete sobre temas profanos. A tese de doutorado parte do pressuposto da teologia clássica, de uma divisão em teologia: T1=os temas religiosos; T2=os temas profanos. Em nossa interpretação, Clodovis tem razão, ao colocar um limite teórico à teologia – quase ao modo de Kant –, delimitando o objeto e o método teológico. O ponto forte dessa abordagem é defender a autonomia dos saberes, distinguir os termos – teologia, política, economia. É um viés teológico que coloca teólogos e teólogas atentos ao como (método teológico) e ao que se conhece (objeto da teologia). O ponto problemático dessa vertente epistemológica é o pressuposto da divisão entre temáticas religiosas e profanas. Resulta numa concepção de teologia restrita à reflexão acerca do político como construto científico e, por isso mesmo, não vê a política como aspecto inerente à fé, e sim como uma área exterior, que é posse das ciências sociais, sobre a qual se pode teorizar à luz da Revelação. Corre-se o risco de a teologia estabelecer uma cisão prática entre fé e política, entre fé e economia.

ECONOMIA FINANCEIRA E CRÍTICA TEOLÓGICA:
ENSAIO DE TEOLOGIA POLÍTICA LATINO-AMERICANA DA ECONOMIA DE FRANCISCO E CLARA

Todas as tentativas teológicas de trazer a política para dentro da fé compartilham de um mesmo fundamento: "[...] a fé como práxis pública, política e transformadora da sociedade" (FIERRO, 1982, p. 24). Isso significa que nem tudo é política, mas há, contudo, um valor que fundamenta a política e o Evangelho: o bem comum (FIERRO, 1982).

Se o bem comum é a finalidade tanto do Evangelho transmitido pela comunidade dos discípulos quanto da política, então a comunidade religiosa (cristã) é, também, comunidade política. E se é uma comunidade política que reflete a própria fé, então o seu discurso teológico é, por consequência prática, uma teologia política.

A partir de Fierro, pode-se fazer outro uso crítico-criativo do conceito de *teologia política* como saber teológico que só tem relevância e significado se for uma *teologia crítica* às opressões das formas de poder. E se a transmissão da fé é feita pelo testemunho dos discípulos que conserva o caráter de contestação social às injustiças intrínseco à profecia bíblica, a própria fé transmitida precisa da política como mediação histórica do bem comum, para reivindicar o cumprimento do direito e da justiça: "Quero ver o direito brotar como fonte e correr a justiça qual riacho que não seca" (Am 5,24).

O uso crítico-criativo de *teologia política* ainda encontra legitimidade nos pressupostos do ramo da Tdl que se ocupa de teologia e economia, cujos principais representantes são Hugo Assmann e Franz Hinkelammert.

Em *A idolatria do mercado: ensaio sobre economia e teologia*, Assmann e Hinkelammert (1989) partem de duas premissas: 1) existem teologias na economia, pois os economistas trabalham com pressupostos teológicos; 2) e há uma metamorfose dos Deuses e uma luta entre eles, já que historicamente criam-se representações opostas do divino e ídolos que ocupam o lugar de Absoluto, exigem sacrifícios e devoram a vida humana.

Na tentativa de articular teologia e economia, a Tdl se ateve a uma preponderante abordagem teológica dos problemas econômicos que busca "[...] as raízes econômicas da idolatria" (ASSMANN; HINKELAMMERT, 1989, p. 59). Trata-se de examinar os pressupostos teológicos da economia: as teorias sacrificialistas como expressão da idolatria, ou de ídolos criados pela economia, "[...] ídolos que matam, porque exigem sacrifícios" (ASSMANN; HINKELAMMERT, 1989, p. 13).

A Tdl não pode ser uma "[...] logologia, ou seja, meras palavras a respeito de palavras" (ASSMANN; HINKELAMMERT, 1989, p. 29). Não deve se ocupar com falsos problemas. Mas quando se ocupa dos marcos teóricos da economia, então se revelam "[...] verdadeiras danças de divindades buscando manipular os destinos humanos" (ASSMANN; HINKELAMMERT, 1989, p. 29). Ou seja, aos Deuses atribui-se poder nos pressupostos teológicos da economia, o que significa dizer que, além de teologia, há política na economia.

Assmann (1989, p. 82) diz que a hipótese da luta dos Deuses revela que a economia tem ídolos que são "[...] deuses da opressão", "[...] 'deuses necrófilos, dos ídolos que matam" (ASSMANN; HINKELAMMERT, 1989, p. 75), "deuses econômicos" (ASSMANN; HINKELAMMERT, 1989, p. 83). Um exemplo disso é a ideia neoliberal de mercado autorregulador.

Essa perspectiva surgiu na década de 1970, também, como reação à crítica de teólogos conservadores de que a Tdl era uma "'teologia política'" (ASSMANN; 1989, p. 64), que, centrada na ideia de Cristo Libertador, se reduziu "[...] ao binômio 'fé e política'" (ASSMANN; HINKELAMMERT, 1989, p. 65).

Mas, para Assmann e Hinkelammert (1989), a ênfase da Tdl na política era compreensível devido à busca pelas raízes da opressão em regimes políticos autoritários, já que havia luta por direitos humanos e democracia. Por outro lado, a causa da opressão política dos regimes militares estava nos interesses econômicos, marcados pela ideologia sacrificialista do neoliberalismo. A severa austeridade econômica é um exemplo.

Esse teólogo não é a favor que a Tdl eleja causas econômicas da opressão reduzidas só à economia ou só à política, como mostra o seguinte trecho: "O primado do político, quando surge como algo aparentemente separável do primado do político na economia, ostenta outro flanco para fáceis ataques" (ASSMANN; HINKELAMMERT, 1989, p. 63).

Com base nesse percurso, nossa teoria teológica legitima-se como teologia crítica que faz um uso crítico-criativo do conceito teologia política: é uma TpldEFC. Considera que a crítica do Papa Francisco, da economia que exclui, mata e devasta, relança o desafio à Tdl de que a análise sobre as causas da opressão há que ser uma busca epistemológica tanto das raízes econômicas quanto das raízes políticas da idolatria. Trata-se de explicitar os novos mecanismos da economia que mata. Não basta revelar as teorias sacrificialistas da economia idólatra, é preciso trazer à tona os mecanismos de poder que lhes são inerentes.

Com isso, a TplEFC, enquanto reflexão teológica laical, legitima-se como teologia crítica às formas de poder da necroeconomia, atreladas às teorias sacrificialistas. Assim, a busca pelas causas da opressão nas raízes econômicas e políticas da idolatria implica a releitura da relação epistemológica entre causa e efeito. Não se trata de conceber mais uma causa única da opressão, mas várias causas interseccionadas, ou melhor, uma cadeia de causalidades, em que não há uma fronteira rígida entre causa e efeito, porque o sistema opressor produz efeitos que se tornam outras causas de opressão.

Vimos alguns exemplos de que o conceito como resposta a verdadeiros problemas é uma singularidade, ou seja, uma particularidade histórica que demanda, de quem o cria e utiliza, criatividade para o surgimento de uma nova ordem. Não que o conceito, por si mesmo, crie realidade, mas é uma ferramenta de pensamento que mobiliza o usuário a potencializar a eclosão do novo que está em germe na realidade. O conceito *teologia política* é singularidade, cuja história de uso reúne diferentes respostas a diversos problemas, em épocas e lugares distintos.

Todavia, quando se fala em *teologia política*, há o receio de que este conceito manipule ou dizime a singularidade, o que levaria a teologia a cair no pensamento único por meio do recurso à universalização conceitual. Equívoco, mesmo porque nossa mente agrupa realidades particulares no caráter universal dos conceitos: exemplo, o conceito de *Planeta Terra* abarca um organismo vivo formado por uma vastidão de espécies; o conceito de *diversidade humana* representa os indivíduos da espécie, e assim por diante.

O receio de destruir as diferenças pelo caráter universal do conceito levaria defensores do pensamento decolonial e na Tdl a caírem no pensamento único que enuncia uma verdade única sobre o que seja, por exemplo, *teologia política*. O que não é verdade, pois a ideia de conceito que responde a um problema demonstrou que, no próprio Ocidente, a expressão *teologia política* foi utilizada de modos tão diversos quanto os problemas enfrentados. A função do uso crítico-criativo de *teologia política*, como teologia crítica, é apontar para as diferenças de usos do conceito, e não para a visão única.

A universalidade do conceito não precisa opor-se às particularidades. O que não poderia acontecer é um ponto de vista local propor-se como única verdade sobre as singularidades. Então, *teologia política* é um conceito funcional que sintetiza o fenômeno da diversidade de usos e problemas aos quais se propõe a responder.

Alguém poderia até contestar, a partir da própria ideia de conceito ligado a problemas, e dizer: em vez de *teologia política*, *teologias políticas* soa melhor. Depende. Porventura, alguém queira fazer uma história das formas ocidentais de teologia política, então, pode-se preferir o uso no plural: *Teologias políticas do Ocidente*. Mas se esse alguém estiver pensando em um tipo específico de teologia política, em um lugar do mundo ocidental, então, é preferível utilizar o primeiro termo no singular. É o que temos feito: Teologia política latino-americana da Economia de Francisco e Clara. Isso quer dizer apenas que se pode fazer uma teologia inspirada nessa práxis em nosso Continente.

Outra pista para repensar o conceito de *teologia política* está no seguinte trecho: "Os conceitos são centros de vibrações, cada um em si mesmo e uns em relação aos outros. É por isso que tudo ressoa, em lugar de se seguir ou de se corresponder. Não há nenhuma razão para que os conceitos se sigam" (DELEUZE; GUATTARI, 1992, p. 31).

Enquanto centros de vibrações, os conceitos são autônomos e relativos, estabelecem pontes moventes entre si (DELEUZZE; GUATTARI, 1992). Esse duplo caráter de autonomia e relatividade dos conceitos permite que eles sejam enunciativos, de modo que "[...] toda enunciação é enunciação de posição [...] e enunciação de criação ou assinatura" (DELEUZE; GUATTARI, 1992, p. 32).

Portanto, os conceitos não são neutros, já que enunciam uma posição, mas uma criação, pois emergem como resposta a um problema. Os conceitos como autônomos e relativos estão referidos entre si, e a algo e a quem os cria e utiliza. Isso nos permite sair da opinião comum e contestar o argumento de que o conceito é uma destruição das diferenças. Logo, faz sentido manter criticamente, no método teológico, a expressão *teologia política* como termos autônomos e relativos, pois capazes de enunciar posição e criação, em teologia latino-americana.

A possibilidade de se pensar uma teoria teológica inspirada na EFC passa, primeiro, por uma releitura semântica da expressão *teologia política* como operador crítico do discurso teológico. Isso exige conceber os termos *teologia* e *política* como conceitos que *enunciam uma posição* e *uma criação*, isto é, estão referidos entre si e, ao mesmo tempo, demandam enfrentar criativamente problemas na América Latina; e, só então, dizer que Teologia política latino-americana da Economia de Francisco e Clara é uma forma legítima de teologia afiliada à Teologia da libertação via método.

Se submetermos o conceito *teologia política* a uma análise linguística básica, podemos dividi-lo em dois outros: *teologia* e *política*. Separados são, gramaticalmente, substantivos, cuja função é dar nome a seres, lugares, ações, sentimentos, ideias, objetos, práticas. Mas, quando unidos, um deles se reduz a adjetivo. Os adjetivos alteram os substantivos, pois servem para predicar um substantivo, quer dizer, acrescentam-lhe atributos. Então, é lógico pensar que a expressão *teologia política* indica duas ocorrências gramaticais: uma, o termo que vem antes (*teologia*) é um substantivo; outra, o termo que vem depois (*política*) é adjetivo.

Pelo olhar da gramática, condicionaríamos leitores(as) a optar por uma única forma de entender *teologia política*, que é unir os termos. Então, uma Teologia política poderia ser entendida, de imediato, como uma teologia partidária que defenderia uma determinada posição política, instrumentalizando a fé. Mas esse entendimento não é uma escolha à qual a gramática obriga, já que houve supressão da conjunção "e" que separa os termos teologia e política, e sim uma forma particular de ver a relação entre os termos.

Se quiséssemos ir além dessa primeira impressão, a própria gramática admite um uso flexível dessa nomenclatura sem o "e". A enunciação de posição e a enunciação de criação inerente aos conceitos, como ferramenta conceitual, permitem fazer uma releitura da expressão *teologia política*, defendendo a autonomia e a relatividade dos termos em questão. Logo, a linguagem nos dá a opção de entender os conceitos separados, quanto unidos, no método teológico da Teologia da libertação. É o que faremos a seguir.

Como substantivo de teologia, o léxico política possibilita delimitar o objeto da crítica feita pela teoria teológica inspirada na EFC acerca da economia, a saber: *o poder da economia mediado por formas econômicas de dominação social e terrestre*. O termo política é tomado como um substantivo que nomeia uma ação, a ação das formas de poder da economia.

Com esse sentido substantivado de política, essa teoria teológica pode ser teologia política, não por tentar fazer um discurso normativo, mas porque o léxico política endereça a investigação teológica pelas causas da opressão às formas de poder da economia capitalista (*mediação socioanalítica*). Não que o poder da economia encerre as origens da opressão, mas, por ser hegemônico nas práticas sociais, é que se torna a forma hegemônica que aglutina outras causas opressoras interseccionadas.

Por exemplo, pode-se pensar a economia capitalista como racista tanto socialmente quanto racialmente, empobrecedora, patriarcal e machista, não ecológica. O poder da economia como causa aglutinadora permite fazer a crítica teológica à causalidade interseccionada da opressão, conjugando os elementos raça, gênero, classe, ecologia, pobreza, poder e economia.

Em segundo lugar, o vocábulo teologia visto como substantivo confere à teoria teológica da EFC a viabilidade de delinear a interpretação cristã sobre a opressão econômica: *o olhar cristão para o poder da economia, a partir da fé comprometida com os oprimidos*. Aqui, o conceito *teologia* como substantivo nomeia um conjunto de ideias sobre uma prática de poder, quer dizer, uma visada teológica que enuncia uma posição: a posição da fé vivida e pensada que toma partido dos corpos oprimidos de hoje.

Nesse sentido substantivado de teologia, a teoria teológica da EFC é teologia política, pois a categoria teologia remete à busca teológica pelo olhar de Deus Libertador sobre a opressão das formas de poder da economia capitalista (*mediação hermenêutica*). De sorte que a TpldEFC seria uma reflexão sobre o impacto crítico da função social da fé cristã inerente à opção de fé por Jesus Cristo Libertador. Ela se ocuparia da relevância crítica da fé ante o cativeiro econômico das liberdades, consciências e corpos oprimidos.

Por exemplo, pensar como dar razões da fé (1Pd 3): como cristãos(ãs) poderiam justificar a fé em Jesus Cristo, no contexto do poder hegemônico da economia capitalista; perguntar pela importância de crê em Jesus Cristo é redescobrir a relevância e significância de ser cristão(ã) hoje, em um mundo oprimido pelo poder da economia.

Por fim, como adjetivo, o conceito *política* possibilita demarcar os predicados do discurso da teoria teológica insuflada pela EFC: *um discurso ético, já que o ponto de partida é o grito das classes sociais oprimidas e o clamor da Terra devastada por justiça social e ambiental; e um discurso político, já que o próprio ponto de partida é uma opção política pelos corpos oprimidos, à luz da opção de fé por Jesus Cristo Libertador.* Agora, o termo política adjetivado altera o substantivo teologia, predicando o discurso teológico, faz uma enunciação de criação: enuncia o discurso crítico-criativo dessa teoria teológica.

Com base nessa adjetivação de política, essa teoria teológica pode ser *teologia política*, já que o termo *política* reporta o discurso teológico para a volta ao agir que liberta, a ação eficaz (*mediação prática*). O discurso se eleva ao patamar de reflexão teológica sobre a opção política pelos corpos oprimidos, a partir da opção de fé por Jesus Cristo.

Por exemplo, se a economia capitalista se baseia em modalidades de poder que oprimem, então, é necessário pensar a ação do ser humano econômico e político em outro paradigma, o poder de quem cuida dos oprimidos. Isso quer dizer que o discurso teológico busca qualificar a opção política pelos sofredores, à luz da fecundidade do Evangelho. Na mediação prática, a TpldEFC é uma teoria teológica da ação do ser humano político e econômico, isto é, uma reflexão do termo política como substantivo; e da ação política e econômica qualificada pelo Evangelho, ou seja, reflete sobre a política como adjetivo.

Portanto, *teologia política* é um enunciado de posição, pois enuncia a opção de fé por Jesus Cristo na opção política pelos corpos oprimidos. E um enunciado de criação, pois enuncia a opção de resistir à opressão do cativeiro sistêmico (capitalismo), através da crítica criativa, inspirada numa práxis sócio-histórica, a EFC.

Assim, é possível pensar uma TpldEFC como teologia de resistência. E resistência não é só criticar o opressor em tom de queixa, mas, sobretudo, potencializar a emergência do novo, das mudanças que transformam. A crítica teológica é necessária, pois possibilita aos corpos oprimidos perceberem a necessidade de romperem com o paradigma idólatra do opressor. E potencializar a eclosão do novo depende da crítica teológica; e vai além, é a decisão de os oprimidos apostarem a vida em um novo paradigma, que admita diversas mediações práticas de libertação dos corpos, como a EFC.

O próprio convite do Papa Francisco às juventudes de *realmar a economia* pressupõe uma *ortopráxis de libertação da economia*. Melhor dizendo, um pensamento crítico acerca da ação cristã na história que estimula a opção pelo evangelho da Criação. Essa escolha, por seu turno, é parte de uma transformação promovida pelo Evangelho da liberdade que visa à libertação social, econômica, política, cultural, pessoal. O teólogo José Comblin (1996) nos aponta que só é possível transformar a política, a economia e a sociedade, se a humanidade fizer opções culturais libertadoras.

Este ensaio de TpldEFC opta pelo Evangelho da Criação, como uma das formas culturais que promove a vida dos filhos da Terra. Nesse paradigma, os humanos cuidam da dimensão política ligada à dimensão econômica da própria existência: as relações, a liberdade, os interesses dependem da gestão do uso comum e da partilha dos bens.

Assim, convivem com todas as formas de vida terrestre como seres políticos e econômicos, em relações livres. Estas, por sua vez, pressupõem o reconhecimento jurídico-político à Terra como um ser de direitos, conforme a conclusão da *Convenção sobre a Diversidade Biológica*, assinada no Rio de Janeiro durante a ECO-92.

Em suma, optamos pela expressão *teologia política*, não por ser isenta de problematização epistêmica, mas, primeiro, por contar uma história repleta de opções e usos diversos e até opostos. É um conceito que admite pluralidade de visão dada a sua história, com alterações de significado, passando da ingenuidade do uso etimológico, com sentido único e inalterado, para o histórico-crítico, que aponta para a diversidade de usos.

O antropólogo Clifford Geertz (2008, p. 9), em *A interpretação das culturas*, bem nos ensinou que: "A cultura é pública porque o significado o é. [...] a cultura consiste em estruturas de significados socialmente estabelecidas". Ao buscar o verdadeiro significado dos conceitos, a análise etimológica petrifica as palavras, caindo em um purismo da linguagem, esquecendo-se de que o significado é construto cultural. A cultura é resultado do encontro entre linguagens de povos, ela muda, porque é histórica, tem data de nascimento em algum lugar. O mesmo vale para o significado que aparece alterável no tempo e no espaço, conforme as estruturas simbólicas dos diferentes grupos humanos.

Assim, não há somente uma possibilidade de leitura crítica do conceito *teologia política*. É possível construir nossa própria visão crítica dos termos. Isso demanda utilizar os conceitos, em Teologia, como *ferramentas de pensamento* crítico-criativo: autônomos, inter-relacionados e respondendo a problemas históricos; não como fins em si mesmos, o que é postulado pelo significado fixo da etimologia das palavras. Do contrário, a teologia não passaria de mera *logologia*, um discurso sobre palavras petrificadas, cujas realidades só existem na fantasia de teólogos, como já nos alertaram Assmann e Hinkelammert.

Por fim, nossa opção se justifica porque *teologia política* exprime opção de fé por Jesus Cristo Libertador, como compromisso cristão com a opção política pelos corpos oprimidos. Vale lembrar o discernimento de Leonardo Boff (2014b), de que, anteposta à toda teologia, há uma concepção de fé.

No Ocidente, há, ao menos, três concepções de fé e de teologia: "*aa) Fé como adesão a verdades reveladas – Teologia como sua explicação sistemática [;] bb) Fé como conversão ao Deus vivo – Teologia como mistagogia sapiencial [;] cc) Fé como práxis libertadora – Teologia da libertação*" (BOFF, 2014b, p. 86-92, grifos do autor).

A teologia como explicação sistemática da fé é uma "*Teologia como elaboração do objeto da fé*" (BOFF, 2014b, p. 94, grifos do autor). Por objeto da fé, compreendem-se "[...] as múltiplas manifestações de Deus na história, atestadas pela Escritura e mantidas como memória viva na própria vida da Igreja" (BOFF, 2014b, p. 94).

A teologia como mistagogia sapiencial da fé é uma "*Teologia como reflexão crítica sobre o sujeito da fé*" (BOFF, 2014b, p. 94, grifos do autor). Por sujeito da fé, entendem-se "[...] a *communitas fidelium* e o crente concreto. São eles os destinatários da revelação e da salvação" (BOFF, 2014b, p. 94, grifos do autor).

E a teologia da libertação, à luz da fé como práxis libertadora da história, é uma "*Teologia como articulação da dialética sujeito-objeto*" (BOFF, 2014 b, p. 95, grifos do autor). A dialética sujeito-objeto supõe que "O objeto influi e atua sobre o sujeito; este assimila, modifica-

-se e por sua vez também atua sobre o objeto. Noutras palavras: a sociedade condiciona e marca a pessoa e esta por seu turno influi e atua sobre aquela" (BOFF, 2014b, p. 95).

Essa reflexão nos leva a uma assertiva a respeito da nossa teoria teológica: uma teologia cristã inspirada na EFC, em solo latino-americano, há de levar a sério a exigência de que não se deve fazer teologia sem analisar o mundo político e econômico concreto. A política e a economia são dimensões da fé cristã como práxis libertadora da história.

3.1.3 Política e economia são dimensões da fé como práxis libertadora da história

Política e economia são áreas pelas quais se favorece a dignidade humana e planetária ou a opressão na forma de injustiças sociais e ambientais. A falácia neoliberal do *falso dilema* em política e economia é que devemos ser menos políticos, na medida em que somos mais econômicos. O novo *homo oeconomicus* do neoliberalismo é resultado de um processo de se dobrar a essa retórica. Não se trata de normatizar a conduta de quem crê, mas, à luz da experiência comunitária de crer, ver que, quanto mais fé temos, mais política fazemos; quanto mais politizados somos, mais nos ocupamos da economia.

Para não nos ocuparmos mais da *teologia política* do que da política, é preciso considerar como funciona o mundo político. A política é um conceito em disputa, que, historicamente, tem sido construída com base nos interesses de classes sociais. À luz de realistas políticos, de Platão a Marx, Marcelo Perine (1988, p. 6) afirma: "Toda política é partidária, e o único universal que ela conhece é a universalidade dos interesses em conflito e a necessidade de escolher entre eles".

Mas os interesses em conflito, sem leis que regem a convivência humana, provocam caos social. Por isso, o sentido sócio-histórico da política, conforme Perine (1988, p. 7), consiste na "[...] realização da liberdade universal dos indivíduos nas suas particularidades sensatas".

Criou-se o Estado de direito, com leis que regem a vida em comum a partir de outro traço histórico da política, que é a liberdade, com direitos e deveres, a ser garantida por lei.

Essas características da construção sócio-histórica da política ocidental foram assumidas pela política democrática liberal. O contexto democrático nos ajuda a reconhecer que a política é uma ação humana marcada pelas particularidades de interesses em conflito, desde a família mais religiosa e tradicional que não quer saber de política ao partido do presidente da República.

Ninguém escapa aos interesses, tampouco o traço conflitante dos interesses, a marca maior das sociedades de classe. Mas não são apenas os interesses em conflito que definem a política, na ordem democrática. Há a liberdade, caracterizada por direitos e responsabilidades, que é garantida pelo Estado de direito, o Estado legislador da convivência social.

A política democrática consiste nos interesses em conflito e na luta por liberdade, garantida pela legislação do Estado democrático. Hoje, o desafio da política democrática é governar para todos, gerindo a particularidade dos interesses em conflito, sem negar a liberdade, com direitos e responsabilidades. Isso, por si só, gera conflitos dos interesses de classe, pois as classes privilegiadas — a exemplo das oligarquias econômicas e políticas — querem mesmo é sobrepor os próprios interesses aos interesses das classes empobrecidas pelo sistema.

O fato de a convivência social ser marcada por interesses em conflito oferece-nos a possibilidade de diagnosticar as particularidades dos interesses e, a partir daí, construir a política que queremos e poder alterá-la. Podemos ultrapassar interesses individualistas e chegar aos interesses mais comunitários. A Doutrina Social da Igreja e o magistério do Papa Francisco inspiram-nos nessa tarefa. Busca outra forma de os cristãos e as cristãs viverem a política: aqui, não se perde de vista a utopia cristã.

A partir dessa outra maneira, inspirada pela Doutrina Social da Igreja e pelo magistério do Papa, cuja teologia política traz a cultura e os pobres para o centro do discurso teológico, há, consequentemente, de acordo com a teóloga argentina, Emilce Cuda (2016, p. 230): "Outro modo de fazer teologia em diálogo com o político".

Trata-se de um teologizar que:

a. encontra o fundamento teológico da política na:

> [...] ideia de um Deus criador, pessoal, misericordioso, que cria o homem à sua imagem e semelhança e intervém na história para sua salvação [...], na medida em que define o ser do homem em sua dignidade, a de ser imagem de Deus e filho adotivo, e, portanto, livre frente a seus pares. (CUDA, 2016, p. 230).

b. usa de "[...] categorias teológicas para justificar a dignidade humana e influir culturalmente para pôr fim na exploração do homem pelo homem e garantir assim a sua felicidade" (CUDA, 2016, p. 230).

Fato é que, para Cuda (2016, p. 229), a liberdade e a igualdade, como princípios democráticos inalienáveis do ser humano, podem ser interpretadas de diferentes formas, partindo de concepções de ser humano distintas. Por exemplo, nos modelos democráticos participativos e populares, esses princípios são universais. Já os modelos liberais pensam que aqueles princípios democráticos são seletivos. Ambos os modelos ancoram-se em visões distintas de ser humano, as quais estão associadas a imagens divergentes de Deus[25].

Cuda (2016) explica que os modelos defensores da seletividade de liberdade e igualdade respondem à concepção deísta de um deus único e impessoal que criou o ser humano com igualdade, o que resulta na visão do ser humano "como ser individual e tolerante do Outro" (CUDA, 2016, p. 229).

---

[25] O teólogo Piet Schoonenberg (1977) disse que Deus é pessoa por ter identidade. Na Bíblia hebraica, o povo de Israel o chamava de Javé, Adonai, Rei, Pai. Na tradição cristã, é Jesus quem o chama de Pai (Abba), e João O chama de Amor. Deus é visto como alguém que age: salva, liberta, ama, perdoa, compadece-se. E essa aparição de Deus, na Bíblia, leva-nos a dizer que Ele é relação. Deus se relaciona por uma aliança entre Ele e o povo; Deus é o Senhor de Israel e Israel é o povo d'Ele. Nessa relação de aliança, Deus é livre, toma a iniciativa de eleger um povo e estabelecer uma aliança, age como pessoa: com misericórdia e fidelidade ao povo. Deus é individualidade, na Bíblia. Ele aparece como único, ora Se representando pelos profetas e anjos, ora sem mediações, isto é, Ele mesmo se revelando em Jesus de Nazaré.

Os modelos postuladores da universalidade desses princípios correspondem a outra noção teológica de Deus, como Trino, pessoal, que criou o ser humano à própria imagem e semelhança (CUDA, 2016). Disso deriva a visão de ser humano relacional como "[...] ser social e responsável pelo outro" (CUDA, 2016, p. 229).

Aqui, há "[...] um chamado à responsabilidade ética e política, a partir de uma teologia política" (CUDA, 2016, p. 229). Esse chamado diz respeito, também, à teoria teológica inspirada na EFC, como já provamos pelo fundamento crítico dela, que é ético-político. E como tal, essa teologia, por ser latino-americana, herda do método de Luis Segundo o elemento da libertação dela mesma. Ou seja, "[...] a libertação da teologia significa, por um lado, 'desmascarar' a 'má fé' e, por outro, recuperar a 'fé' autêntica" (AQUINO JÚNIOR, 2010, p. 88).

A autocrítica e a desideologização da teologia, por meio da suspeita metodológica do método teológico, levam-nos a reconhecer que a imparcialidade do academicismo em teologia, criticada por Luis Segundo, é um fator que expulsa a política e a economia de dentro da fé. A noção maniqueísta de espiritualidades individualistas favorece dualismos perigosos entre fé e política, entre fé e economia, como realidades irreconciliáveis.

O resultado é aquela fé descomprometida, sem incidência; fé sem função de crítica social ao sistema opressor, que não transforma ninguém, de manutenção do *status quo*, uma fé mascarada, alienada, que paga de neutralidade. E tudo isso reproduz *politicofobia* e crentes *politicofóbicos* que renunciam à mediação política da fé, mas defendem Estado teocrático, de sorte que a rejeição religiosa da política, em nome do purismo da fé, culmina na defesa de religião política, com projeto de poder mascarado de evangelização.

Desmascarar a fé e recuperar a fé autêntica permitem que a TpldEFC assuma um discurso problematizador que, também, tenha como pano de fundo a abordagem da Doutrina Social pelo Papa Francisco, cuja "racionalidade crítica inclui tanto a mediação socioanalítica como a hermenêutica ético-teológica" (GASDA, 2022,

p. 192). Ou seja, um discurso que estabeleça uma relação consistente, sistemática, entre ética da fé, política e economia, enquanto visão teológica de *política e economia como dimensões da fé.*

Aquino Júnior (2011, p. 29), em *A dimensão socioestrutural do reinado de Deus,* a partir do "modelo práxico-teórico" – discurso de defesa tanto da unidade quanto da autonomia entre dois termos distintos –, estabelece uma relação teológica de "[...] unidade estrutural [...] e autonomia relativa" (AQUINO JÚNIOR, 2011, p. 173) entre fé e política.

O modelo práxico-teórico aborda fé e política de modo estrutural. Primeiro, parte da unidade-estrutural entre elas, pois "[...] a política é uma dimensão constitutiva da fé" (AQUINO JÚNIOR, 2011, p. 184). Se a fé é um modo de viver, a partir da configuração da vida a Jesus Cristo, a própria fé depende do "[...] modo como nos vinculamos uns aos outros e *inter*-agimos (sociedade ou política [...]) e ao modo como organizamos e regulamos nossa vida coletiva (Estado ou política [...])" (AQUINO JÚNIOR, 2011, p. 180-181).

Em segundo lugar, o modelo práxico-teórico afirma a autonomia relativa da fé e da política. Autonomia, porque a fé e a política possuem funções e mediações específicas; relativa, no sentido de que são inseparáveis uma da outra (AQUINO JÚNIOR, 2011). Ambas estão mutuamente referidas, já que a fé se manifesta no compromisso com causas políticas que, por sua vez, são fecundadas por valores da fé, que, na Doutrina Social da Igreja, são: o bem comum, a justiça social, a solidariedade, a subsidiariedade, a ecologia integral.

Ainda que tenha autonomia relativa em relação à fé cristã, a política tem um caráter teologal. Trata-se de que, como ação humana, a política pode negar ou afirmar a realização histórica do Reinado de Deus. O teologal da política consiste na ideia de que, no modo como nos relacionamos e nos organizamos coletivamente, ela oferece salvação ou perdição da história. Isto é, ela pode ser mediação da graça (justiça socioambiental/paz) ou do pecado (injustiça socioambiental/opressão). A política pode favorecer a vida promovida por Jesus ou desfavorecê-la (AQUINO JÚNIOR, 2011), causando sofrimento e destruição da vida terrestre.

Até aqui, vimos a política como dimensão da fé cristã. Agora, passemos à economia como dimensão da fé. Embora Aquino Júnior (2011, p. 178) defenda que a fé tenha dimensões, que são as "[...] dimensões da nossa vida: pessoal, sexual, familiar, social, política, econômica, cultural, religiosa, gênero, etc.", por algum motivo, ele só pensou a dimensão política e social da fé e a dimensão socioambiental do Reinado de Deus. Faltou refletir sobre a economia como dimensão da fé, já que o texto sugere essa possibilidade. E é isso que a TpldEFC tentará fazer, de forma introdutória, com as ferramentas conceituais oferecidas por esse teólogo brasileiro e outras mediações.

Assim como a política, a economia é objeto de disputa na sociedade. Nos dois últimos séculos, economia, historicamente analisada, se tornou uma realidade capturada por modelos capitalistas que defendem uma ideia de progresso como desenvolvimento. Isso implica que teorias desenvolvimentistas liberais e neoliberais influíram em nossa visão de economia.

Mon Sung (1994, p. 63-64) elenca algumas: 1) a "[...] das vantagens comparativas, que defende a tese de que o livre comércio internacional, com cada país se especializando na sua 'vocação natural', espalharia desenvolvimento e igualdade social pelo mundo afora"; 2) "[...] o desenvolvimentismo cepalino que criticou a teoria das vantagens comparativas e propôs a industrialização, com forte intervenção estatal e investimentos externos, como caminho para superar o subdesenvolvimento"; 3) "[...] a teoria da dependência criticou a ideia do subdesenvolvimento como uma etapa atrasada no processo de desenvolvimento capitalista industrial, numa perspectiva evolucionista"; 4) "[...] a teoria neoliberal do crescimento econômico que propõe sacrifícios necessários e 'humildade' para se atingir o progresso".

Assim como a política, a economia é uma dimensão da fé cristã, pelo seguinte motivo eclesial: "[...] os cristãos são [...] os primeiros [...] integralmente 'econômicos'", como defende o filósofo italiano Giorgio Agamben (2011, p. 38), em *O reino e a glória: uma genealogia teológica da economia e do governo*. Mas são indivíduos econômicos, porque

Paulo, em 1Cor 4,1, se refere a si mesmo e aos membros da comunidade cristã de Corinto, como *oikonomos* (administradores)[26] dos mistérios de Deus, do plano divino de salvação (AGAMBEN, 2011).

Os primeiros teólogos cristãos criaram a doutrina da *oikonomia*, cujo objetivo era assegurar o monoteísmo cristão, em contexto de politeísmo (AGAMBEN, 2011) das tradições não cristãs. Entre as elaborações teológicas mais articuladas sobre *oikonomia*, está a de Clemente de Alexandria. Ele promove a união da semântica filosófica e da retórica gregas de economia com a ideia cristã de providência divina.

Há dois sentidos gregos de *oikonomia*: a) o de Aristóteles, como modelo de gestão de relações despóticas (senhor-escravo) e relações parentais (pai-filho, marido-mulher) que formam a casa, isto é, a *oikonomia* é gestão da casa; e b) o de Xenofonte, a *oikonomia* é uma atividade gestora que visa a organizar as relações que constituem a casa (*oikos*), com base em regras de funcionamento ordenado do *oikos*. Esse sentido gerencial de economia é do âmbito da *práxis*, quer dizer, do agir de um sujeito que administra (AGAMBEN, 2011).

A teologia cristã, a partir dos teólogos pioneiros, desloca o termo *oikonomia*, da filosofia e da retórica gregas, para o discurso teológico acerca das polêmicas trinitárias. Operou-se uma inversão da *economia do mistério* para o *mistério da economia*. A primeira foi deduzida de 1Cor 4,1, a qual significa a redenção que estava oculta e foi revelada, cujo anúncio foi confiado por Deus ao Apóstolo Paulo, o enviado e administrador encarregado. A segunda foi extraída das tentativas de esclarecer *a substância divina em três pessoas* que resultaram na ideia de ação salvífica. O *mistério da economia* significa ação divina na história (AGAMBEN, 2011).

Hipólito e Tertuliano queriam explicar a organização da vida do Deus-Trindade. Com isso, concentraram-se na ação d'Ele na história humana, e, por conseguinte, *oikonomia* significa práxis divina, ou seja, atividade divina ordenada a um fim salvífico (AGAMBEN, 2011).

---

[26] Agamben leu em grego e manteve o termo *oikonomos*. Na tradução vernácula: "Portanto, considerem-nos os homens como servidores de Cristo e administradores dos mistérios de Deus." (1Cor 4,1).

Clemente de Alexandria define *oikonomia* como *administração da casa e da própria alma*, o universo é regido por uma *oikonomia*. Disso surge a concepção de que a economia divina é providência, ou seja, aquela "[...] atividade de autorrevelação, governo e cuidado do mundo" (AGAMBEN, 2011, p. 61-62). O Deus transcendente – uno e trino – se encarrega de governar e cuidar do mundo, ao mesmo tempo que se revela. Economia, na teologia patrística, significa "atividade salvífica de governo do mundo" (AGAMBEN, 2011, p. 64).

Em síntese, Agamben (2011) detecta o paradigma econômico de origem teológica da economia moderna, o modelo gerencial que, em sentido práxico, se trata de sujeitos que agem historicamente governando, gerenciando, as relações institucionais e individuais. Na genealogia crítica da economia, Agamben (2011) nos alerta, no conjunto da obra, que desse paradigma surgem dispositivos de controle dos indivíduos e da comunidade política. Há que se ter muito cuidado para não se tornar um mero objeto de governo dos meios de gestão privada e do Estado.

O que é discutível e relevante desse paradigma, em âmbito práxico, é a concepção genealógica de *economia como uma atividade de governo, com origem num paradigma teológico*. Ela nos remete ao passado, ao espírito da tradição patrística e ao presente, aos problemas políticos gestados, a partir desse modelo de origem teológica da economia.

Não existe economia perfeita, só existe a histórica. A economia histórica é paradoxal. Podemos vê-la como gestão dos bens, administração da casa formada por relações complexas entre sujeitos e bioma, ou seja, governo como cuidado do mundo; ou mesmo, como sugere Jean Tirole (2016), em *Economia do bem comum*, de recuperar o bem comum como finalidade da economia. Por outro lado, do modelo governamental da economia, nasceram dispositivos de controle político das consciências.

O pensamento de Agamben fornece-nos uma mediação conceitual promissora, porque não elimina o paradoxo da economia, como atividade de governo. Isso é importante para a TpIdEFC pensar criticamente a economia como dimensão da fé cristã, com os recursos metodológicos do método de Ellacuría.

A unidade estrutural entre fé e economia consiste no fato de que nós, seres humanos, agimos como sujeitos que governam e cuidam, em vista de um fim de governo. A finalidade da economia corresponde ao resultado dela como gestão, o qual pode ser de salvação ou de perdição. A economia como governo é uma atividade orientada a promover a vida ou a morte, relações de *pecado* — exploração/dominação — ou *graça* — cuidado/zelo — (fé e economia).

A autonomia relativa entre fé e política mantém-se entre fé e economia. *Autonomia*, pois a fé não se reduz à atividade econômica, e a economia se caracteriza por um paradigma práxico de gestão: sujeitos agem administrando e cuidando rumo a um objetivo de manutenção da própria subsistência em comunidade ou individualmente.

Quer sejam sujeitos de uma casa que administram relações complexas; quer seja controle da casa, com base em leis; quer seja gestão de recursos materiais, voltada ao desenvolvimento de uma nação. *Relativamente*, porque fé e economia não se separam. Estão unidas, sobretudo, pelo caráter de salvação ou de perdição inerente à finalidade do governo, da gestão econômica.

Ademais, se a política tem um caráter teologal, a economia também possui. Esse consiste em que ela mesma seja lugar da realização histórica do Reinado de Deus. Ora, se o Reinado é Deus cristão reinando, salvando e libertando os filhos da Terra e a Criação inteira, o realizar histórico desse Reinado é administração divina do mundo (*oikonomia teologal*). E o paradigma de poder é o senhorio por cuidado que faz viver, e não o senhorio por dominação que faz morrer.

Para os cristãos, Deus salva a história, agindo de forma econômica, isto é, reinando no tempo e no espaço, na medida em que cuida da Criação. O significado teologal da economia concerne, por assim dizer, ao fato de que ela própria é a mediação socioeconômica, na qual o Reinado de Deus manifesta-se como governo divino que cuida do mundo.

Portanto, todo discurso religioso que tenta demonizar e exorcizar o econômico e o político da fé é um desserviço ao ser humano, às religiões e à sociedade. E é uma retórica ideológica das classes dominantes, porque esconde o real interesse que é inibir a consciência crítica dos fiéis, para torná-los apáticos, intolerantes: *politicofóbicos*; e, assim, mais dóceis, obedientes, súditos submissos ao projeto de "[...] falsos profetas, que vêm a vós disfarçados de cordeiros, mas por dentro são lobos ferozes" (Mt 7,15).

Admitir a política e a economia como dimensões da fé foi um passo fundamental para se pensar uma teoria teológica inspirada na EFC como teologia política, já que a própria fé dá a possibilidade de não fazer teologia cristã sem política e sem economia. É importante compreender a política e a economia como dimensões da fé cristã, para não validar a ingenuidade das fórmulas simples que implantam um dualismo, uma oposição, entre fé e política, entre fé e economia.

Agora, é o momento em que a TpldEFC avançará no discurso sobre si própria, a partir da EFC como práxis que inspira uma teoria teológica. Momento de delimitar o critério último que rege o caráter ético-político do discurso crítico dessa teologia política.

3.2 Economia de Francisco e Clara como práxis que inspira uma teoria teológica

Como saber prático, a TpldEFC surge inspirada em uma práxis sócio-histórica: a Economia de Francisco e Clara. Tal práxis será interpretada sob a luz da hermenêutica ética de *gestação e geração*, que são dinâmicas inerentes aos processos da vida terrestre e da fecundidade do Evangelho. Assim, o último e mais fundamental critério para definir a teoria teológica inspirada na EFC é a *fecundidade evangélica* que brota da norma da fé: de Deus-Palavra se dizendo e se dando no ritmo da vida, o gestar (criar) e o gerar (cuidar).

Francys Silvestrini[27] traduziu, diferenciadamente, o termo francês *engendrement*, que a tradução portuguesa entendeu como *gestação*. A gestação, sendo um princípio feminino, acontece por dentro: é a mulher que gesta. A geração, no mundo bíblico, é ligada

---

[27] Anotações do curso *A pastoral de gestação em Christoph Theobald e Filippe Bacq (2021.1)*, ministrado pelo Prof. Dr. Francys Silvestrini Adão, na Faculdade Jesuíta de Filosofia e Teologia (Faje).

ao princípio masculino, pois é o homem que gera, ou seja, que cuida da manutenção da vida. Essa dupla dinâmica passa pelo invisível e expressa-se no externo. A gestação e a geração se realizam na humanidade inteira, já que a geração cuida da gestação.

Essa é uma paisagem estética do curso da vida de onde parte a TpldEFC como teologia regida pelo critério fontal do Evangelho fecundo. A Boa Notícia nos remete à vida, e a vida nos remete à Boa Notícia. Vale lembrar o que diz Segundo Galilea (1978, p. 13), em *A teologia da libertação no conjunto da teologia*, que nos dá notícia de três maneiras de fazer teologia "[...] ou de aprofundar a mensagem da fé." São elas: a) "[...] a teologia como 'sabedoria'"[28]; b) "[...] a teologia sistemática, 'científica' ou ainda dogmática"[29]; e c) a "[...] 'teologia pastoral'"[30] (GALILEA, 1978, p. 13-14).

Apesar de cônscio do prurido que essa classificação causaria em teólogos e teólogas, Galilea não é ingênuo, no sentido de tomar as três tradições de maneira isolada. Ele sustenta que, para ser boa teologia cristã, os três modos se relacionam:

> A teologia como sabedoria e a teologia pastoral devem apoiar-se sempre nos dados da teologia científica, ainda que não sejam explícitos, e a teologia científica, por sua vez, deve fazer referência permanente à vida espiritual e pastoral, para que não fique à margem da história. (GALILEA, 1978, p. 15).

Assim, a TpldEFC, como inspirada numa práxis sócio-histórica, é teologia teórico-prática. É pastoral, mas inspirada pela sabedoria

---

[28] "Aparece já no Novo Testamento, nos primeiros escritos cristãos e, através da história, na literatura de muitos santos. Esta teologia é própria do gênero homilético, da reflexão espiritual. Procura fazer da palavra de Deus alimento real para a vida. Não tem uma pretensão sistemática nem diretamente 'científica'" (GALILEA, 1978, p. 13-14).

[29] "Esta 'maneira' foi adquirindo crescente importância na vida da Igreja até se tornar fortemente predominante nos últimos quatro séculos: ser teólogo era ser 'teólogo dogmático'. Esta forma de teologia — indispensável — procura o encontro da fé e da razão humana no estudo da Revelação divina. Sistematiza em corpos doutrinais, precisa os alcances da Bíblia e do magistério etc." (GALILEA, 1978, p. 14).

[30] "Seu ponto de partida é, em essência, a vida da Igreja, a ação pastoral, o compromisso dos cristãos, a realidade humana na qual a Igreja exerce sua missão. Neste caso, vida e práxis da Igreja é um 'lugar teológico', isto é, uma base para que possamos elaborar e refletir sobre a mensagem de Jesus Cristo. Assim sendo, a ação pastoral e a práxis cristã são o 'ato primeiro', ao passo que a reflexão teológica é o 'ato segundo', que ilumina e reorienta a ação" (GALILEA, 1978, p. 14).

da fé cristã que visa ao florescimento espiritual, e, a um só tempo, busca o rigor da teologia científica. Teologia sem espiritualidade é vazia de experiência de fé. Espiritualidade sem teologia é vazia de reflexão crítica.

Clodovis Boff (2015, p. 117), na terceira fase crítica da sua teologia, nos ajuda a entender que, em epistemologia, há uma regra básica: "[...] todo saber se adapta ao seu objeto". No caso da teologia, se o objeto dela é o Deus revelado como sendo amoroso, em Jesus Cristo (BOFF, 2015), então, ela é "[...] um saber amoroso" (BOFF, 2015, p. 117), como experiência de Deus. A premissa de Boff, conforme Aquino Júnior (2010), é que o espírito da compaixão do método teológico da Tdl é que o torna insuperável, e não o método em si, de modo que fazer teologia da libertação é partir do pobre à luz de Deus.

Como saber de experiência amorosa, a teologia estabelece uma regra própria, a dizer, "[...] o sujeito em teologia está autoimplicado em seu objeto como em nenhuma outra ciência. De fato, a ciência teológica, por ser 'a fé que busca entender', é o saber que mais compromete a vida e o destino de quem o pratica" (BOFF, 2015, p. 118).

Espiritualidade e teologia se retroalimentam: pode até existir espiritualidade sem teologia, mas, na práxis cristã, não há teologia sem espiritualidade. A espiritualidade, como adesão da fé ao Deus revelado, é saber sentido, de experiência afetiva e efetiva. A teologia, como inteligência da fé, é um saber refletido, de ciência rigorosa (BOFF, 2015). Boff (2015, p. 119, grifos nossos) conclui:

> É que o rigor teológico se confunde, em sua raiz, com o fervor. De fato, antes de ser teórico, o rigor teológico é existencial: é a adesão do coração fiel ao Mistério divino. Já o rigor racional vem depois; é um rigor derivado e segundo. Antes de pensar, o(a) teólogo(a) sentiu a realidade divina.

Desse modo, a função espiritual e pastoral da TpldEFC é a de ser uma experiência de pensamento teológico da política e da economia, fecundada por uma experiência teologal, como encontro da pessoa com Deus e com os oprimidos. Tal encontro faz brotar um saber fecundo nas relações, *um saber amoroso* e *um saber operário*, que nos põe a trabalho.

Amparada pelo exemplo da clássica Tdl de abertura ao intercâmbio teológico entre Sul e Norte Globais, a TpldEFC fará uma releitura da EFC, auxiliada por uma janela hermenêutica. É o que oferece a obra organizada por Philippe Bacq e Christoph Theobald: *Uma nova oportunidade para o Evangelho: para uma pastoral de gestação.*

À luz do Vaticano II, esses autores, quer queira quer não, oferecem elementos para uma proposta de hermenêutica, em teologia, pastoral e espiritualidade. Trata-se de recuperar a categoria de *fecundidade*, mediante a relação de sentido ético e bíblico entre os verbos *gestar* e *gerar*. Dessa base conceitual, emerge uma hermenêutica de ética teológica dos processos de *gestação e geração*, apoiada no verbo *fecundar*. Com esses conceitos, a TpldEFC relerá teologicamente a proposta de realmar a economia, no Brasil.

A narrativa que vimos no capítulo anterior reconstituiu a visão crítica de Francisco sobre a economia hegemônica. A esta altura, cabe um esclarecimento conceitual que promove o entendimento do processo de gestação e geração da EFC. Os teólogos Luiz Carlos Susin e Klauss da Silva Raupp (2021, p. 201), em nota de rodapé de um artigo, esclarecem dois conceitos importantes, a saber, "[...] a economia segundo Francisco e a economia de Francisco".

A economia segundo Francisco "[...] se refere ao modo como o Papa entende a realidade econômica, a dizer, seu pensamento econômico" (SUSIN; RAUPP, 2021, p. 201). Já a economia de Francisco "[...] se refere ao evento – e seu respectivo processo – convocado pelo Papa visando a uma nova economia, a dizer, seu chamado para um pacto nesse sentido" (SUSIN; RAUPP, 2021, p. 201). A EFC reúne os dois entendimentos.

No Brasil, acrescentou-se Clara ao lado de Francisco. A nomenclatura EFC não é por acaso, é uma ação da *Ruah* que a torna uma práxis histórica, em que os elementos masculino e feminino se unem, para realmar a economia, dando-lhe rostos plurais. A Economia de

Francisco e Clara é brasileira e tem sido *gestada* (produzida) e *gerada* (cuidada) durante acontecimentos importantes do pontificado de Papa Francisco.

À luz dessa visão, a EFC pode ser teologicamente lida como tendo uma pré-história seminal. Ela não começa com a convocação de um líder católico para um pacto educativo, mas como um processo pedagógico próprio de amantes da Criação, suscitado pela *Ruah* no coração do Papa Francisco.

Deus que ama a Criação inteira tem mobilizado pessoas à ação que liberta, centrando-a em outro paradigma de existência: a integração entre todos os filhos da Terra e a Casa comum, na qual a geração cuida da gestação. Isso supõe discernir o aparecimento da EFC em momentos pedagógicos característicos da *teofania*[31] bíblica.

O primeiro momento é a *Exortação Apostólica Evangelii Gaudium*, que denuncia a economia financeira como sistema idólatra e que mata (SUSIN; RAUPP, 2021). Aparece o vislumbre de esperança de que outra economia é possível. Deus suscita o desejo por uma economia da vida, em franca oposição à economia da morte.

Nosso posicionamento é que nessa fonte aparece o *eixo profético* da EFC, o que inspira a TpldEFC a ser profética, como anúncio de uma boa notícia e crítica teológica às formas de poder da economia globalizada. No início do pontificado, o Papa Francisco:

> [...] insiste na urgência de uma nova narrativa econômica [...] que tenha por base uma orientação antropológica que não reduza o ser humano, mas que assuma a lógica do desenvolvimento humano integral [...] seria uma narrativa baseada não na cultura do descarte e da indiferença, mas do encontro. (SUSIN; RAUPP, 2021, p. 203).

---

[31] *Teofania* vem de dois termos gregos *Theós* (Deus) e *phanós* (o que aparece). Na Bíblia, *teofania* significa que a automanifestação (autocomunicação) de Deus ao povo de Israel respeitou as condições históricas de cada geração israelita, ou seja, realizou-se em etapas pedagógicas discernidas pelas pessoas de fé. O que levou a um trabalho teológico à luz da fé e da realidade vivida. Na Bíblia, a Revelação de quem é e como age Deus na história é um processo educativo, uma catequese que cada geração foi vivendo, auxiliada por diversas teologias (visões de Deus), e não palavras literais ditadas por Deus. Cada teologia foi revisada, corrigida, confrontada, complementada e superada por outras percepções teológicas (SEGUNDO, 2000).

O segundo momento corresponde aos *Encontros do Papa Francisco com os movimentos populares, em Roma (2014 e 2016) e na Bolívia (2015)* (SUSIN; RAUPP, 2021). Susin e Raupp (2021, p. 204) caracterizam esse momento como "[...] uma economia a partir das periferias da existência". Uma economia centrada na categoria de encontro com o povo, especialmente os empobrecidos, aqueles que estão nas periferias da vida humana e do mundo globalizado (SUZIN; RAUPP, 2021).

Nossa posição é que esses encontros expressam o *eixo sociopolítico* da EFC, o que indica o conteúdo do lugar teológico da TpldEFC, levando-a a fazer opção política pelas vítimas do descarte: as classes sociais exploradas, excluídas e marginalizadas, e a Terra açoitada e humilhada pelo extrativismo capitalista de empresários e latifundiários.

O terceiro momento é a *Carta Encíclica Laudato Si*, de 2015, que apresenta o "diagnóstico da crise socioambiental" que vivemos (SUSIN; RAUPP, 2021, p. 205). Na *LS*, segundo dizem Susin e Raupp (2021, p. 206), emerge uma "nova economia de uma ecologia integral que responde à crise". Essa ecologia se pauta em "princípios éticos" (LS, n. 189), sobretudo, "o princípio do bem comum [...] que desempenha um papel central e unificador na ética social" (LS, n. 156), da Doutrina Social da Igreja.

Acreditamos que essa fonte exprima o *eixo ecológico* da EFC, o qual insufla a TpldEFC a ser um discurso ecoteológico com hermenêutica ética, que está em sintonia com iniciativas de defesa da continuidade da vida no Planeta.

O quarto momento que gesta a Economia de Francisco e Clara é o *Chamado para a Economia de Francisco* (SUSIN; RAUPP, 2021). Susin e Raupp (2021) reiteram que, nesse momento de gestação da EFC, o Papa, em 1º de maio de 2019, convoca, por meio de uma Carta, jovens economistas, empresários(as), gestores do mundo inteiro para realmar a economia em ruínas.

Nessa carta, Francisco propõe um pacto a ser assinado em um encontro em Assis, de 26 a 28 de março de 2020, que reanime ou dê alma à economia do futuro. Realmar a economia à luz de Francisco de Assis, que representa o amor aos frágeis e à Criação. Ele é o inspirador da ecologia integral, como referência para um novo modelo econômico baseado na equidade e fraternidade, da cultura de comunhão (BRASILEIRO, 2023).

Em nossa opinião, esse chamado para iniciar um processo dá lugar ao *eixo socioeducativo* da EFC, que oferece à TpldEFC a ideia de que a mudança de paradigma econômico é compromisso de todos. Precisa do engajamento das novas gerações numa práxis transformadora. Iniciou-se, daí, uma preparação para esse encontro em Assis.

A *Articulação Brasileira pela Economia de Francisco* (ABEFC), reunida em Encontro Nacional, produziu um texto escrito, em novembro de 2019, para o encontro mundial em Assis, cujo título é *Carta de Clara e Francisco*. Nela, reivindica-se a presença de Clara junto a Francisco, o que deu à *Economia de Francisco*, no Brasil, outro belo título, mais abrangente, o da *Economia de Francisco e Clara*. Isso alterou o nome da ABEF para *Articulação Brasileira pela Economia de Francisco e Clara* (ABEFC).

Essa carta retrata muitas características da EFC. Mas queremos ressaltar a novidade da presença de Santa Clara. A tradição claretiana é referência para uma economia que una os princípios masculino e feminino e inclua os oprimidos, no processo de realmar a economia. A entrada de Clara marca que a economia da vida é inclusiva (BRASILEIRO, 2023).

Economia é um substantivo feminino, o que já confere ao conceito uma abertura para que a presença crítica do feminino, nos processos econômicos de decisão, ajude a operar mudanças de paradigma. Até então, a economia e a política são dominadas pela seletividade do capitalismo patriarcal, machista, racista, extrativista, ecocida, excludente.

Clara nos inspira a romper com esse modelo. Para perceber a relevância de Clara de Assis no processo de realmar a economia, há que mudar a lente sobre esta grande mulher. Nabozny, Reis, Ribas e Guimarães (BRASILEIRO, 2023, p. 49) propõem que recuperemos a figura pouco conhecida de Clara como "[...] mãe do carisma franciscano". Por essa ótica, sustenta-se que a nova economia com alma necessita da presença feminina.

Na experiência de privilégio da pobreza dessa mulher, companheira de Francisco, a partilha com os que não têm e o cuidado são os princípios básicos da economia de Clara, que beneficiava a quem precisava, e não a quem administrava os bens do mosteiro (BRASILEIRO, 2023).

A economia de Clara como sinônimo de regras de cuidado da casa comum, que coloca os bens a serviço de todos, sobretudo dos empobrecidos, opõe-se à economia avarenta, com regras de gestão da casa para proteger 1% da população mundial. Por isso, com Clara, é possível ver que: "Sua proposta aponta para um lugar em que o valor do dinheiro e do território não está acima da dignidade da comunidade. Clara possibilita a certeza de que o caminho de uma nova economia não se faz com práticas desiguais." (BRASILEIRO, 2023, p. 54).

Para o articulador da ABEFC, Eduardo Brasileiro (2022, s/p), com Clara, aparece "[...] 'a perspectiva das periferias, das mulheres, de tudo aquilo que é excluído da lógica do capitalismo'".

A ABEFC é uma iniciativa pioneira no Brasil. Como todo pioneirismo, ela esbarra em desafios: o de saber começar processos e o de saber continuá-los. Sob o desafio de saber ativar processos, a ABEFC se guia, conforme Ramon Jung Pereira, por quatro premissas norteadoras: "[...] formação para a Economia de Francisco e Clara; promoção do diálogo permanente e construção de redes; produção, pesquisa e publicações; Economia de Francisco e Clara e sociedade" (BRASILEIRO, 2023, p. 84-85).

No desafio de saber apoiar a continuação de processos, Brasileiro (2022, s/p) diz que a EFC tem sido "[...] uma resposta a partir dos territórios". Uma economia a partir dos territórios "não é uma resposta única para o mundo, mas uma retomada de experiências territoriais" (BRASILEIRO, 2022, s/p). A EFC tem se aproximado e aprendido de práticas econômicas existentes, como a Economia Solidária, economias comunitárias, economia de mulheres, economia de comunhão e economias populares (BRASILEIRO, 2022).

Esse movimento se afina com o princípio proposto pelo Papa Francisco à Igreja:

> [...] o tempo é superior ao espaço. Este princípio permite trabalhar a longo prazo, sem a obsessão pelos resultados imediatos. [...] Um dos pecados que, às vezes, se nota na atividade sociopolítica é privilegiar os espaços de poder em vez dos tempos dos processos. Dar prioridade ao espaço leva-nos a proceder como loucos para resolver tudo no momento presente, para tentar tomar posse de todos os espaços de poder e autoafirmação. É cristalizar os processos e pretender pará-los. Dar prioridade ao tempo é ocupar-se *mais* com *iniciar processos do que possuir espaços*. Trata-se de privilegiar as ações que geram novos dinamismos na sociedade e comprometem outras pessoas e grupos que os desenvolverão até frutificar em acontecimentos históricos importantes. (EG, n. 222-223, grifos do autor).

Além disso, a carta de Francisco e Clara sugere, implicitamente, que a tradição franciscana, de São Francisco, é grande referência para nortear um processo de libertação promovida pela EFC, que implica descolonizar o Planeta e o ser humano, bem como a relação entre ambos. No cântico das criaturas, São Francisco diz: "Louvado sejas, meu Senhor, pela nossa irmã, a mãe terra, que nos sustenta e governa e produz variados frutos com flores coloridas e verduras" (LS, n. 1). Francisco representa o paradigma da fraternidade universal.

São Boaventura contava que o santo Francisco tinha o hábito de se jogar por Terra e beijá-la, quando, por exemplo, repreendia um confrade (OSHIRO, 1998). Isso "[...] demonstra a aceitação total da condição de criatura, com todas as suas consequências, e a disponibilidade total ao Criador" (OSHIRO, 1998, p. 48). A Terra, na visão franciscana, é a única criatura com dois tipos de relação: "[...] é mãe, em relação às criaturas, e irmã, em relação ao Criador" (OSHIRO, 1998, p. 49).

Para Francisco, a Terra é uma Mãe que nos mantém vivos, porque nos alimenta e dela somos dependentes, ela nos governa com suas leis vitais; e uma irmã, já que estamos ligados a ela por um elo vital, a existência compartilhada: com ela "partilhamos a existência" (LS, n. 1). Temos, por exemplo, o mesmo componente da Terra, a *célula*, que é "[...] a unidade elementar da vida, com todas as suas qualidades e funções necessárias: produção de energia e matéria, capacidade de reprodução, hereditariedade e desenvolvimento, sensibilidade e capacidade de adaptação" (NERY, 1998, p. 31).

Na cosmovisão franciscana, há uma fecunda possibilidade de convergência com várias outras cosmovisões e antropovisões, sobretudo indígenas e africanas: a terra não pertence ao ser humano, ele é que pertence a ela (NERY, 1998). Todas elas convergem com a noção de que:

> A terra não é nossa posse. Nós [...], [*humanos*], é que lhe pertencemos como irmãos e irmãs, ou como seus filhos e filhas. Todos os seres [...] são merecedores, primariamente [...] de nosso respeito e devem poder se sentir nesta terra como em sua casa. (NERY, 1998, p. 32, grifo nosso).

É o tipo de relação com o Planeta que nos faz repensar a antropologia que queremos, ou quem pensamos que somos *na* e *para* a Terra.

Somente em 19 e 21 de novembro de 2020, aconteceu de modo on-line, por ocasião da Pandemia de Covid-19, o encontro *The Economy of Francesco*, com jovens do mundo inteiro (BRASILEIRO, 2023). Emerge o pacto de Assis para realmar a economia. Nesse encontro, o Papa dirigiu uma mensagem a 2 mil jovens, na qual cada uma das três partes remetia às páginas da *Evangelii Gaudium* e da *Laudato Si* (SUSIN; RAUPP, 2021).

Uma mensagem dividida em três momentos: 1) a vocação de Assis, na qual o Papa lembra o chamado de Cristo a São Francisco de reparar a casa em ruínas, como um convite a todos que participam da elaboração de paradigmas e das decisões; 2) uma nova cultura do encontro, em que se saiba iniciar processos, criar pertenças, abrir os horizontes e propor caminhos; 3) e o pacto de Assis, que requer não fazer pelos e para os empobrecidos, mas com eles, e anunciar o desenvolvimento integral que promove todo ser humano e o ser humano todo (BRASILEIRO, 2023).

Nosso palpite é que esse encontro é expressão do *eixo pastoral* da EFC, o cuidado do processo que está sendo gestado por jovens. O que fornece à TpldEFC o caráter de teologia pastoral que pode contribuir com a práxis cristã, a partir de leigos e leigas.

O quinto momento gestador da EFC é a *Carta Encíclica Fratelli Tutti*, de 2020 (SUSIN; RAUPP, 2021), que reitera a crítica à economia que mata, quando denuncia o mercado, por si, como "dogma de fé" (FT, n. 168), cujo pensamento é repetitivo, já que as receitas são as mesmas para todos os problemas (FT). Ademais, sobretudo a FT convoca a humanidade, em nome da fraternidade humana, a convergir interesses na luta pela continuidade da vida na Terra.

Em nossa visão, essa fonte aponta para o *eixo da espiritualidade* da EFC: *da denúncia como crítica real ao sistema; e do anúncio enquanto vida ética oposta ao sistema.* O que inspira a TpldEFC a ser uma teoria teológica nutrida pela espiritualidade de Jesus, fecundada pelo Evangelho vivo. Os próximos momentos reafirmam o *eixo profético* da EFC, um compromisso com a transformação das estruturas.

O sexto momento é a mensagem virtual, em outubro de 2021, do Papa Francisco às juventudes. Nela, o Pontífice fez uma reflexão sobre a Pandemia, ressaltando a gravidade das mazelas sociais, o fracasso em cuidar da casa comum, e reafirmou a necessidade de esperançar, colocando a fraternidade como coração da economia (BRASILEIRO, 2023).

O sétimo momento de gestação foi o encontro presencial na cidade de Assis, que findou em 24 de setembro de 2022, com a belíssima mensagem do Papa Francisco. Nela, ele convida à atitude profética de jovens das Sagradas Escrituras. Chama atenção para três indicações de percurso: a) ver o mundo a partir dos pobres; b) não se esquecer do trabalho digno nem dos trabalhadores; e c) encarnar os valores, os desejos e os ideais em obras concretas (BRASILEIRO, 2023).

Podemos falar de um oitavo momento de gestação e geração da EFC. A publicação de um livro, em 2023, organizado pelo articulador da ABEFC (Eduardo Brasileiro) e intitulado de *Realmar a Economia: Economia de Francisco e Clara*.

Sem pretensão de esgotar o conteúdo da obra, ressaltamos traços centrais da Economia de Francisco e Clara como uma nova práxis econômica comprometida: a) com a crítica à economia capitalista, a libertação da economia, os pobres e com a existência de economias territoriais dos povos originários, de mulheres, de periferias; b) com a transição pedagógica do paradigma hegemônico da economia que mata, exclui e devasta para o paradigma da economia da vida, calcada na ecologia integral e no bem-viver dos povos; e c) com a comunitária construção econômica do Sul global, rompendo com a dependência e a colonialidade capitalista do Norte global (BRASILEIRO, 2023).

Essa obra é referência basilar do processo, porque apresenta como tem funcionado a Economia de Francisco e Clara e os princípios gerais que orientam essa práxis no Brasil:

> Princípio 1: Cremos na ecologia integral; Princípio 2: cremos no desenvolvimento integral; Princípio 3: cremos em alternativas anticapitalistas; Princípio 4: cremos nos bens comuns; Princípio 5: cremos que "tudo está interligado"; Princípio 6: cremos na potência das periferias vivas; Princípio 7: cremos na economia a serviço da vida; Princípio 8: cremos nas comunidades como saída; Princípio 9: cremos na educação integral; Princípio 10: cremos na solidariedade e no clamor dos povos (BRASILEIRO, 2023, p. 315-319).

Ainda que falemos de uma pré-história seminal da EFC, o processo de gestação e geração dessa práxis não pode ser visto apenas como linear; quer dizer, não se reduz ao tempo cronológico: primeiro vem a gestação, depois a geração. Mas é um processo do tempo *kairológico* (*kairós*=tempo oportuno), de um acontecimento processual grávido da fecundidade da *Ruah* que tudo enche de vida e liberta da opressão econômica. Nessa temporalidade *kairológica*, a gestação e geração se realizam numa dinâmica circular, ou seja, como momentos que se retroalimentam e fecundam as pessoas e as práticas.

Vimos que a EFC tem uma pré-história e uma historicidade ao ritmo da vida. Está em territórios e em temporalidades distintas como um duplo processo de gestação (criação inspirada nas fontes) e de geração (manutenção inspirada em práticas de cuidado). Esse processo inspira uma teoria teológica, como reflexão que busca discernir a ação pedagógica de Deus no processo de realmar ou reanimar a economia.

Essa teoria é uma *teologia política* que se dá em um círculo virtuoso, quer dizer: uma experiência autêntica de Deus — centrada no Evangelho — pode fecundar a experiência política e econômica em nós, cristãos, e em nossas relações com outros grupos sociais; e uma experiência autenticamente política, fecundada pelo Evangelho, pode gerar, na comunidade humana, uma vivência genuína da economia e da política, vividas na diversidade e em comum.

Assim, a TpldEFC, irrigada pela vivência ética mais originária de *gestar* e *gerar*, (re)habilita o sentido ético de *fecundar* a vida econômica e política da humanidade. Então, queremos trazer à baila, não a *teopolítica teocrática e colonial*, baseada no princípio de senhorio e dominação dos povos e da terra, em nome de uma colonizadora imagem de Deus e de um projeto de domínio político de uma religião.

Mas se trata, primeiro, de uma Teologia política de gestação e geração pastoral, da fecundidade evangélica que nutre a práxis cristã; segundo, de uma teologia que, inspirada numa práxis concreta (a EFC), pensa a contribuição do cristianismo para o espaço público, na perspectiva da transição de paradigma econômico. E, aqui, é fundamental dizer que a EFC representa um movimento dentro da Igreja Católica de repensar a significância e a relevância da religião e da fé na sociedade brasileira.

Acreditamos que o caminho práxico de gestação, o qual tem propiciado a geração (o cuidado da continuidade do processo) da EFC, está fecundado por uma prática pastoral e espiritual da Igreja que inspira a TpldEFC como teoria teológica. Posto isso, nas próximas páginas, caracterizaremos a TpldEFC, em termos de ética, pastoral e espiritualidade cristã, a partir de uma reinterpretação de alguns conceitos do livro organizado por Philippe Bacq e Christoph Theobald e à luz de textos do Papa Francisco.

A hermenêutica que se esboça no texto de referência é regida por alguns princípios que elencaremos, não na mesma sequência das páginas do livro, mas seguindo nossa releitura crítico-criativa. O primeiro princípio — *a gestação é mútua* — se insere no momento epistemológico em que *o saber teológico da EFC adapta-se ao próprio objeto*.

Os princípios dois, três e quatro agrupam-se ao momento epistemológico em que *o sujeito está autoimplicado no objeto da Tpl-dEFC*. Os princípios são: (2) *o objetivo da gestação é suscitar a vida*; (3) *ninguém gera sozinho*; (4) e *a gestação é o acesso do indivíduo à própria humanidade que se dá pela geração de alguém*.

A seguir, a Teologia política latino-americana da EFC fará um discurso sobre si, realizando dois grandes movimentos reflexivos em teologia cristã: *intellectus fidei* (inteligência da fé) e *intellectus amoris* (inteligência do amor). O primeiro movimento corresponde à *Teologia política como saber samaritano*, pelo qual a fé busca entender mais a realidade vivida para amar melhor o mundo sofrido, à luz do Amor revelado. O segundo movimento equivale à *Teologia política como saber do colocar-se a trabalho*, pelo qual a fé busca amar melhor a realidade vivida para entender mais o mundo sofrido.

Como se trata de essa teoria teológica fazer um discurso sobre si, a partir de uma hermenêutica ética da fecundidade evangélica nos processos de gestação e geração, ambos os movimentos releem o percurso do livro guiado pelo método teológico da Tdl. E, a um só tempo, acenam para implicações éticas, pastorais, existenciais, teológicas, ecológicas, políticas, econômicas, sociais. Vejamos.

3.3 Teologia política como saber samaritano

A TpldEFC, no movimento da *intellectus fidei* em cujo método há espírito, é um saber que sente e se põe a trabalho de elaboração teológica sobre si. Isto é, pretende reler *os três momentos da Teologia política como saber samaritano*. Trata-se da *mediação socioanalítica* (partir da realidade vivida), *mediação hermenêutica* (pensar a fé vivida) e *mediação prática* (voltar à ação da fé vivida na realidade vivida). Com isso, busca-se discernir o núcleo do discurso daquela teoria teológica, como realidade de amor revelada hoje em processos vitais de gestação e geração no mundo sofrido.

Foi dito por Clodovis Boff que o saber teológico se adequa ao próprio objeto (ex. Deus amoroso), por ser um saber sentido antes de ser pensado pelo(a) teólogo(a). Isso é compatível com a noção de Boff de que o método da Tdl é regido pelo espírito teológico da compaixão pelos oprimidos. Então, a condição de possibilidade para que a TpldEFC seja um *saber samaritano* é que ela passe por esse *momento* de adequação ao objeto.

No Evangelho Segundo Lucas, um legista perguntou a Jesus sobre a segunda parte do mandamento de amar a Deus, o amor ao próximo: "'E quem é o meu próximo?'" (Lc 10,29). Ao contar a parábola do samaritano[32] que socorreu o homem ferido pelos assaltantes,

---

[32] A origem dos samaritanos remonta ao período da monarquia israelita que unificou as 12 tribos de Israel. Após a morte do rei Salomão, o reino unificado foi dividido em dois reinos: do Sul, de Judá, cuja capital era Jerusalém, e do Norte, de Israel, cuja capital era Samaria. Os samaritanos dessa época eram judeus que se misturavam racialmente com os invasores pagãos (medo-persas) e aderiam aos seus cultos, a ponto de se separarem do povo judeu e construírem um templo no monte Garizim, no século IV, antes da nossa era. Isso foi considerado uma traição, e, desde aí, a rivalidade entre samaritanos e judeus oscilou entre momentos de trégua e hostilidade acirrada. Quando o templo Garizim foi destruído por Hircano, as tensões aumentaram. Seguiu-se uma trégua devido ao casamento entre Herodes e uma samaritana, com a intenção de ser ponte para reconciliar esses povos. Nesse período, os samaritanos podiam entrar no templo de Jerusalém e prestar culto. Após a morte de Herodes, o conflito se acirrou, porque os samaritanos perderam o direito de entrar no templo, na gestão do procurador Copônio. A reação samaritana foi profanar o templo com ossos humanos, interrompendo a Páscoa judaica. Os samaritanos foram tratados com severidade pelo direito rabínico. No tempo de Jesus, no século I da nossa era, imperavam preconceitos judaicos contra os samaritanos. Não pertenciam à comunidade israelita, cuja legislação negava a eles o direito do vínculo de sangue com os patriarcas israelitas (ex. José) e o judaísmo, sendo excluídos mais pela origem mesclada que os igualava aos pagãos do que pelo culto no templo Garizim. Fora-lhes negado o direito de prestar culto no Templo de Jerusalém, e de se casarem com judeus, por serem considerados idólatras e impuros. Nessa época, esse grupo malquerido era monoteísta, observante da Lei, via Moisés como único profeta, considerava só o *Pentateuco* como escritura sagrada e esperava o Messias. Então, Jesus, para superar o antigo rancor nacional e os preconceitos judaicos, conta uma Parábola em que o samaritano é exemplo de amor ao próximo. No século II, as relações melhoraram, e os samaritanos foram vistos com mais tolerância. Quando se convertiam ao judaísmo, tinham que

e não socorrido pelo sacerdote e pelo levita que passaram ao lado, Jesus pergunta ao legista: "'Qual dos três, em tua opinião, foi o próximo do homem que caiu nas mãos dos assaltantes?' Ele respondeu: 'Aquele que usou de misericórdia para com ele'. Jesus então lhe disse: 'Vai, e também tu, faze o mesmo'" (Lc 10,36-37).

Heitor Utrini (2019) lembra que essa parábola foi interpretada pelos primeiros teólogos cristãos em perspectiva cristológica e eclesial; de sorte que os pioneiros da teologia cristã viam Cristo como samaritano, a humanidade pecadora representada pelo homem caído no caminho e, na Igreja, a hospedaria.

Orígenes (2016, p. 108), em *Homilias sobre o Evangelho de Lucas*, diz que na intepretação tradicional dessa parábola, um presbítero[33] declarou: "[...] o homem que descia representa Adão; Jerusalém, o paraíso; Jericó, o mundo; os ladrões, as potências inimigas; o sacerdote, a Lei; o levita, os profetas; o samaritano, o Cristo". Orígenes (2016, p. 109) faz uma releitura da tradição que vê no samaritano o Cristo:

> O sacerdote, a meu ver, figura da Lei, com efeito, o vê; o levita, que, em minha opinião, representa a palavra profética, também o vê. Mas depois que o viram, passaram e o abandonaram. A Providência, porém, deixava aquele homem semimorto aos cuidados daquele que era mais forte que a Lei e os Profetas, isto é, ao Samaritano, cujo nome significa "guardião". É ele que "não cochila nem dorme guardando Israel". [...] Depois de ter negado que estivesse possuído por um demônio, Jesus não quis negar que ele fosse samaritano, pois ele sabia que era um guardião.

No Evangelho Segundo Marcos, o trecho do homem rico fala de uma pessoa que perguntou a Jesus: "'Bom Mestre, que farei para herdar a vida eterna?' Jesus respondeu: 'Por que me chamas bom? Ninguém é bom senão só Deus'" (Mc 10,17-18). Konings e Gomes (2018, p. 53), em

---

ser circuncidados novamente. E, mais tarde, no ano 300, a ruptura foi definitiva, e os samaritanos não podiam mais se converter ao judaísmo e se passaram por pagãos (JEREMIAS, 1983, cf. p. 464-472).

[33] Nota de rodapé 5: "A menção de um presbítero é a indicação da antiguidade da tradição a que a exegese dessa parábola está associada. Teófilo de Antioquia, Irineu de Lião, Tito de Bostra são alguns nomes de uma cadeia exegética em que encontramos comentários dessa parábola" (ORÍGENES, 2016, p. 170).

Marcos: o evangelho do reino de Deus, fazem um comentário-paráfrase desse texto: "Se o chama de 'bom', atribui-lhe uma qualidade de Deus!".

Jesus, no início do Evangelho Segundo Lucas, depois que tinha escolhido os Doze e estava em um lugar plano rodeado pela multidão que o acorria para ouvi-lo, com muitos que o buscavam para serem curados, ele fez o discurso inaugural das bem-aventuranças. Em seguida, disse: "Sede misericordiosos como o vosso Pai é misericordioso" (Lc 6,36).

Há grupos eclesiais norteados por uma teologia do pecado que condena como mau o desejo de ser como Deus. Ildo Perondi (FAUSTI, 2011, p. 182 *apud* 2017, p. 74) esclarece: "'O mal não consiste em querer ser como Ele, mas em não ter entendido como Ele é'". Na teologia da Graça, que é anterior à teologia do pecado, o desejo de ser divino, segundo Perondi (2017), não é mau, já que o próprio Deus nos pede para agir como Ele. Entender quem é Deus é discernir como Ele age no mundo.

A bondade e a misericórdia são próprias da teologia jesuânica. Jesus entende Deus como um Pai misericordioso e bom, e vê o ser humano a ser divinizado por Deus em palavras, ações e gestos de misericórdia e bondade. Onde existe amor, Deus age em palavras de vida eterna, gestos de cortesia e ações generosas; onde há uma pessoa que ama com bondade, Deus se identifica com ela e age nela. Amar atesta que Deus diviniza.

Santo Agostinho (1994, p. 284) corrobora que a Trindade[34] é a maneira cristã para dizer que Deus é sinônimo de amar: "O amor,

---

[34] A teóloga Maria Clara Bingemer (2009a) comenta a teologia agostiniana do Deus-Trindade, em três momentos: 1) o Pai é "[...] Deus além e acima de nós, maior que nós" (BINGEMER, 2009a, p. 21), o Pai com carisma de Mãe, o Deus que está em nossa origem e no nosso destino final, a fonte da vida, Quem nos deu a existência, Criador, e "o eterno Amante do Filho" (BINGEMER, 2009a, p. 114) e de nós; 2) o Filho é "[...] Deus conosco, entre nós, um de nós" (BINGEMER, 2009a, p. 21), o Filho que tornou-se menor do que é, quando tornou-se humano por excelência, embora não pecou, Quem revelou Deus para nós, ele é "o eterno Amado do Pai" (BINGEMER, 2009a, p. 114); e 3) e o Espírito Santo é "[...] Deus em nós, dentro de nós, mais íntimo a nós que nós mesmos" (BINGEMER, 2009a, p. 21), o Espírito Santo, que é "[...] movimento, vida, liberdade, [...] o Eterno Amor entre Pai e Filho, [...] Quem garante que o Pai e o Filho sejam eternamente o mais perfeito amante e o mais agradecido Amado" (BINGEMER, 2009a, p. 114). Aquele que está dentro do Pai e do Filho, sendo o que ele faz: "o elo de Amor entre os dois [...] para que sejam um/único na diferença" (BINGEMER, 2009a, p. 114).

porém, supõe alguém que ame e alguém que seja amado com amor. Assim, encontram-se três realidades: o que ama, o que é amado e o mesmo amor."

O Deus-Trindade não é só uma ideia pensada pela teologia; é uma experiência de amor, na qual há um *eu* (o Pai) e um *tu* (o Filho) existindo por um *elo* de amar (Espírito Santo, a *Ruah*) que assegura a ambos a mesma essência divina e a diferença dos três. O Deus-Trino são diferenças referidas entre si, vivendo, em unidade indissolúvel, uma relação de amor. O amar divino é permitir que as diferenças existam na relação.

Na fé cristã, o amor é a prova cabal de que Deus age e que o ser humano se diviniza a partir da divindade que o cria, e não da negação da condição de criatura pela desobediência ética que promete a deificação do humano sem Deus, fora da relação de amor. É o que sugere o mito que narra a origem da ruptura humana com o núcleo da ética cristã: o amor.

A serpente induz Eva a comer o fruto proibido, no Éden, e promete uma divinização autossuficiente da criatura não referida ao Criador: "'Não, não morrereis. Mas Deus sabe que, no dia que comerdes, vossos olhos se abrirão e vós sereis como deuses, versados no bem e no mal'" (Gn 3,5).

O texto revela que o ser humano oscila entre a liberdade livre e a liberdade escrava nas relações que vive. A incitação da serpente a desobedecer à proibição divina simboliza a promessa de liberdade como transgressão da lei – que estabelece limites e possibilidades para a conduta da criatura – e ruptura com o Deus Bíblico, que institui o amor como coração da ética cristã. O conhecimento proibido e desejado representa o fundamento dessa liberdade escrava como negação da condição de criatura humana que quer ser divina sem amar. A expulsão do paraíso é símbolo da decisão de ser deificado(a), rejeitando a vida ética.

O problema da liberdade escrava não é conhecer o bem e o mal nem querer ser como Deus, mas ignorar os limites da criatura, concebendo uma criatura sem limites, não referida a ninguém além de si mesma. Fora das relações de amor, não há divinização do humano, só idolatria pela qual a criatura se erige divindade criadora de ídolos deificados.

Não há decisão livre, sem relação amorosa, mas a decisão escrava prescinde das relações de amor. A liberdade bíblica não é fazer apenas o que se quer, ignorando limites e referências valorativas, mas a decisão capacitada pelo amor como coração da conduta ética. Se, no princípio, era o Verbo, a Graça é anterior ao pecado. O amor é o fundamento da liberdade cristã: amar capacita a escolha livre e forma os cristãos para a vida ética.

A relação de proximidade entre Jesus e os oprimidos demonstra que a teologia cristã pressupõe uma visão de Deus que indica o caminho da divinização dos cristãos. O que a fé bíblica conhece é o Deus revelado em Jesus de Nazaré e comprometido com a história e a divinização das pessoas, a partir não do ser humano criado, mas do Criador.

Santo Atanásio (2014, p. 134), a esse respeito, entendeu que a finalidade da Encarnação é o Verbo recriar o ser humano à imagem de Deus e que, portanto, "Ele se fez homem para que fôssemos deificados". Para que essa visada da tradição patrística não reproduza o exclusivismo religioso numa antropologia teológica inclusivista, é preciso dizer que o Deus cristão se fez humano para que os que n'Ele creem sejam divinizados.

É conhecido o axioma *extra ecclesiam nulla salus* ou *fora da Igreja não há salvação*. Foi explicitado no século III, tanto na Igreja oriental, na homilia de Orígenes sobre Josué, quanto na Igreja latina, no tratado de Cipriano (2016) de Cartago *Sobre a unidade da Igreja*. Essa fórmula tem sentido restrito ao cristianismo, se contextualizada[35].

---

[35] Para aprofundamento, ver o artigo de João Batista Libânio *Extra Ecclesiam nula salus*, que faz um histórico desse axioma em três momentos: (1) preparação do surgimento, com os textos bíblicos e os pais da Igreja (Inácio de Antioquia, Irineu de Lião e Clemente de Alexandria), que se preocupavam com a unidade da igreja diante do cisma e da heresia; (2) formulação explícita no século III com Orígenes (contexto do discurso parenético aos judeus para entender a Bíblia judaica como apelo a entrar na Igreja, e não uma teoria universalista sobre a salvação da humanidade) e Cipriano de Cartago (contexto, não de preocupação com a salvação universal da humanidade, mas com a unidade da igreja de Cartago sob a autoridade do bispo e impedir a divisão na comunidade pelos movimentos cismáticos); (3) e destino da fórmula, com a interpretação rígida de Fulgêncio de Ruspe, da escola agostiniana, segundo a qual quem

Por outro lado, a visão colonialista e imperialista de religião hegemônica conferiu outro significado para *fora da Igreja não há salvação*: o sentido exclusivista, segundo o qual, fora da instituição Igreja Católica Apostólica Romana, ninguém pode ser salvo. Isso estimula a intolerância religiosa via exclusivismo e o ocultamento colonial das diferenças.

Para não incorrer em exclusivismo colonialista que nega outras religiões, não se pode defender que, fora do cristianismo, não há divinização do humano. Apenas contentar-se com o sentido específico, de que, para a sabedoria cristã, Jesus Cristo é o único caminho da divinização humana dos que creem nele. E isso se justifica, porque Ele é visto como o ser Humano que, ao revelar a imagem do Pai, amando-O, revela Deus como Amante, Amado e Amor para a igreja e, a um só tempo, o ser humano novo à imagem do Pai. Se só o Filho diz o Pai, o ser humano novo é a imagem do Filho amando.

Se o Deus bíblico é amor, o Deus-Trindade se aproxima, por compaixão, de quem está ferido na estrada e se identifica, por cuidado, com quem é misericordioso, que presta socorro, como fez o samaritano, marginalizado por outros judeus que se consideravam os descendentes do povo eleito. Assim, a *Teologia política* como *saber samaritano* é uma *teologia marginal*, da *periferia do mundo*, dos periféricos a serviço dos marginalizados.

Como *saber marginal*, essa teologia se funda na experiência de Jesus Cristo que, revelando o rosto compassivo de Deus na história, é o *Bom Samaritano por excelência*: o guardião do amor como coração da ética cristã. Jesus de Nazaré era um periférico que amava os periféricos e marginalizados de Israel e, por isso, é o Cristo Samaritano

---

está fora da igreja será condenado ao inferno. Essa interpretação influenciou o magistério dos Papas e Concílios medievais até o Vaticano II e Karl Rahner e Henri de Lubac. Contudo, Libânio não se deu conta de que esses teólogos fizeram uma releitura inclusivista desse axioma, sem romper com o exclusivismo em relação a outras tradições religiosas, porque começam admitindo que há salvação fora da igreja, mas terminam dizendo que apenas Cristo salva essa humanidade de religiões e Deuses tão diversos e que sem a igreja não há salvação, por ser ela a promessa divina de salvação universal da humanidade. Fica implícito que as divindades de outras religiões são incapazes de salvar seus fiéis, apenas o Deus cristão. Matam-se os Deuses de outras religiões, esvaziando-as de teologia e de fé, ou seja, oculta-se a alteridade de outras tradições, em nome de uma interpretação soteriológica para salvar um axioma construído historicamente.

que se identifica, hoje, com pessoas periféricas que amam outras tantas marginalizadas.

Os marginalizados foram feridos e esquecidos no caminho da história pela opressão expressa no que Enrique Dussel (1977), Aníbal Quijano (2007; 2005) e Maldonado Torres (2007) classificaram como tríplice *colonialidade*: a) *do poder* capitalista (classificação racial do mundo e relações de exploração, dominação e descarte); b) *do saber* etnocêntrico e eurocêntrico (superioridade epistemológica dos colonizadores que tentam convencer os colonizados de sua inferioridade epistêmica); e c) *do ser* (naturalização da distinção ontológica entre centro e periferia, colonizador e colonizado, opressor e oprimido).

Francisco (2015), em discurso proferido no *Encontro Mundial dos Movimentos Populares, em Santa Cruz de la Sierra,* em 9 de julho de 2015, posicionou-se contra toda forma de colonialidade, quando criticou o colonialismo econômico:

> O colonialismo, novo e velho, que reduz os países pobres a meros fornecedores de matérias-primas e mão de obra barata, gera violência, miséria, emigrações forçadas e todos os males que vêm juntos... precisamente porque, ao pôr a periferia em função do centro, nega-lhes o direito a um desenvolvimento integral. Isto é desigualdade, e a desigualdade gera violência que nenhum recurso policial, militar ou dos serviços secretos será capaz de deter. **Digamos NÃO às velhas e novas formas de colonialismo. Digamos SIM ao encontro entre povos e culturas. Bem-aventurados os que trabalham pela paz.**

Voltemos a essa visão cristológica de Deus como *Bom Samaritano,* que é condição de possibilidade de a Teologia política como *saber samaritano* passar pela *regra epistemológica* de adequação do saber teológico ao próprio objeto (conteúdo teológico=Deus amoroso comprometido com o mundo sofrido). Se o núcleo do *saber samaritano* é o Deus revelado no Cristo samaritano, a adequação do saber teológico ao conteúdo teologal implica o compromisso histórico desse saber com o mundo sofrido.

Ao se realizar como opção política pelos oprimidos de hoje, à luz da opção de fé por Jesus Cristo, esse compromisso necessita de ser discernido continuamente, a partir do núcleo ético da vida cristã: o amor cristocêntrico que revela o amor teológico como proposta de divinização do humano ou salvação da história. Vale lembrar a máxima patrística de que Deus não nos salva sem nós[36], assim como não nos diviniza sem nós.

Trata-se, aqui, do momento de o *saber samaritano* se colocar a trabalho de fazer uma hermenêutica do fundamento ético da práxis cristã, à luz do primeiro princípio da *gestação* e da *geração: a gestação é mútua*. Sugere Bacq (2013, p. 22): "Não existe gestação que não seja mútua". A gestação "[...] sustenta as pequenas realizações parcelares e diversificadas, que ela considera outras tantas emergências do Reino" (BACQ, 2013, p. 24).

Esse princípio indica três maneiras de entender *a gestação mútua*, como *conteúdo, método* e *destinatário(a)*. O que está sendo gestado (conteúdo) é o núcleo ético da vida de fé: o amor. O *como* (método) se gesta esse conteúdo é criando relações de proximidade não violenta. E a quem se destina (destinatário) refere-se a quem se beneficia do conteúdo e do método: quem ama e quem é amado, os filhos da Terra e o Planeta como corpos oprimidos.

A *Fratelli Tutti*, remetendo-nos à parábola do *Bom Samaritano* (Lc 10,25-37), dá-nos uma imagem bíblico-teológica belíssima, condizente com esse princípio da gestação mútua e que se refere à fonte teológica da fecundidade evangélica agindo no *conteúdo* e no *como* da gestação. O enredo parabólico discute quem é o próximo de quem.

No judaísmo, o próximo é o vizinho, o membro do mesmo grupo (FT). Na parábola de Jesus, "[...] o samaritano foi quem *se fez próximo* do judeu ferido" (FT, n. 81, grifos do autor). Inverte-se a lógica da pergunta. Na teologia como saber samaritano, não se pergunta quem é o nosso próximo, mas, ao contrário, de quem nos fazemos próximos. Indaga-se pelo conteúdo, pelo método e pelos destinatários da gestação.

---

[36] "O Deus que te Criou sem ti, não te salvará sem ti" (Sermão 169, XI, A vida cristã, Santo Agostinho).

Do ângulo da *gestação mútua*, a parábola refunda a vida em sociedade, porque, ao inserir a inversão na pergunta sobre o próximo, qualifica a economia e a política como relação de proximidade, remetendo-as à fonte teologal suprema da gestação da vida em comunidade, que é a vida íntima de Deus-Trindade, como "[...] uma comunidade de três Pessoas, origem e modelo perfeito de toda a vida em comum" (FT, n. 85). A potência transformadora da EFC, protagonizada pelas juventudes, revela "o rosto sempre jovem, sempre novo" (FRANCISCO, 2018, p. 11), atuante e próximo do Deus-Trindade.

A TpldEFC como saber samaritano é um saber prático, pois ser gestado(a) implica ser gerado(a), que é ser cuidado(a) como destinatário(a) preferencial do cuidado amoroso do Bom samaritano por excelência, Cristo Bom e misericordioso. Ele Se revela para nós em atos teologais de geração, porque, sendo amoroso, pode cuidar da manutenção da vida divina em nós, com o nosso livre empenho. À luz da fé, a consequência ética e política de ser cuidado(a) é cuidar de outros, é divinizar-se como bom samaritano.

O gerar de Deus tem uma dupla implicação: ética e cósmica. Gerar, como ação divina, é cuidar do caído, jeito predileto de Deus de Se fazer próximo da humanidade pequenina e do Planeta fragilizado. Na cultura do descarte, o *eu indiferente* diz ao *tu vulnerável* que o sofrimento e a morte deste não lhe dizem respeito. Mas, nessa teologia samaritana, Deus como Bom Samaritano é a fonte teologal da cultura do encontro, na qual o *eu próximo* diz ao *tu frágil*: a tua vida e o teu sofrimento me dizem respeito.

A imagem ética dessa parábola é muito fecunda para os âmbitos micro e macro das relações humanas: as interpessoais, as sociais e as internacionais. A proposta da parábola é a de (re) fundar a vida em comum na relação de proximidade sem muros: uma atitude de cuidado do outro desconhecido, especialmente, do ferido no caminho. Na parábola bíblica, o cuidado da fragilidade tem caráter parenético, exortativo/instrutivo, como interpela a bela passagem da *EG*: "[...] somos chamados a cuidar dos mais frágeis da

Terra" (EG, n. 209). A vida frágil se mantém pela geração (cuidado). Cuidar é amar, é um ato de amor.

Nessa releitura teológica do princípio hermenêutico da gestação mútua, a própria fonte da proximidade, Deus-Trindade, faz-se próximo e cuida das classes sociais feridas e esquecidas à margem do caminho da história. Esta tem sido norteada por um progresso nocivo, centrado na ideia de desenvolvimento reduzido ao crescimento econômico sem fraternidade. Logo, encontram-se, assim, criadas as condições de possibilidade do *momento epistemológico*, no qual *o saber teológico político se adapta ao próprio objeto*.

A Teologia política latino-americana da EFC torna-se, por isso, um saber ético fundado na proximidade de seres frágeis, *um saber samaritano*, cujo espírito gesta, nas pessoas adeptas da EFC, o desejo de "cuidar da fragilidade" (EG, n. 209); e da fragilidade de tantas existências saqueadas no caminho da história promovido pela economia idólatra, que mata, exclui e devasta, a economia ecocida, dos sacrifícios humanos e ecológicos.

Como saber samaritano, a TpldEFC é um saber da ação compassiva e misericordiosa, incorpora a gestação mútua, para se nortear pelo espírito teológico de um coração compassivo e misericordioso para com os oprimidos de hoje.

Esse *saber samaritano* se guia pela ação eficaz que liberta, centrada no bem comum, como amor político e amizade social. Existe uma relação ético-teológica entre política e bem comum, a saber, "A política [...] é uma sublime vocação, é uma das formas mais preciosas da caridade, porque busca o bem comum" (EG, n. 205). Trata-se de uma política do bem comum, no sentido de este ser, por sua vez, a finalidade ética da política que, como lembra a *EG*, é alta forma de caridade.

A esse respeito, Pedro Casaldáliga pondera o vínculo entre caridade e política:

> Paulo Freire, o professor da América Latina, disse com lúcida precisão evangélica que o único modo de amar os opressores é fazer com que nunca mais

possam oprimir ninguém. E, antes de Paulo Freire, cantou-o Maria, Mãe de Jesus, em seu Magníficat: os poderosos têm de descer do trono e andar como todo mundo, a pé. É preciso amá-los despojando-os. Com isto os fazemos pobres e, por isso mesmo, livres. Supondo que eles queiram. Quero dizer que a caridade, ou é também política, ou não é caridade. (CASALDÁLIGA, 1988, p. 222).

O bem comum se realiza pelo amor político, que pode ter vários sentidos. O sentido "civil e político", presente nas macrorrelações (FT, n. 181), significando um amor "[...] cheio de pequenos gestos de cuidado mútuo, [...] manifestado em ações que procuram construir um mundo melhor" (LS, n. 231).

Existe o "sentido social" do amor, como superação do individualismo (FT, n. 182). Nesse âmbito, "A boa política procura caminhos de construção de comunidade nos diferentes níveis da vida social, a fim de reequilibrar e reordenar a globalização para evitar seus efeitos desagregadores" (FT, n. 182). O amor social é capaz de reordenar as estruturas sociais e jurídicas (FT).

Há também o sentido interpessoal do amor político (FT). Essa forma de amor prevê que: "Na política, há lugar também para amar com ternura" (FT, n. 194). E a ternura é o "[...] amor, que se torna próximo e concreto. É um movimento que brota do coração e chega aos olhos, aos ouvidos e às mãos" (FT, n. 194). Na política, quem tem o direito de nos enternecer a alma e o coração são os mais frágeis, os pobres, os pequeninos (FT). O Planeta oprimido e explorado é também um pequenino, capaz de enternecer o coração.

O amor ternura nos arranca de uma atividade política, cuja lógica é o "pragmatismo sem alma" (FT, n. 187), que visa somente a resultados, para uma atividade política [ou econômica], cujo espírito é a fecundidade do amor (FT) como "uma força de vida" (EG, n. 279). A fecundidade que faz cada pessoa ser digna de afeto e dedicação (FT) tem a ver com "[...] desencadear processos cujos frutos serão colhidos por outros, com a esperança colocada na força secreta do bem que se semeia" (FT, n. 196).

ECONOMIA FINANCEIRA E CRÍTICA TEOLÓGICA:
ENSAIO DE TEOLOGIA POLÍTICA LATINO-AMERICANA DA ECONOMIA DE FRANCISCO E CLARA

A amizade social é outra maneira de fecundar teologicamente a EFC, viabilizando a realização do bem comum. Ela tem três sentidos. O sentido cultural propõe uma "[...] cultura do encontro que supere as dialéticas que colocam um contra o outro" (FT, n. 215). A cultura do encontro tem como modelo o poliedro, que "representa uma sociedade em que as diferenças convivem integrando-se, enriquecendo-se e iluminando-se reciprocamente, embora isso envolva discussões e desconfianças" (FT, n. 215).

O sentido ético do reconhecimento da alteridade trata-se do "[...] hábito de reconhecer, ao outro, o direito de ser ele próprio e de ser diferente. A partir desse reconhecimento que se tornou cultura, torna-se possível a criação de um pacto social" (FT, n. 218). Sem esse reconhecimento, o outro perde o direito de ser ele e se torna irrelevante, sem valor (FT). O pacto social pressupõe abertura e respeito pelas diferenças e "ceder algo para o bem comum" (FT, n. 221).

Por fim, o sentido humanístico da amizade social: a "amabilidade no trato" (FT, n. 223). Ela liberta "da crueldade que às vezes penetra nas relações humanas, da ansiedade que não nos deixa pensar nos outros, da urgência distraída que ignora que os outros também têm o direito de serem felizes" (FT, n. 224).

Uma pessoa amável "[...] deixa de lado as suas preocupações e urgências para prestar atenção, oferecer um sorriso, dizer uma palavra de estímulo, possibilitar um espaço de escuta no meio de tanta indiferença" (FT, n. 224). A amabilidade "[...] pressupõe estima e respeito [...] Facilita a busca de consensos e abre caminhos onde a exasperação destrói todas as pontes" (FT, n. 224).

O trato amoroso, gentil, inspirado nos leigos São Francisco e Santa Clara, é princípio de civilidade e boa educação; é da ordem do poder do cuidado (da geração) inerente ao espírito da fraternidade próprio de amantes da Criação, que rompe com o modelo de poder da violência e a cultura do descarte intrínseco à indiferença, disfarçada de tolerância do *homo indifferens* em relação ao sofrimento alheio.

Portanto, a base teológica do amor político e da amizade social, como formas de realização do bem comum, um valor da Economia de Francisco e Clara, está na parábola do *Bom Samaritano* e na hermenêutica teológica que dela fizemos inspirada na tradição. Esta, por sua vez, relata a ação do amor que nos aproxima amavelmente do outro, especialmente, quem está ferido no caminho (FT) da história pela colonialidade.

A teologia da EFC como saber samaritano aposta que o bem comum, realizado pelo amor político e pela amizade social, vence a cultura da violência – da indiferença e do individualismo; fecunda as pessoas com uma política e economia com alma, enchendo o coração delas de rostos e de nomes (EG).

Em suma, a TpldEFC, como saber samaritano, por tomar como ponto de partida o critério ético da fé, de escutar os clamores dos sofredores do mundo – a Terra depredada e as classes oprimidas –, há de ser mais do que inteligência da fé (*intellectus fidei*).

Há de ser uma teologia norteada pelo princípio misericórdia, base para Jon Sobrino (1992, p. 70-71, tradução nossa) definir a TdI como "[...] um *intellectus amoris*, inteligência da realização do amor histórico aos pobres deste mundo e do amor que nos faz afinados à realidade do Deus revelado, a qual consiste, em definitivo, em mostrar amor aos seres humanos".

A teologia como inteligência do amor parte da visão de fé e de Deus comprometida com os oprimidos: as classes sociais exploradas, excluídas, empobrecidas. No *Prólogo* do Evangelho Segundo João, está dito que o Deus de Jesus de Nazaré se encarna na história:

> No princípio era o Verbo e o Verbo estava com Deus e o Verbo era Deus. Ele estava no mundo e o mundo foi feito por meio dele, mas o mundo não o reconheceu. [...] E o Verbo se faz carne, e habitou entre nós (Jo 1,1.10.14)[37].

Jesus histórico nasceu em Belém, na Judeia, e cresceu num povoado pequeno da baixa Galileia, Nazaré. Filho de carpinteiro, uma profissão de gente de baixa renda, numa região pequena e de pessoas empobrecidas. Frequentou a escola de criança das periferias urbanas. Pelos critérios sociológicos de hoje que definem classe social, Jesus não era da classe média, nem da elite, era um homem judeu pobre,

---

[37] Pedro Casaldáliga (1955) fez uma interpretação política desse texto, no poema *E o Verbo se fez classe*: "No ventre de Maria Deus se fez homem. E na carpintaria de José Deus se fez também classe".

trabalhador. Ele pertencia a uma classe oprimida pelo poder político, econômico, social e religioso da época. Era um periférico da Palestina. Por ser norteada pela norma da fé, a fecundidade evangélica, e afiliada à Tdl, a TpldEFC há que conjugar a fé com o amor. A Teologia política como saber samaritano pretende ser uma reflexão com a lucidez da fé (*intellectus fidei*) sobre a realidade dos oprimidos e do opressor, movida pelo apelo para agir à luz do amor ao mundo sofrido (*intellectus amoris*).

Alguém da Tdl já disse que o problema de fé na AL não é a descrença teórica (formal), mas a descrença prática (injustiça real). Ainda que pessoas ateias ofereçam argumentos de que Deus não existe, estão só demonstrando que não acreditam em um ser Superior e, no máximo, que o amor delas não as leva necessariamente a acreditar. Mas se os cristãos dizem que Deus existe e são injustos com os outros, estão dizendo que acreditam sem amar, pois partem do mais grave erro: o hiato entre crer e amar, que a fé não os conduz ao amor. A fé esvaziada de amor não leva à justiça social e ambiental.

A fé teológica é a inteligência do amor, pois cristãos(as) não amam a Deus sem acreditar na proposta de amor que a Trindade lhes oferta. Então, a teologia como *intellectus amoris*, sem a fé trinitária, é só uma inteligência sem Deus, sem experiência do amar trinitário, que reflete sobre o que seja o amor teológico.

Antes de propor seu projeto de vida para nós, Deus, por amor, nos dá a capacidade de acolhê-Lo. Ele nos presenteia com a fé. Libânio (2001, p. 23) já dizia: "No início, está o dom de Deus que chama o fiel a uma comunhão com Ele. Crê-se, porque se é chamado". Quando cria o ser humano, Deus concede o dom de crer em forma de atração perene por Ele. A causa da fé é Deus que faz ver além do dado objetivo, pois a Graça faz ver o que a razão não enxerga. A fé é dom que capacita para ver o que ultrapassa o imediato dos fatos, um acontecimento: Deus que nos fala e se dá a nós como vida plena.

Se é a Graça que capacita a inteligência para a livre adesão ao que ela nos mostra, a proposta de amor que vem de Deus, então, a decisão de amar implica a decisão da fé. O *amor teológico é a inteligência da fé teológica*, pois ninguém acredita em Deus-Trindade sem estar amando aos outros. Logo, a teologia como *intellectus fidei*, sem o amor trinitário, é só uma inteligência fria, sem experiência amorosa, sobre o que seja a fé no Deus-Trindade.

A fé teológica é uma decisão livre que nos leva a uma ação refletida (práxis) no mundo, em um mundo de pouca libertação e muitas crenças (LIBÂNIO, 2001). Crer de modo cristão não é demonstração racional de que Deus existe, mas experimentar o mistério do amor divino e testemunhar com a vida o que se viveu do mistério.

Quem ama aos oprimidos, ainda que não confesse ao Deus cristão, já declara em ato que Ele existe, pois, como afirma 1Jo 4,7-8: "[...] o amor vem de Deus e todo aquele que ama nasceu de Deus e conhece a Deus. Aquele que não ama não conheceu a Deus, porque Deus é amor". Porque amamos, podemos dizer aos outros que Deus é uma certeza da fé.

Um cristão que não ama aparta-se da fé. A fé cristã sem amor separa-se de Deus. A fé teológica é a livre decisão de amar, é a sabedoria do amor. Crer teologicamente é a decisão de viver a liberdade de amar como Deus ama, é acreditar amando: é escutar o clamor dos oprimidos, assim como Deus o faz. Amar teologicamente é a sabedoria de crer, é a sapiência da fé. O amor teológico é a ação de amar acreditando: é viver a justiça e o direito como Deus pede na relação com os corpos oprimidos.

Por fim, a *inteligência da fé* é o primeiro grande *movimento reflexivo* de compreender mais a realidade vivida para amar melhor, à luz do amor revelado em Jesus de Nazaré ou no Cristo samaritano. Esse movimento é entendido como a *gestação teológica* da TpldEFC (*o discurso do saber teológico sobre a realidade e sobre si*). A significância do saber teológico depende do seu compromisso com a realidade vivida.

Sob a gestação (produção) do discurso teológico, essa teoria teológica se identifica como *saber samaritano*, que a converte em *saber do colocar-se a trabalho*, ao fazer um discurso comprometido com a história, centrado no espírito da compaixão e da iracúndia sagrada, e baseado em três momentos do método teológico da Tdl: *a mediação socioanalítica, a mediação hermenêutica e a mediação prática.*

Os três capítulos deste livro incorporaram esse grande movimento reflexivo de *intellectus fidei*.

No momento da *mediação socioanalítica*, a TpldEFC revela a opressão com a lucidez da crítica científica, com base em critérios advindos do método de Gustavo Gutiérrez: *o ponto de partida do discurso teológico* (os oprimidos de hoje) e *o objeto da crítica teológica* (o poder da economia) da Teologia política latino-americana da Economia de Francisco e Clara. O primeiro capítulo do livro se encarregou mais disso.

No momento da *mediação hermenêutica*, a TpldEFC, à luz da Palavra revelada, vê e escuta, no grito dos oprimidos de hoje, o clamor do mundo sofrido por libertação, a partir de critérios fornecidos pelo método teológico de Luis Segundo: *a característica do discurso teológico* (ético-político) e *o desafio constante da elaboração teológica* (não se dobrar à imparcialidade) da Teologia política latino-americana da Economia de Francisco e Clara. O segundo capítulo do ensaio demonstrou mais isso.

No momento da *mediação prática*, a TpldEFC se volta para a fecundidade da ação eficaz que inspira uma teoria teológica, em busca de superar a opressão segundo o Reinado de Deus, a partir de critérios retirados do método teológico de Ellacuría relido: a) o conteúdo da teoria teológica (realização histórica do Reinado de Deus); b) o lugar de onde se faz Teologia política (as classes oprimidas e a Terra agredida); c) os destinatários do Reinado de Deus (os filhos da Terra); e d) a legitimação histórica da EFC e da TpldEFC como relevantes no mundo sofrido. O terceiro capítulo se ocupa disso.

A *inteligência do amor* é o *segundo grande movimento reflexivo* de amar melhor à luz do amor revelado, para compreender mais a realidade vivida. Tal movimento é tido como a *geração teológica* da TpldEFC (*o discurso do saber teológico a serviço da libertação e do cuidado dos oprimidos*). A relevância do saber teológico depende da sua fecundidade no mundo sofrido.

Sob a geração (cuidado) do saber teológico, essa teoria teológica se identifica como *saber do colocar-se a trabalho* que a converte em *saber samaritano*, ao fazer um discurso sobre si comprometido com os oprimidos de hoje, centrado no princípio da misericórdia e baseado no terceiro momento do método teológico da Tdl: *a mediação prática*. Este *capítulo terceiro* é uma demonstração mais expressiva, no livro, desse grande movimento teológico da fé: o *intellectus amoris*.

Colocar-se a trabalho é o momento de a TpldEFC ser *samaritana*, agir no espírito teológico inerente à inteligência do amor ao mundo sofrido; suscitar vida, à luz da ação amorosa que pretende superar a opressão, trabalhando por uma política e uma economia de rostos e de nomes.

Trata-se, aqui, de uma teologia com alma, de coração místico e fé lúcida: que contempla para agir, e age para contemplar; refaz o processo de entender mais a realidade vivida para amá-la melhor, e amá-la melhor para entendê-la mais. Este caminho nos convida a refazer o círculo virtuoso da encarnação: amar e entender a realidade para assumi-la mais, e assumi-la para amá-la e entendê-la mais profundamente.

3.4 Teologia política como saber do colocar-se a trabalho

A TpldEFC, como *intellectus amoris* cujo espírito é a misericórdia, é *samaritana*, tem mãos operosas, está a trabalho, ou seja, reler o *terceiro momento prático* da *Teologia política como saber do colocar-se a trabalho*, que é a *mediação prática*, dos métodos teológicos da Tdl. Trata-se de discernir mediações sócio-históricas da *realização histórica do Reinado de Deus* no *mundo sofrido*, como processos de fecundidade evangélica, à luz da hermenêutica ética e bíblica da gestação e geração.

Inicialmente, Clodovis disse que, ao se identificar com o próprio objeto, o saber teológico cria para si uma norma: *o sujeito está autoimplicado no objeto do saber teológico (Deus amoroso), por comprometer a vida de quem o pratica*. A condição de possibilidade para que a TpldEFC seja considerada um *saber do colocar-se a trabalho* é passar por esse momento epistemológico de autoimplicação do sujeito no objeto.

No Evangelho Segundo João (Jo, 5,1ss), quando realizou o segundo sinal, depois de voltar da Judeia para a Galileia, Jesus foi para

Jerusalém, por ocasião de uma festa dos judeus. Havia aí a piscina de Bethzata com cinco pórticos, onde havia muitos doentes, paralíticos, coxos e cegos deitados aguardando a água se agitar, porque era o momento do Anjo do Senhor se lavar na piscina. Acreditavam que quem mergulhasse ficava curado.

Jesus viu um homem doente e o curou em dia de sábado. Os judeus queriam saber quem havia realizado tal feito. Jesus foi para o templo e lá reencontra o homem curado, o qual informa aos judeus que ele o tinha curado no sábado. Os judeus perseguiam Jesus, porque ele fazia essas coisas num dia proibido por lei (Jo 5,6ss). Então, "Jesus lhes respondeu: 'Meu Pai trabalha até agora e eu também trabalho'" (Jo 5,17).

Konings (2019, p. 30), em *João: o evangelho do amor de Deus*, ao fazer um comentário-paráfrase deste trecho, afirma: "Deus santificou o sétimo dia da criação, o sábado (Gn 2,2-3). Repousou, mas não se aposentou! Não deixou de cuidar de seus filhos. Também Jesus cuida dos filhos de Deus no sábado. Faz como seu Pai".

O teólogo uruguaio Julio de Santa Ana (1991, p. 35) sugere que a pergunta teológica de uma teologia prática, não é "[...] sobre a legitimidade da Igreja [...] é sobre Deus". Cláudio Ribeiro (2015, p. 50) complementa que a pergunta sobre Deus, na atualidade, é à maneira de Richard Shaull: "'O que Deus está fazendo no mundo hoje?'".

Não se trata de perguntar pelo entendimento do óbvio, se Deus trabalha ou se Se revela hoje; mas pela intelecção do não assimilado (entendido e aderido), ou seja, como Deus trabalha hoje em vários contextos. Daí que o desafio da TplEFC como *saber do colocar-se a trabalho* é discernir a maneira de Deus trabalhar no mundo sofrido.

Dissemos, à luz dos textos de Lc e Mc, no tópico anterior, que o amor é a prova cabal de que Deus age na vida dos oprimidos. Na teologia joanina, o amor de Jesus demonstrado para com o doente em dia de sábado é a prova decisiva de que Deus trabalha: Ele mesmo está autoimplicado no amor aos periféricos e marginalizados, ao se comprometer com os destinatários do Reinado de Deus. Colocar-se a trabalho é inerente à fé da ação eficaz; Jesus revela um Deus que trabalha pela vida dos oprimidos. Trabalhar para libertar é constitutivo da fé em Jesus de Nazaré.

A base bíblica da TplEFC como *saber do colocar-se a trabalho* é o sentido joanino da ação cristocêntrica que revela a ação teológica. Konings (2019, p. 7) declara que o livro de João é "'O evangelho do amor de Deus'" a nós declarado. Na teologia joanina, o Verbo encarnado revela "[...] a obra do amor de Deus" (KONINGS, 2019, p. 7) na entrega do Filho Jesus.

Em seguida, Jo 5,19 segue narrando o discurso de Jesus sobre trabalhar no sábado, dando a entender que a autoridade do Filho radica-se no agir do Pai:

> Jesus se defende com uma espécie de parábola, cuja inspiração parece vir da marcenaria de José em Nazaré: o pai mostra ao filho como fazer. De fato, o pai gosta do filho e não lhe esconde seu modo de agir. Mostra-lhe tudo o que faz. Ora, o Pai de Jesus vai lhe mostrar coisas maiores ainda, e os judeus vão estranhar mais ainda. (KONINGS, 2019, p. 30).

O Filho revela o Pai, e o Pai revela o Filho no Amor que se gesta: o Filho trabalha para revelar o agir do Pai, quando ama, e o Pai ama para revelar o agir do Filho, quando trabalha; o Filho trabalha porque o Pai o ama, e o Pai trabalha porque o Filho o ama; o Filho trabalha para revelar o amor do Pai aos filhos da Terra, e o Pai trabalha para revelar o amor do Filho ao mundo sofrido. Pelo amor transbordante de Pai e Filho é que o Espírito Santo age como o Amar de Deus-Trindade que trabalha pela libertação dos oprimidos.

Esse movimento divino pressupõe a visão de *fé como prática libertadora da história*, que compromete a vida de quem a pratica com uma ação antropológica (do ser humano ético) que revela uma ação cristocêntrica (do Cristo samaritano). Essa noção de fé é a condição de possibilidade de a *Teologia política* como *saber do colocar-se a trabalho* passar pela regra própria de teologia: *a autoimplicação do sujeito do saber teológico no próprio objeto* (conteúdo teologal=a ação ou Reinado de Deus na história).

Ora, se o objeto da teologia do *colocar-se a trabalho* é a maneira de Deus trabalhar hoje, então, a autoimplicação do sujeito da teologia no objeto sugere um compromisso desse agente com o conteúdo dessa teologia, que é a realização histórica do Reinado de Deus. Ao se realizar em mediações, esse Reinado precisa ser interpretado continuamente.

Trata-se do momento de o saber do *colocar-se a trabalho* fazer a hermenêutica do Reinado de Deus ao ritmo da vida em gestação e geração, à luz dos outros princípios: (2) *o objetivo da gestação é suscitar a vida*; (3) *ninguém gera sozinho*; (4) e *a gestação é o acesso do indivíduo à própria humanidade que se dá pela geração de alguém*.

O segundo princípio hermenêutico dimensiona a finalidade da atividade de gestação: "suscitar a vida" (BACQ, 2013, p. 20). O objetivo imanente da vida é produzir vida, é se autoproduzir. A finalidade última do Reinado de Deus é a vida plena de todos os filhos da Terra. O sentido de "Suscitar a vida é resistir juntos e com todas as forças a tudo o que degrada o ser humano. O coração do Evangelho reside nisso" (BACQ, 2013, p. 20). No capítulo III da *Fratelli Tutti*, o Papa Francisco faz uma citação em total harmonia com esse princípio, de uma *Alocução do Angelus*, em 10 de dezembro de 2019:

> Aqui está um segredo da existência humana autêntica, já que "a vida subsiste onde há vínculo, comunhão, fraternidade; e é uma vida mais forte que a morte, quando se constrói sobre verdadeiras relações e vínculos de fidelidade. Pelo contrário, não há vida quando se tem pretensão de pertencer apenas a si mesmo e de viver como ilhas: nessas atitudes, prevalece a morte" (FRANCISCO, 2019, p. 3, *apud* FT, n. 87).

Se, no coração do Evangelho, suscitar a vida é resistir ao que degrada o humano, na *Teologia política do colocar-se a trabalho*, há uma forma de resistência privilegiada à economia sem rostos e nomes: gestar vida em relações de encontro. "A obra de gestação nem tem origem nem no gosto do poder, nem na ansiedade ou na culpabilidade. Ela é da ordem do desejo que se comove com a presença do outro, que se oferece ao diálogo e que se conforma com ele" (BACQ, 2013,

p. 21). Só há vida gestada se houver relação de desejo aceso dentro de encontros fecundos, o que resiste à violência da indiferença. Bacq diz ainda que (2013, p. 21) o estilo compassivo de Jesus nos encontros evoca as entranhas de uma mulher grávida, pois ele "[...] deixa-se tocar ali onde germina a vida". A vida de pessoas humanizadas germina no desejo de relações não violentas e em relações de desejo não violento. Pode-se gestar humanas pessoas se as relações são de não violência; se a relação entre elas é fecundada pelo desejo de proximidade não violenta. A entrega generosa e mútua das pessoas só é possível em encontros não violentos.

Se é pelos frutos que se conhece uma árvore (Mt 7,20), é pela finalidade da gestação que se reconhece o valor da fecundidade evangélica e a relevância do cuidado. Por isso, é preciso dizer o que não é geração ou o que não fundamenta a arte de cuidar.

O terceiro princípio aponta para o que não é a geração. Bacq (2013, p. 21) afirma: "Ninguém gera sozinho". Assim como ninguém gesta sozinho, gerar, enquanto cuidar, não é uma atividade solo, sem a presença do outro: gestamos e geramos juntos. O ritmo da vida é critério para averiguar a realização histórica do Reinado de Deus hoje.

As páginas da Escritura dizem que, quando Deus nos cria, Ele diz: "Façamos o ser humano à nossa imagem, como nossa semelhança" (Gn 1,26). Isso subtende que a vida gestada é, antes de tudo, uma existência amada. Apenas uma relação de amor gesta vida. Se a vida é gestada numa relação de amor, a manutenção (geração) da vida germinando dar-se-á, também, em relações de amor, o que pressupõe encontros não violentos. O Reinado de Deus acontece, sobretudo, em encontros que gestam e geram fraternidade terrestre, relações de amor, pautadas na justiça, no direito e na paz.

A *Evangelii Gaudium* explicita a profunda solidão que é o egoísmo presente na economia e na política fechadas à transcendência. Esta última entendida como movimento de passagem do eu fechado em si para o encontro com o outro da diferença, da alteridade. Esse fechamento resulta na separação entre economia e o bem de todos, como assevera o texto seguinte: "[...] a partir de uma abertura à transcendência, poder-se-ia formar uma nova mentalidade política e econômica que ajudaria a superar a dicotomia absoluta entre a economia e o bem comum social" (EG, n. 205).

Para superar essa ruptura instaurada pela economia, a Tpl-dEFC, como saber do colocar-se a trabalho, percebe que o ritmo vital de geração da existência terrena convoca a sociedade à reconciliação do ser humano com o Planeta e, para os de fé religiosa, uma reconciliação do ser humano com a Terra e suas divindades. Isso requer escutar a necessidade humana de um lar como exigência interna de todas as criaturas, pois:

> Todas as criaturas se orientam rumo ao lar. Ele é o ponto de origem a partir do qual toda espécie estabelece seu senso de direção. E sem nosso senso de direção não há como navegar por território desconhecido; sem nosso senso de direção estamos perdidos. Faz parte da natureza humana a ligação que faz com que cada viagem e expulsão desperte a busca pelo lar. [...] o encontrar o lar está entre as nossas necessidades mais profundas e é evidente pelo preço que estamos dispostos a pagar por isso. Existe um anseio universalmente compartilhado de retornar ao lugar que abandonamos ou de encontrar um novo lar no qual nossas esperanças para o futuro possam se aninhar e crescer (ZUBOFF, 2020, p. 15).

A economia idólatra trabalha com a noção de "[...] lar como domínio privado" (ZUBOFF, 2020, p. 16). Ela acirra uma formatação habitacional de privilégios, baseada na premissa capitalista de que o lar é uma propriedade privada, ou seja, "[...] o santuário privado daqueles que habitam o interior de suas paredes" (ZUBOFF, 2020, p. 16). Na teologia da economia idólatra, o lar tem sido um santuário privado de quem pode pagar por ele; uma aquisição privilegiada de quem idolatra o dinheiro, de quem mata e devasta em nome da ambição por lucro sem fim, como garantia de bem-estar.

Já, na teologia do colocar-se a trabalho, o lar é *casa comum*, é um dom para todos, como o Papa Francisco declara: "Amamos este magnífico planeta, onde Deus nos colocou, e amamos a humanidade que o habita [...] A terra é a nossa casa comum, e todos somos irmãos" (EG, n. 183).

Esse saber prático *do colocar-se a trabalho*, inspirado na teologia da Criação, é uma teologia do dom, na qual Deus se revela para nós em atos de gestação. Tendo a vida divina em Si mesmo, pode criar/ gestar as criaturas, sobretudo, nos dá-la e divinizar a nós cristãos. Ser gestado(a), então, significa receber de Deus o dom da vida que se mantém por atos de geração/de cuidado da Criação. Além disso, essa teologia do dom alinha-se à teologia da Aliança, pela qual a terra é vista como uma dádiva para Israel, oferecida por Deus Criador (Js 21,43; Gn 1,29-30).

A *Teologia política* como *saber do colocar-se a trabalho* comunga da imagem estética e teológica de que a Casa comum é presente oferecido pelo Criador e para os filhos da Terra. Deus nos dá uma casa, porque é Amante da Criação inteira. Mas, para que ela seja comum, é preciso que haja laços de pertença mútua, que se verificam na interdependência entre nós e o Planeta. O poeta Wallace Stevens (1990, p. 163) já nos desperta: "Não subsistimos por nós mesmos. Individualmente, nenhuma coisa é ela mesma. As coisas são pelas inter-relações e interconexões".

Aprendemos com a geração de cientistas e cosmólogos – Werner Heisenberg, Carl Sagan, James Lovelock – que a nova cosmologia é o universo formado por teias de relações, e que a Terra é um ser vivo. Se "Tudo está interligado" (LS, n. 91), o caminho ético que gesta a reconciliação entre humanos e Planeta é assumir a interdependência como novo paradigma cosmocêntrico. Pois é compatível com o ciclo de autossubsistência da Casa Comum e com a possibilidade de rever a fundamentação teológica da nossa relação com a Terra.

No horizonte da teologia do dom, podemos pensar-nos como seres interdependentes, haja vista que existimos por referência a outrem em algum lugar, um útero, um berço que nos acolhe e nos alimenta. A teologia sapiencial nos ensina que a Criação é a obra de um Deus que é amigo e amante da vida:

> Sim, tu amas tudo o que criaste, não te aborreces com nada do que fizeste; se alguma coisa tivesses odiado, não a terias feito. E como poderia subsistir alguma coisa, se não a tivesses querido? Como conservaria sua existência, se não a tivesses chamado? Mas a todos poupas, porque são teus: Senhor, amigo da vida! (Sb 11,24-26).

Ora, se o Criador ama tudo que criou, por ser amigo e amante da vida, a qual habita toda a Criação, logo, Deus é amigo e amante da Criação inteira. E se é verdade que a criação da humanidade à imagem e semelhança de Deus-Criador (Gn 1-2) não é um ato estático, mas ato dinâmico fundador de humanidade e, como tal, um chamado à criatura humana a se divinizar; então, o cristão se diviniza ao tornar-se amigo ou amante da Criação e da vida. Deus é Amante dos Filhos da Terra por outro motivo senão por ser Amigo da vida e, como Ele é, para nós cristãos, o Amar originário, não pode renunciar a si mesmo.

Nesse paradigma, somos criaturas inter-relacionais, cuja existência nos remete à uma aliança fontal, da qual depende a nossa existência humanizada por divinização, entre ser humano e Criação: o ser humano é amigo da Criação que, por sua vez, provê o seu sustento. A interdependência entre nós e a Terra aponta para o que vem primeiro na manutenção da vida terrestre: o elo fundamental, a inter-relação, que nos inspira a fazer a experiência consciente da pertença ao Planeta nutrida por uma relação ética de amor e amizade ecossistêmica.

Isso implica o desafio de uma profunda conversão teológica que desafia o nosso senso estético de cristãos e cristãs a nutrir de beleza nossas narrativas ecoteológicas da libertação. A narrativa sapiencial da teologia bíblica bate em cheio no encantamento de teólogos pelo discurso academicista que induz a teologia a se distrair com a sedução da linguagem, distanciando-se da experiência de vida tão cara à sapiência bíblica.

Ainda, faz-nos ver que o paradigma da interdependência não é só um dado da realidade que descreve precisamente o funcionamento dos ecossistemas, é o modelo que nos (re)conduz do paradigma individualista do antropocentrismo, da colonialidade moderna, ao fundamento ético da existência terrestre: a relação entendida como amor cosmocêntrico ou amizade à Criação. É, portanto, um valor estético a se tornar sabedoria de vida; é para cambiar, por sensibilidade estética da fé, a relação entre nós e a Terra.

Ademais, o ancoramento ético que nos faz dizer que o nosso Planeta é um ser político de direitos é o reconhecimento da alteridade da Terra, como um ser vivo imanipulável com o qual partilhamos a existência criatural. Essa perspectiva ética se ancora em um pressuposto da Teologia política como *saber do colocar-se a trabalho* que se insurge contra a colonialidade que oculta alteridades.

Esse pressuposto, sendo ético-teológico, pode ser formulado assim: *Deus-Trindade, como relação primeira, é a origem das diferenças e a diferença originária.* Consideremos, primeiro, os termos autônomos e, logo depois, vinculados.

Sendo relação primeira, o Deus dos cristãos é comunhão vivida entre as diferenças divinas que permanecem existindo cada uma sem se excluir e se confundir uma com a outra. Ambas não são três Deuses, mas um único Deus, por cuja alteridade existe como Amante que cria (*Abba*), Amado (*Filho do Homem*) que salva e Amor (a *Ruah*) que santifica.

Como *origem das diferenças*, Deus é o rosto inabarcável e imanipulável primeiro; é autor da vida sendo Eternidade no tempo e no espaço, na história. Fora do Criador, não há Criação. O texto de Atos dos Apóstolos fundamenta essa perspectiva teológica:

> O Deus que fez o mundo e tudo o que nele existe, o Senhor do céu e da terra, não habita em templos feitos por mãos humanas. Também não é servido por mãos humanas, como se precisasse de alguma coisa, ele que a todos dá vida, respiração e tudo o mais. De um só ele fez toda a raça humana para habitar sobre toda a face da terra, fixando os tempos anteriormente determinados e os limites do seu hábitat. Tudo isto para que procurassem a divindade e, mesmo se às

ECONOMIA FINANCEIRA E CRÍTICA TEOLÓGICA:
ENSAIO DE TEOLOGIA POLÍTICA LATINO-AMERICANA DA ECONOMIA DE FRANCISCO E CLARA

> apalpadelas, se esforçassem por encontrá-la, embora não esteja longe de cada um de nós. Pois nele vivemos, nos movemos e existimos. (At 17,24-28).

Por ser autor da vida, Deus está se exteriorizando, sendo um rosto sem cópias na eternidade e no tempo. Mas Deus não seria a *origem das diferenças*, como Criador da diversidade, se não fosse em si mesmo a *diferença originária*, como *relação perfeita de amor originante entre três diferenças (Pai, Filho e Espírito Santo) que, por serem divinas, dão existência às diferenças criadas*. A diferença na relação é constitutiva de Deus-Trindade e expressa-se como ato criador, originando a diversidade da Criação.

Assim, tudo existe, porque o Criador *é* diferença, seja como origem da diversidade, seja como relação de amor em si mesmo, entre diferenças divinas, e *nas* e *para* as criaturas. O livro do Êxodo, ao acenar para o *Deus que é*, permite-nos entender a alteridade divina como diferença irredutível, insubordinável a todo discurso sobre Deus:

> Moisés disse a Deus: "Quando eu for aos israelitas e disser: 'O Deus de vossos pais me enviou até vós'; e me perguntarem: 'Qual é o seu nome?', que direi?" Disse Deus a Moisés: "Eu sou aquele que é". Disse mais: "Assim dirás aos israelitas: 'EU SOU me enviou até vós'". (Ex 3,13-14).

O Deus cristão não é uma unidade solitária, é diferença originária, por ser, em si mesmo, a relação de amor originante que permite às diferenças divinas incriadas existirem em comunhão. E, a um só tempo, é a origem das diferenças, por ser a relação de amor originante que possibilita à diferença originária colocar na existência as diferenças criadas. Deus ama a diferença da diversidade e é diferença como relação de amor.

Por esse mistério dinâmico, o Criador põe na existência a diversidade. O Amar de Deus na história implica permitir que as diferenças existam. Portanto, *Deus é a origem das diferenças, por ser a diferença originária existindo como relação de amor originante*. Logo, a *indiferença* aos oprimidos de hoje não tem lugar em Deus-Trindade, tampouco no Cristo samaritano. Deus trabalha amando o mundo sofrido, porque é o Amor primeiro.

Se, para os cristãos, Deus é a origem das diferenças criadas, significa que há outras formas de Deus se dizer e se dá na história e, por isso, outras maneiras históricas e cristãs de falar sobre Deus-Trindade desde os corpos oprimidos. A diferença é um pressuposto de teologias marginais e periféricas que discernem a presença de Deus nas comunidades oprimidas.

Com a Encarnação do Verbo de Deus e a Crucifixão de Jesus de Nazaré, não há periferia e margem não assumidas por Deus; não há mundo sofrido que não seja amado pelo Amante da Criação, que não seja salvo pelo Amado Salvador e que não seja santificado pelo Amor Santificador. Isso já é motivo teológico suficiente para que a Teologia política como saber *do colocar-se a trabalho* legitime sua identidade samaritana, como teologia periférica e marginal: que ama os oprimidos de hoje e, a um só tempo, se insurge contra a opressão colonial do poder, do saber e do ser capitalista.

Se teologias da periferia e da margem defendem a *existência das diferenças em corpos diversos*, a teóloga feminista, a argentina Marcela Althaus-Reid (2019, p. 19), em *Deus queer*, tem interpelado a Teologia da libertação (Tdl) a "[...] demolir a ideologia sexual da teologia" como mecanismo de opressão aos corpos presente na teologia cristã.

A Tdl não fez o dever de casa, ao partir das comunidades oprimidas, pois não destrancou a porta que trancafiou Deus cristão no armário da heteronormatividade (ALTHAUS-REID, 2019) compulsória, que marginaliza relações que não são heterossexuais. A *teologia queer*, como um saber teológico desde a margem, busca a "[...] redescoberta de Deus fora da ideologia heterossexual que tem prevalecido na história do cristianismo e da teologia" (ALTHAUS--REID, 2019, p. 19).

Althaus-Reid (2019) sugere um processo metodológico de *queerização da teologia* da libertação. Trata-se de questionar a prática e o pensamento heterossexuais que moldaram a nossa compreensão de Deus, de teologia, da sexualidade e dos corpos. Isso exige "[...] um engajamento crítico com a Teoria Queer, não heterossexual, e com a Teologia Heterossexual crítica" (ALTHAUS-REID, 2019, p. 19).

À luz da diferença trinitária, a compreensão cristã de Criação é como diversidade exprimindo a diferença do Criador. Se Deus é a origem das diferenças terrestres, a Criação inteira exprime a diferença do Criador. Por isso, os filhos da Terra são diferenças, cuja existência ética se funda no que Dussel (1977) chamou de *outro com rosto de carne*, por não ser ideia, mas exterioridade existindo além de um sistema opressor, ou seja, corpos singulares como "centro do seu próprio mundo" (DUSSEL, 1977, p. 51).

O outro tem um rosto interpelante que clama à beira do caminho: Não me explore! Não me humilhe! Não me descarte! Não me mate! Cuide de mim! É o clamor dos corpos sofridos das classes oprimidas e da Terra saqueada.

Foi dito pela ecoteologia decolonial que a libertação questiona o sistema opressor, no plano epistemológico da filosofia e da teologia descoloniais, enquanto a emancipação conforma a ele. A libertação é "crítica real do sistema; é ruptura; é destruição" (DUSSEL, 1977, p. 72); é "demolir a negação do outro" (DUSSEL, 1977, p. 73); exige que sejamos "ateus do sistema ou descobrir seu fetichismo" (DUSSEL, 1977, p. 65).

O rosto questiona o sistema, mas no plano anterior ao epistemológico, a esfera ética da existência terrestre, *a proximidade responsável pelo rosto do corpo do outro*. A responsabilidade que faz aproximar para cuidar é espírito *samaritano*, como "[...] responsabilidade pelo fraco, por aquele que precisa de cuidado" (DUSSEL, 1977, p. 25).

O rosto convoca a amá-lo como outro, a deixá-lo "ser o que é como distinto" (DUSSEL, 1977, p. 65), a "respeitar o outro como outro" (DUSSEL, 1977, p. 66). O outro é inimigo do sistema de injustiça (DUSSEL, 1977), porque é "[...] o rosto que interpela à justiça" (DUSSEL, 1977, p. 69), a utopia da libertação (DUSSEL, 1977).

O *rosto é anterior* à *libertação*, pois oferece a ela uma utopia: "[...] o outro como outro na justiça" (DUSSEL, 1977, p. 65). O outro na justiça tem um rosto com um corpo oprimido que interpela à responsabilidade. O outro permite ao rosto se afirmar como exterioridade além do sistema de negação do outro. À luz do alicerce ético da libertação, o *saber samaritano* opera pela escuta ética do rosto revelado nas diferenças dos corpos dos filhos da Terra e da Casa comum:

> Aquele que ouve o lamento e o protesto do outro é comovido na própria centralidade do mundo: é descentrado. O grito de dor daquele que não podemos ver significa para alguém mais do que algo. O alguém significado por seu significante: o grito nos exorta, exige que assumamos sua dor, a causa de seu grito. O 'tomar sobre si' é fazer-se responsável. (DUSSEL, 1977, p. 65-66).

Talvez, por isso, levemos mais a sério o *evangelho da Criação* (LS). O compromisso maior do *saber samaritano*, como *teologia marginal*, é o outro na justiça; apelo que nasce do rosto dos corpos oprimidos de hoje, cujo clamor nos pede para saírmos da lógica fratricida e ecocida, da negação da alteridade dos corpos, para a lógica da relação de amor entre os corpos:

> [...] o amor ao outro como outro, como exterioridade; amor ao oprimido, mas não em sua situação de oprimido, e sim como sujeito da exterioridade (somente a isso chamaríamos miséria: a traumática posição do livre, do outro, da pessoa, que foi reduzida a um instrumento no sistema). Não é a amizade, nem a fraternidade (dos iguais), mas o amor aos oprimidos em razão de sua real dignidade como exterioridade. (DUSSEL, 1977, p. 70).

Por esse viés ético-teológico, podemos estabelecer com a Terra um laço fraterno: a veremos como irmã (LS). Se não reconhecemos que o nosso Planeta é um organismo vivo, como expressão da diferença do Criador, e que nos acolhe em seu seio, não criaremos com ele um laço filial, não o veremos como a mãe que nos mantém vivos (LS).

A reconciliação entre humanos e Planeta é de ordem ética, porque é ação, é colocar-se a trabalho de gestação (de criação da própria humanização). A gestação é também um conceito ético-teológico, remete a um ser humano que está se criando, ainda por ser humanizado, ou seja, a uma antropogênese da fé. O processo da gestação confere à EFC um traço, que, segundo os intérpretes Susin e Raupp (2021), é o de ser uma economia em que todos sejamos irmãos e irmãs. Na *FT* (n. 8), aparece essa ideia:

> Desejo ardentemente que, neste tempo que nos cabe viver, reconhecendo a dignidade de cada pessoa humana, possamos fazer renascer, entre todos, um anseio mundial de fraternidade. Entre todos: "Aqui está um ótimo segredo para sonhar e tornar a nossa vida uma bela aventura. Ninguém pode enfrentar a vida isoladamente [...]; precisamos de uma comunidade que nos apoie, que nos auxilie e dentro da qual nos ajudemos mutuamente a olhar em frente. Como é importante sonhar juntos! [...] Sozinho, corre-se o risco de ter miragens, vendo aquilo que não existe; é junto que se constroem os sonhos". Sonhemos como uma única humanidade, como caminhantes da mesma carne humana, como filhos dessa mesma terra que nos abriga a todos, cada qual com a riqueza da sua fé ou das suas convicções, cada qual com a própria voz, mas todos irmãos.

O movimento para realmar a economia implica uma grande mudança de paradigma. O teólogo Leonardo Boff (2020), intérprete da *FT*, entende que é passar da lógica de *dominus* (senhorio) para a lógica de *frater* (fraternidade universal).

É na lógica de *frater* que está outro modelo de poder que não o da dominação e do descarte, mas o poder criativo da gestação e o poder cuidante da geração. A gestação é o poder de criar processos vitais. A geração, como cuidado da gestação, ganha uma conotação política: na medida em que os seres terrestres se irmanam, se tornam filhos da Terra, emerge o poder de cuidar da vida terrestre. A geração não é só um conceito biológico e ético, como também político, pois que nos remete a tecnologias de cuidado da vida. Cuidar é o poder de se responsabilizar pela manutenção da vida.

Se não é no isolamento do individualismo da economia idólatra que se gera ou se cuida da vida, a TpldEFC viu que é no paradigma relacional. Este, por sua vez, pode ser pensado na teologia cristã como modelo de existir na transcendência, segundo o qual a vida é dada por Alguém relacional (Deus-trinitário) que a tem em si mesmo: a Criação existe como dom, isto é, por referência ao Criador, e o modo sustentável de ela existir é como doação mútua, ou seja, por inter-relações de trocas entre as criaturas.

Bacq (2013, p. 22) é, teologicamente, fecundo nesse ponto, ao dizer:

> A geração conjuga o contributo harmonioso do masculino e do feminino. A obra de gestação remete, primeiro que tudo, para cada um e cada uma, para uma maneira de ser, feita de acolhimento e de dom. Ela convida a reconhecer plenamente os carismas de cada um.

É no seio da experiência de transcendência do poder de cuidar, aquela relação em que o *eu* que quer ser idêntico a si mesmo, se enriquece com o *tu*, o diverso, que arranca o si mesmo da clausura egocêntrica. A manutenção da existência terrestre dá-se por referência à inter-relação criatural, em relações de amor que fazem existir as alteridades.

Logo, a Teologia política que se inspira na nova economia inverte o princípio teológico-político da economia idólatra *da casa de todos que podem privatizá-la* para o princípio da *casa para os verdadeiros filhos da Terra que a receberam como dom*. Depõe-se a ganância avarenta da economia hegemônica de apropriação do que é comum na casa.

O Planeta não é algo exterior ao ser humano, mas um ser vivo que está em relação. Somos seres terrestres, pois somos feitos dos mesmos componentes físicos: como filhos da Terra, herdamos a genética da Mãe. A Terra é mãe, porque nos alimenta. Alimenta-mo-nos dela. Nossas células podem respirar, se as árvores, as plantas e as algas marinhas nos fornecem oxigênio. Respiramos o Planeta no qual habitamos; ele nos sacia, mata a nossa fome e a nossa sede. A Terra viva suscita vida, nos mantém vivos.

Como *casa para todos*, o lar é um ecossistema: "[...] um sistema de sistemas e superorganismo de complexo equilíbrio" (BOFF, 2014a, p. 154). Primeiro, o lar é um planeta vivo não privatizado; em segundo lugar, o lar é uma oferta de amor do Criador, Senhor e Amante da Criação, é um dom fecundado pela explosão de vida no universo.

A Teologia política latino-americana da EFC é fecundada pela teologia da Criação, que enxerga o lar não como a *casa de todos* que se sentem donos, mas a *casa para todos* realizarem a vocação filial, o chamado a sermos filhos e não dominadores da Terra. Isso muda tudo. Não somos donos da Criação: do universo, do Planeta Terra e de suas espécies. Somos, como diz o pensador Achille Mbembe (2017, p. 28), "[...] hóspedes da Terra". Ou seja, a nossa relação política com o Planeta haveria de ser de hospitalidade, não de obsolescência programada pela cultura do descarte.

No terceiro princípio, viu-se que ninguém gera nem gesta sozinho; juntos gestamos e geramos relações de encontro fraterno, ritmo que é mediação do Reinado de Deus, que convoca à reconciliação entre ser humano e Planeta. Agora, é o momento de saber o fruto da gestação e geração como processo inerente à mediação desse Reinado.

O quarto princípio hermenêutico delimita o fruto da gestação, que é o sujeito nascer para a própria humanidade, com a geração de alguém. Bacq e Theobald (2013) falam da fé que se dá pelo princípio do nascimento do Evangelho em quem o recebe, que é a gestação. A gestação resguarda "[...] o acesso de alguém à sua humanidade, graças àquele e àquela que o geraram" (BACQ; THEOBALD, 2013, p. 83).

O Evangelho Segundo João é "o livro dos sinais" (KONINGS, 2005, p. 84) da ação libertadora (salvífica) de Jesus. E, como tal, sugere-nos que o sinal como critério de que o Reinado de Deus se realiza no mundo sofrido é se um oprimido é visto ou gestado como ser humano pela comunidade que dele cuida (gera) e se, nesse processo de geração, ele se reconhece humanizado. O maior sinal de que o Deus cristão reina é quando, pelo serviço prestado pelos cristãos, grupos e instituições, marginalizados se humanizam apesar do mundo sofrido.

Acontece o mesmo com "[...] o acesso à fé, graças à presença de outro crente, de uma ou de várias testemunhas, de um ou de vários <<transmissores>>" (BACQ; THEOBALD, 2013, p. 83). Somos gestadores porque parimos nossa humanidade, e geradores, pois parteiros da nossa humanização. Theobald defende (2013, p. 84-85):

> Hoje em dia, o Evangelho é, primeiro que tudo, uma escola de humanidade, mas sem monopolizar nem anexar essa humanidade; pelo contrário, liberta-a – e fá-lo gratuitamente – como existência fundada sobre a consciência de cada um, funda sobre uma forma de crer completamente elementar.

Bacq (2013, p. 19-20) reitera que a gestação significa "[...] o nascimento para uma nova identidade". Desse sentido emerge a pastoral de gestação, que remete o sujeito "[...] antes para si próprio, respeitando o seu caminho de liberdade. A pastoral de gestação reconhece que cada um(a) é único(a) e visa promovê-lo(a) naquilo que ele(a) tem de mais pessoal" (BACQ, 2013, p. 25). O Reinado de Deus dá-se pela gestação da identidade de filhos da Terra, dessa fraternidade que une e diferencia todos os seres terrestres entre si.

Até aqui, vimos que a relevância dos três princípios da hermenêutica de gestação e geração é perceber a realização do Reinado de Deus no mundo sofrido, este como conteúdo-objeto do saber teológico do *colocar-se a trabalho*.

Isso foi possível, porque partimos de uma visão de fé como práxis libertadora da história que compromete a vida de quem a vive. O nosso compromisso com a proposta de realmar a economia, à luz dessa mesma fé, dá o que pensar teologicamente sobre a nossa autoimplicação no conteúdo (objeto) do saber teológico, a realização do Reinado de Deus na história por mediações. Essa gestação evangélica do nascimento de cada um para uma nova humanidade atualiza o Reinado de Deus, não apenas como reconciliação ser humano-Planeta-Deus, como também um Reinado com o *ser humano novo*[38], pois:

> Não haverá uma nova relação com a natureza, sem um ser humano novo.[39] Não há ecologia sem uma adequada antropologia. Não se pode exigir do ser humano um compromisso para com o mundo, se ao mesmo tempo não se reconhecem e valorizam

---

[38] Karl Rahner (1904-1984) aborda a visão cristã de ser humano novo como ser criado. E enriquece-nos com o texto belíssimo, *A caminho do "Homem novo": a fé cristã e ideologias terrenas do futuro*. Ajuda-nos a compreender que *o ser humano novo* "[...] é um peregrino que caminha em meio das incógnitas e dos riscos, fraternalmente unido aos 'outros' que planejam o futuro terrestre, podendo orgulhar-se de ser uma criatura que se forma a si mesma" (RAHNER, 1966, p. 7). Mas adverte o teólogo: "[...] a projeção para diante é e será sempre também uma volta [...] para dentro de si mesmo, para tomada de consciência de sua condição de ser finito e criado." (RAHNER, 1966, p. 7). O ser humano novo é um ser do tempo existencial, que vai amadurecendo, como ser livre, durante a gestação e geração dos processos existenciais conectados com o acontecimento do "[...] mundo novo, cheio de tarefas, de objetivos, e de riscos terrenos." (RAHNER, 1966, p. 15). Esse *mundo novo* é preparado por Deus com a cooperação humana; o ser humano novo também trabalha. O Infinito de Deus, que não se realizou definitivamente, adianta-se na finitude humana (história), como "[...] futuro, que é a vida eterna, que amadurece e germina no tempo, é o único futuro que verdadeiramente já começou – agora mesmo, e sempre agora – na livre e decisiva opção da fé e do amor." (RAHNER, 1966, p. 12). Esse teólogo nos ajuda a pensar que o maior desafio espiritual e existencial que a fé nos põe é saber-se criatura amada por quem nos chamou à existência, por quem nos deu o sopro de vida; isso requer empenho da liberdade e tempo pessoal de gestação e geração dessa consciência ética e mística.

[39] O saudoso Pedro Casaldáliga (1928-2020), em *Na procura do Reino*, nos diz: "Os traços do homem novo seriam, no meu modo de ver: **1. A lucidez crítica.** Uma atitude de crítica 'total' com relação a supostos valores, meios de comunicação, consumo, estruturas, tratados, leis, códigos, conformismo, rotina. . . Uma atitude de alerta, insubornável. A paixão pela verdade. **2. A gratuidade admirada, deslumbrada.** A gratuidade contemplativa, aberta à transcendência e acolhedora do Espírito. [...] Viver em estado de oração. A capacidade de assombrar-se, de descobrir, de agradecer. [...] O perdão maior, sem mesquinhez e sem servilismos. **3. A liberdade desinteressada.** Ser pobres, para ser livres diante dos poderes e das seduções. A livre austeridade dos que sempre peregrinam [...]. **4. A criatividade em festa.** A criatividade intuitiva, desembaraçada, humorada, lúdica, artística. Viver em estado de alegria, de poesia e de ecologia. A afirmação da autoctonia. **5. A conflitividade assumida como militância.** A paixão pela justiça, em espírito de luta pela verdadeira paz. A denúncia profética. A política, como missão e como serviço. Estar sempre definido, ideológica e vivencialmente, do lado dos mais pobres. [...] **6. A fraternidade igualitária.** [...] Conjugar a mais generosa comunhão com a salvaguarda da própria identidade étnica, cultural e pessoal. A socialização, sem privilégios. [...] **7. O testemunho coerente.** Ser o que se é. Falar o que se crê. Crer no que se prega. Viver o que se proclama. [...] **8. A esperança utópica.** Histórica e escatológica. [...] Trata-se de utopia, a utopia do Evangelho. O homem novo não vive só de pão; vive de pão e de utopia. Somente homens novos podem fazer o mundo novo." (CASALDÁLIGA, 1988, p. 200-202).

as suas peculiares capacidades de conhecimento, vontade, liberdade e responsabilidade (LS, n. 118).

Esse trecho acena não para o ser humano como centro da Terra, mas "[...] suscita a valorização de cada pessoa humana e, assim, estimula o reconhecimento do outro" (LS, n. 119). Uma antropologia que se baseia na relação de reconhecimento, ou seja, na "[...] abertura a um 'tu' capaz de conhecer, amar e dialogar continua a ser a grande nobreza da pessoa humana" (LS, n. 119).

Em chave cristã, a relação ética com o mundo criado inclui, portanto, as pessoas e Deus-Criador. Porque "[...] a Criação é o aparecimento de uma realidade finita, à qual o Infinito se dá prodigamente – por amor" (RAHNER, 1966, p. 13). Deus se dá à criatura humana, na história, como "[...] Dom infinito de Si, [...] Mas, quando dizemos que o Infinito de Deus penetra o finito, referimo-nos à totalidade da realidade criada" (RAHNER, 1966, p. 13). A Criação está cheia de Deus, sustentada por Ele: "[...] é a corporização do Espírito" (RAHNER, 1966, p. 14).

A TpldEFC denuncia a interpretação do senhorio do ser humano sobre a natureza, fincada no antropocentrismo materialista e irreverente à Criação. A *LS* (n. 116) já renova criticamente essa ideia no presente trecho: "[...] a interpretação correta do conceito de ser humano como senhor do universo é entendê-lo no sentido de administrador responsável".

O ser humano como administrador responsável fundamenta-se na teologia da providência divina, que, segundo Méndez López (1996, p. 84), é entendida como "[...] o amoroso cuidado de Deus sobre sua criação". O administrador responsável implica Deus executar seus desígnios de amor a partir dos seres humanos, conclui o teólogo.

Na teologia cristã, dizer que Deus cria a humanidade implica estabelecer uma relação de gestação e geração entre ser humano e Planeta, que não é para ser interpretada como dominação tirânica, e sim relação de aliança, na Graça. Ou seja, como um pacto de interdependência e responsabilidade que passa por uma *oikonomia*, uma gestão cuidadosa da casa, isto é, uma geração eticamente econômica da Casa Comum dentro de nós.

A gestação dessa nova economia, em sentido ético-teológico, exige o que a teóloga feminista e norte-americana Sallie McFague (2011, p. 73, grifos da autora) chamou de "[...] uma mudança do paradigma *quem pensamos que somos*". Gestar uma nova economia é gestar uma nova humanidade na relação com a irmã e mãe Terra.

A antropologia hegemônica, centrada no antropocentrismo colonial, é empecilho para enfrentar a crise planetária. A teóloga dizia que a "[...] antropologia individualista é uma mentira" (MCFAGUE, 2011, p. 72), porque, nela, as pessoas "[...] não se consideram, primordialmente, membros de uma comunidade, humana em primeiro lugar, e muito menos de uma comunidade natural ou planetária" (MCFAGUE, 2011, p. 72).

A visão de ser humano condizente com a EFC é a de uma "antropologia ecológica" (MCFAGUE, 2011, p. 73), que fuja dos exageros do antropocentrismo moderno, focado no senhorio do indivíduo, e de um cosmocentrismo ingênuo (MCFAGUE, 2011), isto é, colonizado, centrado no apego a uma ideia de natureza da modernidade colonial.

McFague (2011, p. 80) defende uma antropologia ecológica que nasce da "reconvergência do conhecimento, tanto secular como teológico". Uma reconvergência entre a história do cosmo contada pelas ciências e pela história da criação (MCFAGUE, 2011), contada por narrativas e teologias cosmocêntricas.

A antropologia ecológica nasce da reconvergência epistemológica que se centra numa cosmologia com "[...] foco na terra e no lugar que nela ocupamos" (MCFAGUE, 2011, p. 80). Trata-se de "[...] uma antropologia mais fundamental e funcional: uma antropologia que vê a vida humana como inserida no mundo e dependente do mundo em que vivemos" (MCFAGUE, 2011, p. 81).

Como nos ajuda a pensar McFague (2011), o ser humano não está acima ou separado do Planeta terrestre, mas está dentro dele, e, ao mesmo tempo, o Planeta está dentro do ser humano. Isso supõe que: "[...] viemos da natureza e estamos na natureza" (MCFAGUE, 2011, p. 81), ou melhor, dizer que estamos na Terra significa que somos seres terrestres: compartilhamos dos mesmos componentes da vida do nosso Planeta.

Podemos acrescentar que, em outras cosmologias, teologias e antropologias, como das religiões afro-brasileiras e indígenas, o ser humano se entende a partir da rede de relações e das forças que lhes habita: a água, o fogo, a terra, o ar, vinculados a divindades.

O nascimento da EFC solicita que, em nós, a gestação e a geração se realizem também como ecologia, isto é, como conhecimento sobre o nosso Planeta. Ao buscarmos a instrução ecológica, a ciência contemporânea ressalta "[...] a combinação de responsabilidade e da interdependência" (MCFAGUE, 2011, p. 78).

Em termos de geração, a responsabilidade significa cuidarmos da Casa comum. Em termos de gestação, a interdependência é dependermos da água, do alimento, do solo, do clima, e evoluirmos juntos com o Planeta. A nossa vida depende da vida planetária, do ponto de vista bioquímico (MCFAGUE, 2011).

Teologicamente, para nós cristãos, Deus só nos mantém na existência porque a Terra criada por Ele nos dá vida, sendo o nosso alimento, já que ela nutre nossa existência. Ou seja, "Deus é Deus de *todas* as criaturas. Não somos os únicos que importam: Deus cuida também do pardal e dos lírios" (MCFAGUE, 2011, p. 80, grifos da autora).

O paradigma relacional faz uma inversão de autocompreensão antropológica, como processo de gestação e geração de nós próprios. Se no antropocentrismo o ser humano vê o mundo desde si, no paradigma cosmocêntrico, a teologia cristã, as teologias ligadas à Terra (teologias afrobrasileiras e ameríndias) e as ciências contemporâneas dizem que o ser humano se compreende a partir do lugar em que vive (o cosmos).

Compreender-nos desde o lugar em que estamos significa entender que o ser humano novo do Reinado de Deus solicita um caminho social de autogestação e autogeração: de nos entendermos, não mais desde um antropocentrismo de dominação, mas à luz de uma visão cosmocêntrica da vida terrestre, porque relacional.

O caminho até aqui nos conduz a uma pergunta cristã de fundo: como a realização histórica do Reinado de Deus acontece no mundo sofrido de hoje? Pelas mediações sócio-históricas que suscitam e cuidam da vida dos filhos da Terra. A TpldEFC, como *saber do colocar-se a trabalho*, ao se guiar pela fé como práxis libertadora e pela realização do Reinado de Deus como conteúdo teológico, faz opção política pelos oprimidos de hoje. As classes excluídas e a Terra arrasada são lugar teológico que revela o rosto do Crucificado e a proposta de amor do Criador Amante da Criação inteira.

Das liberdades e consciências cativas (BOFF; BOFF, 2001) pela colonialidade capitalista ecoa um apelo por libertação aos(às) amantes da Criação. Elas interpelam a *teologia política* inspirada na EFC a ser um saber prático, movido pelo amor que suscita vida e destinado à eficácia da ação que liberta.

Como saber samaritano, a TpldEFC é uma tentativa crítica de enxergar os oprimidos de hoje (mediação socioanalítica), para afinar a escuta ao clamor dos filhos da Terra e da Casa comum (mediação hermenêutica). E como saber do colocar-se a trabalho, a TpldEFC se destina à fecundidade da ação amorosa (mediação prática).

Conclusão 3

O terceiro momento metodológico da Tdl, a *mediação prática* (=voltar à ação eficaz para superar a opressão conforme o plano de Deus), cumpriu a meta de moldurar a reflexão da TpldEFC. Essa *teologia política* se mostrou como discurso teológico da ação que, norteado pela volta ao agir eficaz que supera a opressão segundo o plano divino, avançou na elucidação teórica sobre si mesma como Teologia política de uma práxis.

A relevância de quaisquer teologias cristãs das periferias do mundo não está tanto nos valiosos conteúdos; mas na preciosidade crítica e no espírito dos métodos teológicos que nos ensinam a pensar teologicamente nossa realidade e nos desafiam a cambiá-la, a partir da fé transformadora: indócil a sistemas opressores, subversiva, pensante, propositiva, criativa, esperançosa, alegre, engajada, companheira dos oprimidos.

Ao fazer o movimento de voltar à ação que liberta, a TpldEFC intui que o *evangelho da Criação* (LS) é um novo anúncio da fé cristã como *ética de amantes da Criação inteira*. Não há melhor forma de narrar a fé do que anunciá-la de outras maneiras. A EFC inspira uma teoria teológica, porque está eivada de fecundidade evangélica inerente ao duplo movimento da vida: a gestação que cuida da geração.

O poder de gerar que cuida do poder de gestar é paisagem estética que dá as condições teóricas à TpldEFC de formular sobre si uma narrativa teológica, ética, espiritual, política e pastoral, sintetizada em dois traços teológicos: 1) *uma teologia política como saber samaritano*, ou saber de compaixão e misericórdia, que testemunha a fecundidade da fé vivida no exemplo de vida; 2) e *uma teologia política como saber prático do colocar-se a trabalho*, ou saber da práxis cristã transformadora, cujo testemunho da fecundidade do crer acontece na transformação dentro e fora das pessoas.

O gestado e o gerado não se reduzem a resultados, mas é um processo fecundo na vida em sociedade. A fecundidade é da ordem do invisível, de uma transfiguração que ninguém vê, mas que se opera na existência cristã humana como ética, espiritualidade, profecia.

A fecundidade ética e espiritual do Evangelho inspira a TpldEFC a ser um saber samaritano, saber da escuta dos clamores por libertação, porque fez opção de fé por Jesus Cristo Libertador, cuja ação salva e liberta os feridos no caminho; e inspira a ser um saber prático do colocar-se a trabalho, saber da transformação de si, pois compromete as pessoas a se colocarem duplamente a serviço: o trabalho sobre si conjugado com o trabalho fora de si, em vista de realmar a economia.

A fecundidade profética do Evangelho inspira a TpldEFC a ser uma teologia da estética inerente ao clamor dos crucificados pelo capitalismo, cujo propósito é despertar os destinatários da apatia espiritual em face do sofrimento humano e da Terra; é uma

ECONOMIA FINANCEIRA E CRÍTICA TEOLÓGICA:
ENSAIO DE TEOLOGIA POLÍTICA LATINO-AMERICANA DA ECONOMIA DE FRANCISCO E CLARA

teologia que interpela a sensibilidade e o coração a se inquietar e agir, a tomar posição.

Por fim, a fecundidade existencial do Evangelho inspira a TpldEFC a ver a relevância de quem gesta e quem gera. O Papa Francisco é o *parteiro* de uma proposta: realmar a economia. Mas todos nós podemos ser *parturientes* dessa nova economia realmada. No Brasil, assimilamos a proposta como Economia de Francisco e Clara.

Há que se habitar na possibilidade de uma pedagogia do mistério divino que irriga com fecundidade o movimento de gestação e geração intrínseco à vida terrestre. E não só se deixar habitar pela possibilidade de obter resultados programados. O Evangelho é uma entre as possibilidades culturais de fecundar as existências dos filhos da Terra.

CONSIDERAÇÕES FINAIS

"Não existe teologia universal e perene,
mas teologias situadas nas contingências..."
(Alberto Fierro)

Nosso objetivo foi contribuir *com* e *para* o debate teológico sobre a Economia de Francisco e Clara, por meio da releitura crítico-criativa do método da Tdl, resumido em três mediações: *socioanalítica, hermenêutica* e *prática.* Nosso texto se estruturou em três postulados explicitados a seguir.

Primeiro, *a cultura é um fato construído e, assim, aprendido e mutável.* À luz desse pressuposto, definimos o capitalismo atual como cultura, a fim de (des)naturalizá-lo, e o poder da economia como distinção social, enriquecimento e empobrecimento, predição de comportamento futuro e constituição da identidade. Segundo, *as religiões têm relevância para os oprimidos se as tradições de fé tiverem função de crítica social ao sistema.* Desde aí, faz sentido a crítica do Papa Francisco e da Tdl à economia idólatra.

Por último, *a economia capitalista é uma cultura a ser superada por culturas econômicas que respeitem toda forma de vida terrestre como sujeito de direitos.* Com base nisso, propusemos ensaiar uma Teologia política latino-americana inspirada na Economia de Francisco e Clara, acompanhada de duas premissas a serem destacadas.

A *primeira* é que, teologicamente, a EFC é um acontecimento que acompanha o ritmo da vida. Ela tem sido, de um lado, uma práxis de gestação, visto que está estruturando-se (gestando/suscitando processos de vida) em úteros do Sul Global; e, de outro, uma práxis de geração, já que se propõe a cuidar dos pobres e do Planeta (gerando/produzindo tecnologias de cuidado dos processos de vida), com mãos operosas.

A *segunda* é que, por ser uma práxis de gestação e geração, não há um conceito universalista, totalizante, que defina a EFC de forma única: ela se define pelas práticas, pelos processos e desde os territórios. Se é uma prática econômica gerando e gestando processos a partir dos territórios, resta saber de que tipo são eles.

Em nosso Continente latino-americano e caribenho, caracterizado por lutas contra opressões históricas (as injustiças social e ecológica), podemos dizer, à luz da fé cristã, que: há territórios oprimidos, mas os processos e as práticas necessitam suscitar vida e libertação. Nesse contexto, a EFC tem elementos contundentes para ser interpretada teologicamente como uma práxis sócio-histórica de libertação por uma teologia da *ação que liberta* o Planeta e os empobrecidos da economia idólatra, que exclui, mata e devasta.

Assim, a TpldEFC emerge como uma reflexão cristã que visa a contribuir *com* e *para* a geração – o cuidado dos processos de vida, ou a descoberta de tecnologias da fé que cuidem desses processos – da EFC, à medida que traz para o centro dessa prática econômica o agir que liberta os oprimidos.

No processo de realmar a economia desde os territórios oprimidos da América Latina e do Caribe, é preciso dizer que o clamor por libertação do Planeta e dos empobrecidos é a voz que interpela à teologia do nosso Continente. A TpldEFC propõe a ação que liberta os oprimidos de hoje (a libertação) como tecnologia da fé cristã que ilumina o agir e a consciência discursiva da EFC.

Pode-se dizer que a TpldEFC é um tipo de ecoteologia da libertação, centrado, por enquanto, em três eixos: a) *economia e política* (as formas de poder da economia); b) *fé e oprimidos* (olhar da fé para os oprimidos de hoje); e c) *ética e teologia* (ação que liberta à luz do Reinado de Deus). Essa visada teológica chama atenção para o potencial de a fé cristã, aliada das práxis históricas vividas em nossos territórios, inspirar a EFC com tecnologias transformadoras: a fé nos inspira tanto a criarmos *possibilidades de existir resistindo pela fé* à cultura do capitalismo, quanto a *existirmos nas possibilidades das práxis históricas de resistência* à economia que exclui, mata e devasta.

ECONOMIA FINANCEIRA E CRÍTICA TEOLÓGICA:
ENSAIO DE TEOLOGIA POLÍTICA LATINO-AMERICANA DA ECONOMIA DE FRANCISCO E CLARA

Podemos pensar melhor, depois, essa teoria teológica, em chave descolonial, a partir dos territórios oprimidos e dos processos de libertação. Por hora, vale dizer que a TpldEFC é latino-americana e pode contribuir *com* e *para* processos de libertação nas periferias dos territórios, pois se guia por algumas atitudes e pressupostos teológicos:

1. *Fidelidade ao espírito da tradição das teologias latino-americanas da libertação*:

Ser leal ao espírito da tradição teológica do nosso continente requer compromisso com processos de renovação da experiência de fé como práxis libertadora da história e com a fecundidade dos métodos teológicos latino-americanos mais adequados para enfrentar problemas da América Latina e do Caribe. Exige disposição para trabalhar com o potencial crítico e atualizado das mediações socioanalíticas.

O pressuposto dessa atitude é: *a práxis dá ao método teológico--libertador riqueza de realidade, o método teológico-libertador oferece à práxis lucidez da fé libertadora, reforçando o compromisso com a realidade e a fidelidade aos valores da práxis.*

2. *Proximidade teórico-prática das mediações sociohistóricas*:

Manter o espírito latino-americano da libertação de aproximar, nos âmbitos teórico e prático, o *quefazer* teológico das práxis históricas, e vice-versa. Isso requer abertura e disposição para engajar a vida na práxis, munindo a militância da fé de vivências e teorias; e estabelecer parcerias teológicas com práticas políticas e econômicas de resistência à cultura capitalista de opressão, e dessas práticas com teologias críticas da economia e da política.

O pressuposto dessa atitude é: *a teologia libertadora, como ato segundo de reflexão sobre a fé vivida, surge do ato primeiro da experiência de fé transformadora, centrada, biblicamente, na escuta do clamor dos empobrecidos e do gemido da Terra, como apelo ético de Deus para a libertação dos filhos da Terra.*

3. *Humildade teológica com lucidez teórica*:

A humildade teológica com lucidez teórica é a consciência discursiva desta teologia laical de não se considerar discurso único desde a periferia do mundo, mas saber que há outras possibilidades de pensar teologicamente a EFC, no hemisfério Sul.

Trata-se de agir contra: a) a prepotência da colonialidade do poder, do saber e do ser que ronda o Cristianismo e as teologias cristãs; e b) uma espécie de dominação religiosa e política institucional da Igreja, que, porventura, atinja sorrateiramente a EFC, durante o processo de realmar a economia. Vale a advertência de Bento XVI, lembrada pela *Evangelii Gaudium*: A Igreja não cresce pelo proselitismo.

A Igreja, a fé e as teologias cristãs não estão sozinhas no mundo, há outros agentes sociais que militam para mudar os rumos da economia. É preciso saber que, da parte cristã, o modelo eclesial e de pensamento que norteia o convite do Papa para a economia realmada não é colonial/universalista; gira em torno da consciência dialogante da Igreja, que, em tese, sabe o próprio lugar, o próprio valor, as próprias possibilidades e os próprios limites, no processo de realmar a economia.

A economia realmada é interesse de todos os povos oprimidos pela superação do capitalismo e que já trabalham e sonham com uma economia do bem comum de todas as comunidades terrestres, não apenas das comunidades cristãs e protagonizada por elas. A particular contribuição da Igreja é começar o processo de uma práxis histórica, a EFC, que merece ser uma prática dialogante abraçando as diferenças.

O pressuposto dessa atitude é: *a cultura do encontro, inspirada no Deus-Trindade, que criou e ama a diversidade na Criação, promove modelos de participação, centrados na ética da aceitação das diferenças, e não em práticas de exclusivismo sociorreligioso.*

4. *Conversão da vida pela fecundidade evangélica ao Deus Amante da Criação:*

Como *saber samaritano* e *do colocar-se a trabalho*, a TpldEFC é saber de misericórdia; visa à mudança de mentalidade e atitudes da pessoa de fé, que deseja viver o Reinado de Deus como proposta de vida abundante do Criador para as criaturas.

Essa teologia busca contribuir *com* e *para* processos de libertação e transformação dentro e fora das pessoas, ou seja, promover êxodos de conversão ou mudança de paradigmas: a saída da cultura do descarte para a cultura do amor e amizade à Criação; da indiferença para a cultura do encontro; do ecocídio para a justiça socioambiental; da idolatria do dinheiro para a fraternidade universal; do consumismo para uma vida sóbria; do fechamento individualista para o amor político e social; de uma economia que mata para uma economia que faz viver.

O pressuposto dessa atitude é: *seguir a Jesus Cristo, no contexto latino-americano e caribenho de injustiças, de ateísmo prático, é decisão livre de aderir, pelas entranhas (afetivamente) e pelo testemunho (efetivamente), aos valores do Reinado de Deus e do Deus que reina, encarnados em mediações sociohistóricas.*

5. *Sensibilidade teológica para com a estética da fé cristã em nosso continente*:

Fazer teologia com a sensibilidade estética da fé é partir da experiência de Deus que gera libertação no encontro com os corpos oprimidos: as classes sociais excluídas e a Terra devastada. Encontrar-se com o rosto oprimido do pobre e da Terra é ser interpelado(a) pelo rosto do Amante da Criação, Jesus Cristo crucificado nos sofredores do mundo.

Por isso, não há teologia sem compaixão e sem misericórdia: a teologia precisa da mística, da ação divina que liberta existências cativas. É possível existir mística sem teologia, mas não existe teologia sem mística. Grandes teólogos(as) latino-americanos(as) escreveram belíssimos textos místicos, de profunda e lapidar experiência de Deus.

A estética da fé é mística que motiva o êxodo, de deixarmos de ser dominadores para sermos filhos da Terra, amantes que se "reconhecem na relação com outras criaturas" (LS, n. 85). A sensibilidade estética da fé sabe escutar "a mensagem de Deus escondido no mistério da obra de suas mãos" (LS, n. 85), pois Ele está na Criação inteira (LS). Isso requer conversão de vida à ecologia integral, o que nos pede sensibilidade estética, a fim de sairmos da cultura do descarte para a cultura da geração que cuida da gestação. A Criação é "[...] um dom que vem das mãos abertas do Pai de todos, como uma realidade iluminada pelo amor que nos chama a uma comunhão universal" (LS, n. 76). A criação é projeto de amor, é uma realidade amada. No paradigma relacional da Criação, nós, humanos, somos destinatários privilegiados desse projeto, por processos estéticos de conscientização, de ações que libertam parte cativa da Criação.

O pressuposto dessa atitude é: *a experiência mística de Deus, Amante da Criação, dá à TpldEFC a potência de ser um saber com alma e com sabedoria da fé, que se aprende por vivência e se aprofunda por lucidez teórica; pensar bem para viver bem.*

6. *O apoio ao engajamento crítico-criativo na produção teológica de leigos e leigas*

Essa atitude requer postura crítica ante as opressões deflagradas por modelos colonialistas de igreja, e sonhar com modelos eclesiais de gestação e geração. Há quem pense que toda teologia leiga ameaça a relação de leigos(as) com o clero, já que formas históricas de hierarquia dependem de modelos eclesiais legitimados por teologias opostas.

O modelo *institucional-hierárquico* é piramidal: primeiro vem Cristo, depois a hierarquia, com sacerdócio real, e os fiéis. Surge da Cristandade, com o decreto de Teodósio em 380, declarando o Cristianismo como religião oficial do Império Romano. A igreja é espaço e meio de salvação, que se opõe ao mundo como lugar da perdição e do pecado, ela é a sociedade perfeita, autônoma, fora dela não há salvação, é a cidade de Deus na Terra, é idêntica ao Reinado de Deus no mundo. O Papa é o vigário de Cristo na Terra, os bispos são seus vigários, e os leigos obedecem aos comandos dos membros da hierarquia: uns nascem para comandar, outros para obedecer. O pressuposto teológico é que o clero pertence à ordem sagrada, e os leigos à ordem profana (ALMEIDA, 1988).

Com o Vaticano II, surge o modelo *comunitário-carismático* retratado pela *Lumen Lentium*. Nele, a igreja são todos os fiéis membros do povo de Deus. Recupera-se a dignidade eclesial dos leigos que, também, são igreja. A igreja é sacramento de salvação, cuja vida comunitária, como comunhão humana com Deus, participa da divindade de Cristo-sacramento que descentra a Igreja, o que dá outro sentido à função eclesial da hierarquia. Os ministérios simbolizam a diversidade dos carismas do Espírito Santo de Cristo, e seus ministros ordenados estão a serviço do povo de Deus (ALMEIDA, 1988).

Por fim, na América Latina, emergiu o modelo eclesiológico *histórico-libertador*, amparado pelo Vaticano II, e sob maior influência da *Ad gentes* e da *Gaudium et Spes*. A igreja é *sacramentum mundi*, ou *igreja no mundo* que trabalha para a realização do Reinado de Deus, a partir dos empobrecidos. É uma igreja cuja vida comunitária assume como referência teológica a Santíssima Trindade, que reina no mundo. Esse modelo se vale de mediações históricas do Reinado de Deus, do compromisso político inspirado no Evangelho com a transformação da história, almejando justiça e paz (ALMEIDA, 1988).

O Papa Francisco, na *Evangelii Gaudium*, nos oferece uma imagem de igreja representada por outra figura geométrica: a do *poliedro*, representado por vários lados em que não se tomam as partes pelo todo, pois o todo é maior que as partes. A igreja é a *unidade na diversidade*, um serviço eclesial de mútua cooperação entre todos os fiéis.

Elementos históricos desses modelos permanecem na vida da igreja. Para um tipo de hierarquia com mentalidade de monarcas ou príncipes, em que o clero se considera superior a leigos e, por isso, deseja ser servido, reclamando obediência dos fiéis, toda teologia leiga será um perigo a ser silenciado. Nesse caso, a função descolonial dessa teologia laical, a partir da América Latina, é operar com desobediência epistêmica característica da fé libertadora, que rompe com o silêncio imposto pelo clericalismo.

O clericalismo, também, contaminou uma boa parte de leigos e leigas. Estes, por sua vez, só se consideram membros da igreja, quando são capazes de executar tarefas solicitadas pelo clero, já que estão atados a uma relação de poder pautada pela obediência submissa aos membros da hierarquia. A opressão do clericalismo determina que o lugar de leigo é onde a hierarquia quer, o que pensa um leigo sobre a fé é o que membros do clero pensam. Aqui, não há espaço para teologias laicais, apenas teologias clericais.

Nesse modelo hierárquico, há um colonialismo interno que funciona nos moldes de periferia orbitando o centro: leigos só existem porque o clero existe. Leigos só se enxergam importantes se o clero os empodera, dando cargos. Os leigos são vistos como burocratas, meros serviçais que executam com afinco os projetos do clero. Não têm protagonismo na comunidade eclesial, e padecem de um *déficit* de teologia leiga.

Mas, para o modelo de hierarquia atrelado ao modelo de igreja como autoridade do serviço, centrada no exemplo de vida que serve aos empobrecidos, quanto mais crítica a teologia leiga for às opressões internas e externas, tanto mais contribuirá com o vigor espiritual da igreja. Há quem diga que fazer criticamente teologia laical é necessário para a comunidade eclesial, já que de modelos eclesiológicos depende a continuidade histórica da igreja.

O pressuposto dessa última atitude é: *o princípio conciliar sensus fidei fidelium, que é discernir teologicamente a fé recebida como momento do ato de crer, permite aos fiéis leigos(as) fazer teologia e pensar o seu lugar como igreja e na comunidade eclesial.*

Em suma, vimos seis atitudes e seus pressupostos que apoiam a teoria teológica inspirada na práxis sócio-histórica, a Economia de Francisco e Clara, e norteada por momentos dos métodos da Tdl. Leitores(as), eivados(as) ou não de inquietude, têm, portanto, em mãos uma obra inquieta e inacabada, escrita por um autor marginal, da periferia do mundo, em cuja trajetória de vida há processos de libertação. A proposta de realmar a economia implica o convite para reanimar a teologia, de modo preferencial, a de leigos e leigas.

REFERÊNCIAS

AGAMBEN, Giorgio. **O Reino e a glória**: uma genealogia teológica da economia e do governo. São Paulo: Boitempo, 2011.

AGOSTINHO, Santo. **A Trindade**. São Paulo: Paulus, 1994.

ALMEIDA, Antônio José de. Modelos eclesiológicos e ministérios eclesiais. **Revista Eclesiástica Brasileira**, vol. 48, fasc. 190, p. 310-352, jun. 1988.

ALTHAUS-REID, Marcela. **Deus queer**. Rio de Janeiro: Metanoia: Novos Diálogos, 2019.

AQUINO JÚNIOR, Francisco de. **A dimensão socioestrutural do reinado de Deus**: escritos de teologia social. São Paulo: Paulinas, 2011.

AQUINO JÚNIOR, Francisco de. **A teologia como intelecção do reinado de Deus**: o método da teologia da libertação segundo Ignacio Ellacuría. São Paulo: Loyola, 2010.

AQUINO JÚNIOR, Francisco de. **Teologia em saída para as periferias**. São Paulo: Paulinas; Pernambuco: Unicap, 2019.

ASSMANN, Hugo; HINKELAMMERT, Franz. **A idolatria do mercado**: ensaio sobre economia e teologia. Petrópolis: Vozes, 1989.

ATANÁSIO, Santo. **Contra os pagãos; A encarnação do Verbo; Apologia ao imperador Constância; Apologia de sua fuga; Vida e conduta de Santo Antão**. São Paulo: Paulus, 2014.

BACQ, Philippe; THEOBALD, Christoph. **Uma oportunidade para o evangelho**: para um pastoral de gestação. São Paulo: Paulinas, 2013.

BANET-WEISER, Sarah; CASTELLS, Manuel. Economia é cultura. *In:* CASTELLS, Manuel (org.). **Outra economia é possível**: cultura e economia em tempos de crise. Rio de Janeiro: Zahar, 2019. p. 13-46.

BELLUZO, Luiz Gonzaga; GALÍPOLO, Gabriel. **Manda quem pode, obedece quem tem prejuízo**. São Paulo: Contracorrente, 2017.

BELLUZO, Luiz Gonzaga. **O capital e suas metamorfoses**. São Paulo: Unesp, 2013.

BENTO, Maria Aparecida Silva. **O pacto da branquitude**. São Paulo: Companhia das Letras, 2022.

BETTO, Frei. Freire: a leitura do mundo. **Correio Riograndense**, Caxias do Sul, n. 4538, 23 jul. 1997.

BÍBLIA de Jerusalém. **Bíblia de Jerusalém**. 11. ed. São Paulo: Paulus, 2016.

BINGEMER, Maria Clara Lucchetti. **Deus-Trindade**: a vida no coração do mundo. 2. ed. São Paulo: Paulinas; Valência: Siquem, 2009a.

BINGEMER, Maria Clara Lucchetti. O Deus desarmado: a teologia da cruz de J. Moltmann e seu impacto na Teologia Católica. **Estudos de Religião**, São Bernardo do Campo, v. 23, n. 36, p. 230-248, 2009b.

BOFF, Clodovis. Teologia e espiritualidade: por uma teologia que ilumine a mente e inflame o coração. **Revista Pistis e Praxis**: teologia e pastoral, Curitiba, v. 7, n. 1, p. 113-141, jan./abr. 2015.

BOFF, Clodovis. **Teologia e prática**: teologia do político e suas mediações. Petrópolis: Vozes, 1982.

BOFF, Clodovis; PIXLEY, Jorge. **Opção pelos pobres**. Petrópolis: Vozes, 1986.

BOFF, Leonardo. **Dignitas terrae**: ecologia: grito da Terra, grito dos pobres. São Paulo: Ática, 1995.

BOFF, Leonardo. A Fratelli tutti, um novo paradigma de sociedade mundial: de senhor (dominus) a irmão (frater). **IHU On-Line**: revista do Instituto Humanitas Unisinos, São Leopoldo, 14 nov. 2020. Disponível em: http://www.ihu.unisinos.br/78-noticias/604646-a-fratelli-tutti-um-novo-para-digma-de-sociedade-mundial-de-senhor-dominus-a-irmao-frater-arti-go-de-leonardo-boff. Acesso em: 6 set. 2021.

BOFF, Leonardo. **Saber cuidar**: ética do humano: compaixão pela terra. 20. ed. Petrópolis: Vozes, 2014a.

BOFF, Leonardo. **Teologia do cativeiro e da libertação**. 7. ed. Petrópolis: Vozes, 2014b.

BOFF, Leonardo; BOFF, Clodovis. **Como fazer teologia da libertação**. 8. ed. Petrópolis: Vozes, 2001.

BRASILEIRO, Eduardo (org.). **Realmar a economia**: a economia de Francisco e Clara. São Paulo: Paulus, 2023.

BRASILEIRO, Eduardo. Economia de Francisco e Clara, "uma resposta a partir dos territórios". [Reportagem de] Luis Miguel Modino. **IHU On-Line**: revista do Instituto Humanitas Unisinos, São Leopoldo, 21 set. 2022. Disponível em: https://www.ihu.unisinos.br/categorias/622278-eduardo-brasileiro-economia-de-francisco-e-clara-uma-resposta-a-partir-dos-territorios. Acesso em: 26 set. 2022.

BRUNHOFF, Suzanne de *et al*. **A finança capitalista**. São Paulo: Alameda, 2010.

CASALDÁLIGA, Pedro. **Na procura do Reino**: antologia de textos, 1968-1988. São Paulo: FTD, 1988.

CHAUÍ, Marilena. Democracia: criação de direitos. **Síntese**: revista de filosofia, Belo Horizonte, v. 45, n. 143, p. 409-422, set./dez. 2018. Disponível em: http://www.faje.edu.br/periodicos/index.php/Sintese/article/view/4094/4080. Acesso em: 19 abr. 2023.

CHESNAIS, François (org.). **A finança mundializada**: raízes sociais e políticas, configuração, consequências. São Paulo: Boitempo, 2005.

CHESNEY, Marc. **A crise permanente**: o poder crescente da oligarquia financeira e o fracaso da democracia. São Paulo: Unesp, 2020.

CIPRIANO, Santo, Bispo de Cartago. **Obras completas**. v. 1. São Paulo: Paulinas, 2016.

COMBLIN, José. **Cristianos rumbo al siglo XXI:** nuevo camino de liberación. Madrid: San Pablo, 1996.

CONCÍLIO VATICANO II. **Vaticano II**: mensagens, discursos e documentos. 2.ed. São Paulo: Paulinas, 2007.

CORTINA, Adela. **Aporofobia, a aversão ao pobre**: um desafio para a democracia. São Paulo: Contracorrente, 2020.

CUDA, Emilce. **Para ler a Francisco**: teología, ética y política. Buenos Aires: Manantial, 2016.

DELEUZE, Gilles; GUATTARI, Félix. **O anti-Édipo**: capitalismo e esquizofrenia. Lisboa: Assírio & Alvim, 1966.

DELEUZE, Gilles; GUATTARI, Félix. **O que é a filosofia?** São Paulo: Ed. 34, 1992.

DICK, Hilário. **Deus é devagar**. São Paulo: Paulinas, 1978.

DOWBOR, Ladislau. **A era do capital improdutivo**: por que oito famílias têm mais riqueza do que a metade da população do mundo? São Paulo: Autonomia Literária, 2017.

DOWBOR, Ladislau. **Democracia econômica**: alternativas de gestão social. 2. ed. Petrópolis: Vozes, 2013.

DOWBOR, Ladislau. **O capitalismo se desloca**: novas arquiteturas sociais. São Paulo: Edições Sesc São Paulo, 2020.

DUNKER, Christian. **Reinvenção da intimidade**: políticas do sofrimento cotidiano. São Paulo: Ubu Editora, 2017.

DUSSEL, Enrique. **Filosofia na América Latina**: filosofia da libertação. São Paulo: Loyola, 1977.

ESPINOSA, Baruch de. **Tratado teológico-político**. 3. ed. Lisboa: Imprensa Nacional-Casa da Moeda, 2004.

FEDERECI, Silvia. **O patriarcado do salário**: notas sobre Marx, gênero e feminismo. São Paulo: Boitempo, 2021. v. 1.

FIERRO, Alberto. **O Evangelho beligerante**: introdução crítica às teologias políticas. São Paulo: Paulinas, 1982.

FOUCAULT, Michel. **Du gouvernement des vivants**: Cours au Collège de France, 1979-1980. Paris: Gallimard: Seuil, 2012.

FOUCAULT, Michel. **Sécurité, territoire, population**: Cours au Collège de France (1977-1978). Paris: Gallimard: Seuil, 2004a.

FOUCAULT, Michel. **Naissance de la biopolitique**: Cours au Collège de France (1978-1979). Paris: Gallimard: Seuil, 2004b.

FRANCISCO, Papa. **Carta Encíclica Fratelli Tutti**: sobre a fraternidade e a amizade social. Cidade do Vaticano: Libreria Editrice Vaticana, 2020.

FRANCISCO, Papa. **Carta Encíclica Laudato Si'**: sobre o cuidado da casa comum. Cidade do Vaticano: Libreria Editrice Vaticana, 2015.

FRANCISCO, Papa. **Carta do Papa Francisco para o evento "Economy of Francesco" [Assis, 26-28 de março de 2020]**. Cidade do Vaticano, 1 maio 2019. Disponível em: https://www.vatican.va/content/francesco/pt/letters/2019/documents/papa-francesco_20190501_giovani-imprenditori.html. Acesso em: 24 jul. 2023.

FRANCISCO, Papa. **Deus é jovem**: uma conversa com Thomas Leoncini. São Paulo: Planeta do Brasil, 2018.

FRANCISCO, Papa. Esta economia mata. Precisamos e queremos uma mudança de estruturas. **IHU On-Line**: revista do Instituto Humanitas Unisinos, São Leopoldo, 10 jul. 2015. Disponível em: https://www.ihu.unisinos.br/categorias/169-noticias-2015/544477-qesta-economia-mataq-afirma-Papa-francisc+-o. Acesso em: 20 set. 2022.

FRANCISCO, Papa. **Exortação apostólica Evangelli Gaudium**: a alegria do Evangelho. Cidade do Vaticano: Libreria Editrice Vaticana, 2013.

FREIRE, Paulo. **Pedagogia do oprimido**. 41. ed. Rio de Janeiro: Paz e Terra, 2005.

GALILEA, Segundo. **A teologia da libertação no conjunto da teologia.** 2. ed. São Paulo: Paulinas, 1978.

GARCIA-ROZA, Luiz Alfredo. Pesquisa do tipo teórico. *In*: ENCONTRO NACIONAL DE PESQUISA EM PSICANÁLISE, 1., 1991. **Anais** [...]. [*S. l.*: *s. n.*], 1991. p. 9-32. Disponível em: https://doceru.com/doc/nnxe81vn. Acesso em: 12 abr. 2023.

GASDA, Élio. Economia de Francisco e Clara: uma contribuição. *In*: SILVA, Dayvid da; NOBRE, José Aguiar (org.). **O projeto de Francisco**: evangelização, ecologia, economia, ecumenismo e educação. Belo Horizonte, 2022. p. 192-211.

GUATTARI, Félix; ROLNIK, Suely. **Micropolítica**: cartografias do desejo. Rio de Janeiro: Vozes, 1986.

GUATTARI, Félix. **Revolução molecular**: pulsações políticas do desejo. São Paulo: Brasiliense, 1977.

GEERTZ, Clifford. **A interpretação das culturas**. Rio de Janeiro: LTC, 2008.

GUTIÉRREZ MERINO, Gustavo. **A força histórica dos pobres**. Petrópolis: Vozes, 1984.

GUTIÉRREZ MERINO, Gustavo. **Teología de la liberación**: perspectivas. Salamanca: Edicones Sígueme, 1975.

HUNT, Emery Kay; LAUTZENHEISER, Mark. **História do pensamento econômico**: uma perspectiva crítica. 3. ed. Rio de Janeiro: GEN; São Paulo: Atlas, 2021.

HAN, Byung-Chul. **Piscopolítica**: o neoliberalismo e as novas técnicas de poder. 7. ed. Belo Horizonte: Editora ÂYNÉ, 2020.

JEREMIAS, Joaquim. **Jerusalém no tempo de Jesus**: pesquisa de história econômico-social no período neotestamentário. São Paulo: Paulinas, 1983.

KONINGS, Johan; GOMES, Rita Maria. **Marcos**: o evangelho do reinado de Deus. São Paulo: Loyola, 2018.

KONINGS, Johan. **Evangelho segundo João**: amor e fidelidade. São Paulo: Loyola, 2005.

KONINGS, Johan. **João**: o evangelho do amor de Deus. São Paulo: Loyola, 2019.

KÜNG, Hans. **Ser cristão.** Rio de Janeiro: Imago, 1976.

LACERDA, Antonio Corrêa de (coord.). **O mito da austeridade**. São Paulo: Contracorrente, 2019.

LAZZARATO, Maurizio. **As revoluções do capitalismo**. Rio de Janeiro: Civilização Brasileira, 2006.

LAZZARATO, Maurizio. **Signes, machines, subjectivities = Signos, máquinas, subjetividades**. São Paulo: Ed. SESC, 2014.

LAZZARATO, Maurizio. **O governo do homem endividado**. São Paulo: N-1 edições, 2017.

LEITE, Taylisi de Souza Corrêa. **Crítica ao feminismo liberal**: valor-clivagem e marxismo feminista. São Paulo: Editora Contracorrente, 2020.

LIBÂNIO, João Batista. **Crer num mundo de muitas crenças e pouca libertação**. Valencia, Espanha: Siquem, 2001.

LIBÂNIO, João Batista. Extra ecclesiam nulla salus. **Perspectiva Teológica**, São Leopoldo, vol. 5, n. 8, p. 21-49, 1973.

LIMA, Raimundo. Crítica ao gozo capitalista. *In*: QUINET, Antonio *et al*. **Psicanálise, capitalismo e cotidiano**. Goiânia: Edições Germinal, 2002. p. 41-44.

LÓPEZ-RUIZ, Oswaldo. **Os executivos das transnacionais e o espírito do capitalismo**: capital humano e empreendedorismo como valores sociais. Rio de Janeiro: Azougue Editorial, 2007.

LOYOLA, Inácio de. **Escritos de Santo Inácio**: exercícios espirituais. São Paulo: Loyola, 2000.

MALDONADO TORRES, Nelson. Sobre la colonialidad del ser: contribuciones al desarrollo de un concepto. *In*: CASTRO-GÓMEZ, Santiago; GROSFOGUEL, Ramón (ed.). **El giro decolonial**: reflexiones para una diversidad epistémica más allá del capitalismo global. Bogotá: Siglo del Hombre Editores, 2007. p. 127-173.

MARX, Karl. **O capital**: crítica da economia política: livro I: o processo de produção do capital. 2. ed. São Paulo: Boitempo, 2017.

MBEMBE, Achille. **Políticas da inimizade**. Lisboa: Antígona, 2017.

McFAGUE, Sallie. **Um novo clima para a teologia**: Deus, o mundo e o aquecimento global. São Paulo: Paulus, 2011.

MÉNDEZ LÓPEZ, Guillermo Waldemar. Propuestas para un fundamento teológico de la economia. **Vox scripturae**: revista teológica latino-americana, São Bento do Sul, v. 6, n. 1, p. 81-96, mar. 1996.

MENEZES, Paulo. Filosofia e tolerância. **Síntese Nova Fase**, Belo Horizonte, v. 23, n. 72, p. 5-11, 1996.

METZ, Johann Baptist. **Para além de uma religião burguesa**: sobre o futuro do cristianismo. São Paulo: Paulinas, 1984.

METZ, Johann Baptist. **Teología del mundo**. Salamanca: Sígueme, 1971.

MIGNOLO, Walter. Colonialidade: o lado mais escuro da modernidade. **Revista Brasileira de Ciências Sociais**, São Paulo, v. 32, n. 94, art. e329402, 2017.

MIGNOLO, Walter. O controle dos corpos e dos saberes. [Entrevista concedida a] Javier Lorca. **IHU On-Line**: revista do Instituto Humanitas Unisinos, São Leopoldo, 11 jul. 2014. Disponível em: https://www.ihu. unisinos.br/categorias/170-noticias-2014/533148-o-controle-dos-corpos- -e-dos-saberes-entrevista-com-walter-mignolo. Acesso em: 20 dez. 2022.

MO SUNG, Jung. Lutero, a crítica da idolatria do dinheiro e a dialética do possível. **Estudos de Religião**, São Bernardo do Campo, v. 30, n. 2, p. 21-39, maio/ago. 2016.

MO SUNG, Jung. **Teologia e economia**: repensando a teologia da libertação e utopias. Petrópolis: Vozes, 1994.

MOLTMANN, Jürgen. **O Deus crucificado**: a cruz de Cristo como base e crítica da teologia cristã. Santo André: Academia Cristã, 2014.

MOROZOV, Erich. **Big Tech**: a ascensão dos dados e a morte da política. São Paulo: Ubu Editora, 2018.

NERY, Prudente. A irmã terra. *In*: PERTILE, Nélio (org.). **O franciscano e a Terra**. Petrópolis: Vozes/FFB, 1998. p. 9-39.

ORÍGENES. **Homilias sobre o Evangelho de Lucas**. São Paulo: Paulus, 2016.

OSHIRO, Lúcia da Silva. O(a) franscicano(a) secular e a irmã Terra. *In*: PERTILE, Nélio (org.). **O franciscano e a Terra**. Petrópolis: Vozes/FFB, 1998. p. 7-8.

PERINE, Marcelo. Política e compreensão da política. **Síntese**: revista de filosofia, Belo Horizonte, v. 16, n. 43, p. 5-10, maio/ago. 1988.

PERONDI, Ildo. Lucas: o evangelho da misericórdia. **Caminhos de Diálogo**, Curitiba, ano 5, n. 7, p. 72-81, 2017.

PIKETTY, Thomas. **O capital no século XXI**. Rio de Janeiro: Intrínseca, 2014.

PIKETTY, Thomas. **A economia da desigualdade**. Rio de Janeiro: Intrínseca, 2015.

PIXLEY, Jorge; BOFF, Clodovis. **Opção pelos pobres**. Petrópolis: Vozes, 1986.

QUIJANO, Aníbal. Colonialidade del poder y clasificació social. *In*: CASTRO-GÓMEZ, Santiago; GROSFOGUEL, Ramón (ed.). **El giro decolonial**: reflexiones para una diversidad epistémica más allá del capitalismo global. Bogotá: Siglo del Hombre Editores, 2007. p. 93-130.

QUIJANO, Aníbal. **Colonialidade do poder, eurocentrismo e América Latina**. Buenos Aires: CLACSO, 2005.

QUINET, Antonio. A Ciência Psiquiátrica nos Discursos da Contemporaneidade. *In*: QUINET, Antonio *et al*. **Psicanálise, capitalismo e cotidiano**. Goiânia: Edições Germinal, 2002. p. 32-39.

RAHNER, Karl. **A caminho do "Homem novo"**: a fé cristã e Ideologias terrenas do futuro. Ajuda-nos a compreender que o ser humano novo. 2. ed. Petrópolis: Vozes, 1966.

RAHNER, Karl. **Curso fundamental da fé**. São Paulo: Paulus, 2004.

RIBEIRO, Cláudio de Oliveira. O messianismo político da teologia latino-americana da libertação. **Reflexão**, Campinas, v. 40, v. 1, p. 41-57, jan./jun. 2015.

RICHARD, Pablo. Nossa luta é contra os ídolos. *In:* RICHARD, Pablo *et al.* **A luta dos deuses**: os ídolos da opressão e a busca do Deus libertador. 2. ed. São Paulo: Paulinas, 1985. p. 9-38.

ROLNIK, Suely. **Cartografia sentimental**: transformações contemporâneas do desejo. 2. ed. Porto Alegre: Sulina; Editora UFRGS, 2016.

SÁ, Alexandre Franco de. Teologia política. *In:* MARQUES, António; CAMPOS, André Santos (Coord.). **Dicionário de filosofia moral e política**: 1ª série. Lisboa: Universidade Nova de Lisboa. Faculdade de Ciências Sociais e Humanas. Instituto de Filosofia (IFILNOVA), [2018]. Disponível em: www.dicionariofmp-ifilnova.pt/todos-artigos/. Acesso em: 16 maio 2023.

SAFATLE, Vladimir; SILVA JUNIOR, Nelson da; DUNKER, Christian (org.). **Neoliberalismo como gestão do sofrimento psíquico**. Belo Horizonte: Autêntica, 2021.

SANDRONI, Paulo. **Dicionário de economia do século XXI**. 8. ed. Rio de Janeiro: Record, 2014.

SANTA ANA, Julio de. Questões atuais da reflexão pastoral e teológica da libertação. **Papos**, [*S. l.*], v. 3, n. 5, p. 20-40, 1991.

SCHOONENBERG, Piet. *et al.* Um Deus pessoal? **Concilium**, [Paris], v. 3, n. 123, p. 3-128, 1977.

SEGUNDO, Juan Luis. **Libertação da teologia**. São Paulo: Loyola, 1978.

SEGUNDO, Juan Luis. **O dogma que liberta**: fé, revelação e magistério dogmático. Tradução de Magda Furtado de Queiroz. 2. ed. São Paulo: Paulinas, 2000.

SESBOÜE, Bernard. **O magistério em questão**: autoridade, verdade e liberdade. Petrópolis: Vozes, 2001.

SOBRINO, Jon. **Fora dos pobres não há salvação**: pequenos ensaios utópicos-proféticos. São Paulo: Paulinas, 2008.

SOBRINO, Jon. **El principo-misericordia**: bajar de la cruz a los pueblos crucificados. Santander: Editorial Sal Terrae, 1992.

SOUZA, Jessé. **Como o racismo criou o Brasil**. Rio de Janeiro: Estação Brasil, 2021.

STEVENS, Wallace. **Opus Posthumous**: poems, plays, prose by Wallace Stevens. Edição: Milton J. Bates. Nova York: Vintage, 1990.

STRAUSS, Leo. **Introdução à filosofia política**: dez ensaios. São Paulo: É Realizações, 2016.

SUSIN, Luiz Carlos; RAUPP, Klaus da Silva. A economia segundo Francisco: aspectos principais do pensamento econômico no atual pontificado a partir da mensagem do Papa aos participantes do evento "The Economy of Francesco". **Revista de Cultura Teológica,** São Paulo, ano XXIX, n. 98, p. 199-213, jan./abr. 2021. Disponível em: http://revistas.pucsp.br/culturateo. Acesso em: 6 set. 2021.

TAMEZ, Elsa. **A Bíblia dos oprimidos**: a opressão na teologia bíblica. São Paulo: Paulinas, 1980.

TAVARES, Sinivaldo. **Ecologia e decolonialidade**: implicações mútuas. São Paulo: Paulinas, 2022.

TIELE, Cornelis Petrus. Concepção, objetivo e método da Ciência da Religião. Traduzido por Waldney Costa. **REVER**, São Paulo, v. 18, n. 3, p. 217-228, set/dez, 2018.

TIROLE, Jean. **Economia do bem comum**. Rio de Janeiro: Zahar, 2020.

UTRINI, Heitor Carlos Santos. O sonho de uma "Igreja Samaritana": A perícope de Lc 10,25-37 como paradigma do agir cristão a partir do Documento de Aparecida. **Revista de Cultura Teológica**, São Paulo, v. 27, n. 93, p. 108-133, jan./jun. 2019. Disponível em: https://revistas.pucsp.br/index.php/culturateo/article/view/rct.i93.38160. Acesso em: 27 abr. 2023.

VAZ, Armindo dos Santos. Justiça e misericórdia na Bíblia hebraica. **Didaskalia**: revista da Faculdade de Teologia, Lisboa, v. 41, n. 1, p. 221-234, 2011.

ZUBOFF, Shoshana. **A era do capitalismo de vigilância**: a luta por um futuro humano na nova fronteira do poder. Rio de Janeiro: Intrínseca, 2020.